천년의 우리소설 3

전란의 소용돌이 속에서

**千년의 우리소설 3**
전란의 소용돌이 속에서

박희병·정길수 편역

2007년 9월 10일 초판 1쇄 발행
2024년 4월 15일 초판 6쇄 발행

펴낸이 한철희 | 펴낸곳 돌베개 | 등록 1979년 8월 25일 제406-2003-000018호
주소 (10881) 경기도 파주시 회동길 77-20 (문발동)
전화 (031) 955-5020 | 팩스 (031) 955-5050
홈페이지 www.dolbegae.co.kr | 전자우편 book@dolbegae.co.kr

책임편집 김희동 | 편집 이경아·윤미향·김희진·서민경·이상술
표지디자인 민진기디자인 | 본문디자인 박정은·이은정·박정영
제작·관리 윤국중·이수민 | 마케팅 심찬식·고운성
인쇄 한영문화사 | 제본 경인제책사

ⓒ 박희병·정길수, 2007

ISBN 978-89-7199-285-2 04810
ISBN 978-89-7199-282-1 (세트)

이 도서의 국립중앙도서관 출판시도서목록(CIP)은 e-CIP 홈페이지
(http://www.nl.go.kr/cip.php)에서 이용하실 수 있습니다.(CIP제어번호: CIP2007002635)

천년의 우리소설 3

전란의 소용돌이 속에서

- 최척전
- 김영철전
- 강로전
- 정생기우기

박희병 · 정길수 편역

돌베개

## 간행사

이 총서는 위로는 신라 말기인 9세기경의 소설을, 아래로는 조선 말기인 19세기 말의 소설을 수록하고 있다. 즉, 이 총서가 포괄하고 있는 시간은 무려 천 년에 이른다. 이 총서의 제목을 '千년의 우리소설'이라 한 이유가 여기에 있다.

근대 이전에 창작된 우리나라 소설은 한글로 쓰인 것이 있는가 하면 한문으로 쓰인 것도 있다. 중요한 것은 한글로 쓰였는가 한문으로 쓰였는가 하는 점이 아니다. 오늘날의 관점에서 볼 때 그런 것은 그다지 중요하지 않다. 정말 중요한 것은 문예적으로 얼마나 탁월한가, 사상적으로 얼마나 깊이가 있는가, 그리하여 오늘날의 독자가 시대를 뛰어넘어 얼마나 진한 감동을 받을 수 있는가 하는 점일 터이다. 이 총서는 이런 점에 특히 유의하여 기획되었다.

외국의 빼어난 소설이나 한국의 흥미로운 근현대소설을 이미 접한 오늘날의 독자가 한국 고전소설에서 감동을 받기란 쉬운 일이 아니다. 우리 것이니 무조건 읽어야 한다는 애국주의적 논리는 이제 더 이상 통하지 않는다. 과연 오늘날의 독자가 『유충렬전』이나 『조웅전』 같은 작품을 읽고 무슨 감동을 받을 것인가. 어린 학생이든 혹은 성인이든, 이런 작품을 읽은 뒤 자기대로 생각에 잠기든가, 비통함을 느끼든가, 깊은 슬픔을 맛보든가, 심미적 감흥에 이르든가, 어떤 문제의식을 환기받든가, 역사나 인간에 대한 이해를 증진시키든가, 꿈과 이상을 품든가, 대체 그럴 수 있겠는가? 아마 그렇지 못할 것이다. 그럼에도 이런 종류의 작품은 대부분의 한국 고전소설 선집 속에 포함되어 있으며, 중고등학교에서도 '고전'으로 가르치고 있다. 그러니 한국 고전소설은 별 재미도 없고 별 감동도 없다는 말을 들어도 그닥 이상할 게 없다. 실로 학계든, 국어 교육이나 문학 교육의 현장이든, 지금껏 관습적으로 통용되어 온 고전소설에 대한 인식을 전면적으로 재검토해야 할 시점에 이르렀다. 이 총서는 이런 문제의식에서 출발한다.

이 총서가 지금까지 일반인들에게 그리 알려지지 않은 작품들을 많이 수록하고 있음도 이 점과 무관치 않다. 즉, 이는 21세기의 한국인들에게 어필할 수 있는 새로운 한국 고전소설의 레퍼토리를 재구축하려는 시도인 것이다. 이 점에서 이 총서는 그렇고 그런 기존의 어떤 한국 고전소설 선집과도 다르며, 아주 새롭다. 하지만 이 총서는 맹목적으로 새로움을 위한 새로움을 추구하지는 않았으며, 비평적 견지에서 문예적 의의나 사상적·역사적 의의가 있는 작품을 엄별해 수록하였다. 그리하여 우리는 이 총서를 통해, 흔히 한국 고전소설의 병폐로 거론되어 온, 천편일률적이라든가, 상투적 구성을 보인다든가, 권선징악적 결말로 끝난다든가, 선인과 악인의 판에 박힌 이분법적 대립으로 일관한다든가, 역사적·현실적 감각이 부족하다든가, 시공간적 배경이 중국으로 설정된 탓에 현실감이 확 떨어진다든가 하는 지적으로부터 퍽 자유로운 작품들을 가능한 한 많이 독자들에게 소개하고자 한다.

그러나 수록된 작품들의 면모가 새롭고 다양하다고 해서 그것으로 충분한 것은 아닐 터이다. 한국 고전소설, 특히 한문으로 쓰인 한국 고전소설은 원문을 얼마나 정확하면서도 쉽고 유려한 현대 한국어로 옮길 수 있는가의 여부에 따라 작품의 가독성은 물론이려니와 감동과 흥미가 배가될 수도 있고 반감될 수도 있다. 이 총서는 이런 점에 십분 유의하여 최대한 쉽게 번역하기 위해 많은 고심을 하였다. 하지만 쉽게 번역해야 한다는 요청이, 결코 원문을 왜곡하거나 원문의 정확성을 다소간 손상시켜도 좋음을 의미하지는 않는다. 이런 견지에서 이 총서는 쉬운 말로 번역해야 한다는 하나의 대전제와 정확히 번역해야 한다는 또 다른 대전제—이 두 전제는 종종 상충할 수도 있지만—를 통일시키기 위해 많은 노력을 기울였다.

한국 고전소설에는 이본異本이 많으며, 같은 작품이라 할지라도 이본에 따라 작품의 뉘앙스와 풍부함이 달라지는 경우가 비일비재하다. 그뿐 아니라 개개의 이본들은 자체 내에 다소의 오류를 포함하고 있다. 따라서 하나하나의 작품마다 주요한 이본들을 찾아 꼼꼼히 서로 대비해 가며 시시비비를 가려 하나의 올바른 텍스트, 즉 정본定本을 만들어 내는 일이 대단히 긴요하다. 이 작업은 매우 힘들고, 많은 공력功力을 요구하며, 시간도 엄청나게 소요된다. 이런 이유 때문이겠지만, 지금까지 고전소설을 번역하거나 현대 한국어로 바꾸는 일은 거의 대부분 이 정본을 만드는 작업을 생략한 채 이루어져 왔다. 하지만 정본 없이 이루어진 이 결과물들은 신뢰하기 어렵다. 정본이 있어야 제대로 된 한글 번역이 가능하고, 제대로 된 한글 번역이 있고서야 오디오 북, 만화, 애니메이션, 드라마, 영화 등 다른 문화 장르에서의 제대로 된 활용도 가능해진다. 뿐만 아니라 정본에 의거한 현대 한국어 역譯이 나와야 비로소 영어나 기타 외국어로의 제대로 된 번역이 가능해진다. 이런 점에서 본다면 작금의 한국 고전소설 번역이나 현대화는 대강 특정 이본 하나를 현대어로 옮겨 놓은 수준에 머무는 것이라는 한계를 대부분 갖고 있는바, 이제 이 한계를 넘어서야 할 시점에 이르렀다. 이 총서에 실린 대부분의 작품들은 2년 전에 내가 펴낸 책인 『한국한문소설 교합구해校合句解』에서 이루어진 정본화定本化 작업을 토대로 하고 있는바, 이 점에서 기존의 한국 고전소설 번역서들과는 전적으로 그 성격을 달리한다.

　나는 『한국한문소설 교합구해』의 서문에서, "가능하다면 차후 후학들과 힘을 합해 이 책을 토대로 새로운 버전version의 한문소설 국역을 시도했으면 한다. 만일 이 국역이 이루어진다면 이를 저본으로 삼아 외국어로의 번역 또한 생각해 볼 수 있을 것이다"라고 말한 바 있다. 바야흐로, 한국 고전소설을 전공한 정길수 교수와의 공동 작업으로 이 총서를 간행함으로써 이런 생각을 실현할 수 있게 되어 대단히 기쁘게 생각한다.

　이제 이 총서의 작업 방식에 대해 간단히 언급해 두고자 한다. 이 총서의 초벌 번역은 정교수가 맡았으며 나는 그것을 수정하는 작업을 하였다. 정교수의 노고야 말할 나위도 없지만, 수정을 맡은 나도 공동 작업의 취지에 어긋나지 않게 최선을 다했음을 밝혀 둔다. 한편 각권의 말미에 첨부한 간단한 작품 해설은, 정교수가 작성한 초고를 내가 수정하며 보완하는 방식으로 작업하였다. 원래는 작품마다 그 끝에다 해제를 붙이려고 했는데, 너무 교과서적으로 비칠 염려가 있는 데다가 혹 독자의 상상력을 제약할지도 모르겠다는 생각이 들어 이런 방식으로 바꾸었다.

　이 총서는 총 16권을 계획하고 있다. 단편이나 중편 분량의 한문소설이 다수지만, 총서의 뒷부분에는 한국 고전소설을 대표하는 몇 종류의 장편소설과 한글소설도 수록할 생각이다.

　이 총서는, 비록 총서라고는 하나, 한국 고전소설을 두루 망라

하는 데 목적이 있지 않다. 그야말로 '千년의 우리소설' 가운데 21세기 한국인 독자의 흥미를 끌 만한, 그리하여 우리의 삶과 역사와 문화를 주체적으로 돌아보고 성찰하는 데 도움이 될 만한, 그럼으로써 독자들의 심미적審美的 이성理性을 충족시키고 계발하는 데 보탬이 될 만한 작품들을 가려 뽑아, 한국 고전소설에 대한 인식을 바꾸고 확충하고자 하는 것이 본 총서의 목적이다. 만일 이 총서가 이런 목적을 어느 정도 달성했다는 평가를 받게 된다면 영어 등 외국어로 번역하여 비단 한국인만이 아니라 세계 각지의 사람들에게 읽혀도 좋지 않을까 생각한다.

2007년 9월

박희병

차례

간행사 4
작품 해설 165

- 최척전 | 조위한 13
- 김영철전 | 홍세태 67
- 강로전 | 권칙 93
- 정생기우기 | 미상 157

# 최척전

조위한

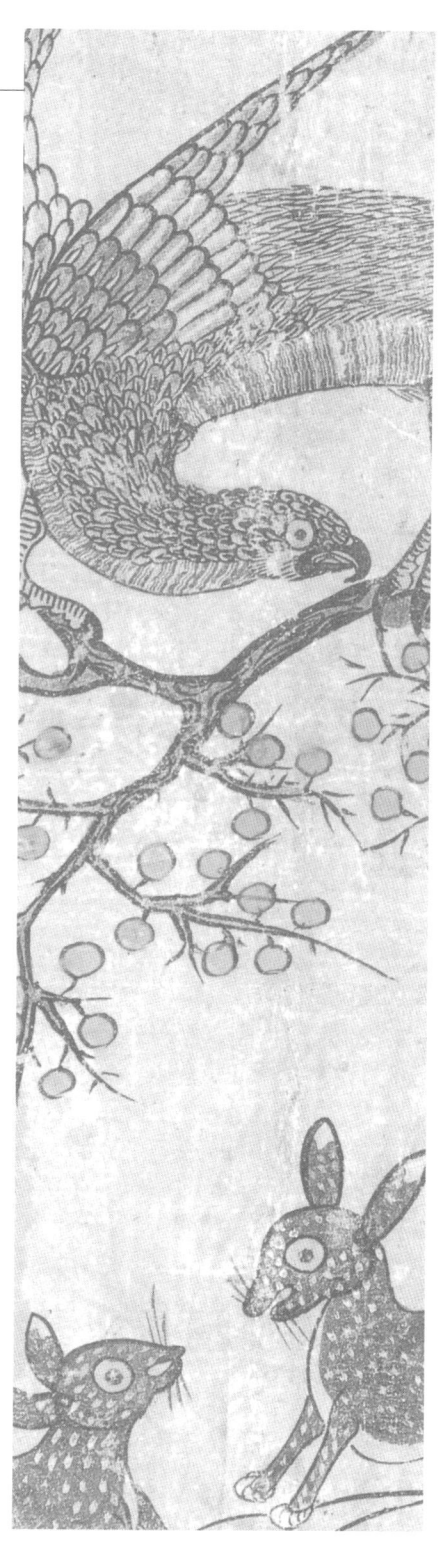

최척崔陟은 자字가 백승伯昇이고, 남원 사람이다. 일찍 어머니를 여의고 부친 숙淑과 단둘이 서문西門 밖 만복사萬福寺 동쪽에 살았다. 어려서부터 품은 뜻이 컸고 친구 사귀기를 좋아했으며, 약속을 신중하게 하여 반드시 지켰고 자잘한 예의범절에 얽매이지 않았다.

　　언젠가 부친이 이런 훈계를 했다.

　　"네가 공부는 하지 않고 무뢰한 짓이나 하고 다니니 나중에 어떤 사람이 되겠느냐? 더구나 지금처럼 나라에 전쟁이 나서 고을마다 무사들을 소집하고 있는 판에 사냥이나 하면서 늙은 애비에게 걱정만 끼치고 있으니 한심하구나. 머리 숙여 책을 읽으며 과거 공부에 힘쓴다면 비록 과거 급제는 못하더라도 전쟁터에 끌려가는 일은 면할 수 있을 게 아니냐. 성 남쪽에 사는 정생원이 내 어릴 적 친구인데, 열심히 공부해서 글을 잘 짓는다. 처음 공부하는 사람을 이끌어 줄 만한 분이니 가서 배우도록 해라."

최척은 그날로 책을 끼고 정생원에게 가서 배움을 청했다. 쉬지 않고 공부하더니 두어 달이 지나서는 솜씨가 날로 좋아져 강둑이 터지듯이 글을 쏟아 내니 마을 사람들 모두가 그 총명함에 탄복하였다.

정생원의 집에서 공부할 때면 그림처럼 어여쁜 눈에 칠흑처럼 검은 머리카락을 가진 열일고여덟 살쯤 된 소녀가 늘 창가에 몸을 숨긴 채 최척의 말소리를 가만히 엿들었다.

하루는 정생원이 식사 중이라 아직 나오지 않고 최척 홀로 앉아 책을 읽고 있었는데, 홀연 창문 틈으로 쪽지가 하나 떨어졌다. 최척이 쪽지를 주워 보니 시집 못 간 여자가 짝을 구하는 마음을 노래한 시인『시경』詩經「표유매」의 마지막 장章[1]이 적혀 있었다.

최척은 마음과 혼이 훨훨 날아오르는 듯해서 마음을 가라앉힐 수가 없었다. 이슥한 밤에 여인의 방에 뛰쳐 들어가 몰래 비연[2]을 껴안듯이 해 볼까 하는 생각을 하다가, 이내 뉘우치고 고려 때 김태현[3]의 고사를 떠올리며 스스로를 경계하였다. 가만히 이런저런

---

1. **「표유매」의 마지막 장章** 「표유매」摽有梅는『시경』국풍國風 소남召南에 들어 있는 시편詩篇 이름으로, 처녀가 나이 듦에 따라 짝을 구하는 마음이 급해짐을 읊은 노래이다. 모두 3장章으로 이루어져 있는데, 그 마지막 장은 "떨어지는 매실이여 / 광주리를 기울여 모두 담도다 / 나를 찾는 선비여 / 어서 말씀하세요"이다.
2. **비연非煙** 당나라 전기소설傳奇小說「비연전」非煙傳의 여주인공 이름.
3. **김태현金台鉉** 고려시대의 학자이자 문신. 김태현이 젊은 시절 친구들과 함께 글을 배우던 집 딸이 청상과부로서 시를 조금 알았는데, 어느 날 그녀가 김태현을 사모하는 마음을 읊은 시를 지어 창문 틈으로 던져 넣자 김태현은 그 후 다시는 그 집에 가지 않았다는 고사가 전한다.

생각을 하자니 마음속에서 도덕과 욕망이 서로 싸우고 있었다.

문득 정생원이 방으로 들어오자 최척은 시가 적힌 쪽지를 소매 속에 감추었다. 수업을 마치고 물러 나오니 여종 하나가 문밖으로 뒤따라와서는 이렇게 말했다.

"아뢸 말씀이 있사옵니다."

최척은 이미 쪽지에 적힌 시를 보고 마음이 동했던 차에 여종의 말을 듣고는 퍽 괴이쩍은 생각이 들어 알았다며 자기를 따라오라고 했다. 최척이 자기 집에 데리고 가 자세한 사정을 묻자 여종은 이렇게 대답했다.

"저는 이낭자李娘子의 여종 춘생이어요. 아씨께서 저더러 낭군의 답시答詩를 받아 오라 하셨어요."

최척은 의아해하며 이렇게 말했다.

"너는 정생원 댁의 여종이 아니더냐? 그런데 왜 그 댁 아씨를 '정낭자'가 아니라 '이낭자'라고 하는 거지?"

춘생이 대답했다.

"제 주인댁은 본래 서울 숭례문 밖 청파리4에 있었는데, 주인인 이경신李景新 어르신께서 일찍 돌아가신 뒤 홀로 된 심씨沈氏 마님과 그 따님, 두 분이 사셨어요. 따님의 이름은 옥영玉英이라 하는데, 좀 전에 시를 던진 분이 바로 그분이지요. 작년에 난리를 피

---

4. **청파리靑坡里** 지금의 서울시 용산구 청파동 일대.

해 강화도에서 배를 타고 나주 회진[5]으로 왔고, 올가을에 회진에서 이곳으로 옮겨 왔답니다. 이 댁 주인이신 정생원 어른이 저희 마님의 친척이시라 잘 대접해 주고 계시지요. 지금 아씨의 혼처를 구하고 있사오나 마땅한 신랑감을 찾지 못하고 있는 형편이랍니다."

최척이 말했다.

"너희 아씨는 홀어머니 슬하에서 자랐거늘 어떻게 글을 아느냐? 혹 나면서부터 그러하냐?"

"아씨에게는 득영得英이라는 오라버니가 한 분 계셨는데 글을 잘했습니다. 이분이 나이 열아홉에 혼인도 하기 전에 세상을 뜨셨지요. 아씨는 오라버니가 글공부하는 것을 보고 어깨너머로 배웠으니, 대략 이름이나 쓸 정도여요."

최척은 춘생에게 술과 음식을 대접하고 작은 종이를 꺼내 다음과 같이 답장을 썼다.

아침에 받은 낭자의 편지가 실로 내 마음을 사로잡았습니다. 기쁜 소식을 전하는 신선 세계의 새를 만난 것처럼 기쁨을 이길 수 없었습니다. 짝 잃은 새가 거울에 비친 제 모습을 보고 슬피 울듯이, 남편이 죽은 아내의 그림을 보며 몹시 보고 싶어 하듯이, 저 또한 제 짝을 만나고 싶은 마음 한량

---

5. 회진會津  전라도 나주의 서쪽에 있는 고을 이름.

없었지요.

옛날 한漢나라의 사마상여司馬相如란 이가 거문고를 연주해 탁문군卓文君이란 여인을 유혹하고, 진晉나라의 가오賈午라는 여인이 자기 아버지가 임금께 하사받은 귀한 향香을 연인인 한수韓壽에게 몰래 주었던 것처럼 남녀가 사사로이 정을 통하던 일을 모르진 않지만, 신선이 사는 봉래산蓬萊山의 첩첩 봉우리를 넘고 신선 세계로 통하는 약수弱水의 험한 물결을 건너는 것처럼 낭자를 직접 뵙는 일이 참으로 어렵군요. 어떻게 하면 만날 수 있을까 이런저런 궁리를 하노라니 얼굴이 노래지고 목이 홀쭉해졌습니다.

이제 초나라 회왕懷王이 양대陽臺에서 낮잠을 자다가 꿈에 무산巫山의 여신을 만나고[6] 서왕모가 소식을 전해 왔으니,[7] 두 집안이 서로 맺어져 우리 두 사람이 월하노인의 실[8]로 엮인다면 삼생[9]의 소원을 이루어 백년해로의 맹세를 지킬 수 있

---

6. **초나라 회왕懷王이~여신을 만나고** 회왕의 꿈에 무산의 신녀神女가 나타나, 자기는 아침에는 구름이 되고 저녁에는 비가 된다고 말한 뒤 잠자리를 함께 했다는 전설이 있다. '양대'는 중국 중경시重慶市 무산현巫山縣 고도산高都山에 있던 누대 이름이고, '무산'은 중국 호북성湖北省 서부에 있는 산 이름이다.
7. **서왕모가 소식을 전해 왔으니** 옥영이 여종을 보낸 일을 가리킨다. '서왕모'西王母는 곤륜산에 산다는 선녀.
8. **월하노인의 실** '월하노인'月下老人이라는 신神이 주머니 속에 붉은 실을 가지고 다니다가 두 가닥을 묶어 각각의 실에 해당하는 남녀에게 부부의 인연을 맺어 준다는 전설이 있다.
9. **삼생三生** 불교에서 말하는 전생前生·현생現生·내생來生.

을 것입니다.
편지로 하고픈 말을 다 못 전하거니와, 하고픈 말을 다 한다 하더라도 제 마음을 어찌 다 전할 수 있겠습니까?
삼가 답장 올립니다.

　옥영이 편지를 받고 매우 기뻐했다. 이튿날 옥영은 다시 춘생을 시켜 이런 편지를 보냈다.

저는 서울에서 나고 자랐습니다. 여자로서의 정숙한 행실을 조금밖에 익히지 못한 터에 불행히도 일찍 아버지를 여의고 말았습니다. 더욱이 난리를 만나 홀어머니를 모신 채 형제도 없이 남쪽 땅을 떠돌다가 겨우 친척 댁에 의탁해 살게 되었지요.
제 나이 열다섯이오나 아직 혼인하지 못하였습니다. 그래서 전쟁의 와중에 도적들이 횡행하니 제 몸을 잘 지킬 수 있을까, 포악한 자의 손에 몸을 더럽히지나 않을까, 늘 걱정이지요. 이런 까닭에 노모께서도 상심하시며 걱정이 많으셔요.
하지만 제 걱정은 어찌하면 훌륭한 남편을 만날까 하는 것이랍니다. 저의 백 년 기쁨과 괴로움이 남편에게 달려 있으니, 만일 마땅한 사람이 아니라면 제가 어찌 그 사람을 우러르며 일생을 맡길 수 있겠습니까?

요사이 낭군을 뵈니 말씀하시는 기운이 온화하고, 행동거지가 한가롭고도 고아하며, 정성스럽고 믿음직한 빛이 얼굴에 가득하시더군요. 그러니 어진 남편을 구하고자 한다면 낭군을 빼고 어디서 찾겠습니까? 다른 사람의 아내가 되느니 차라리 낭군의 첩이 되는 것이 나을 것입니다. 사정이 그러하되 운명이 기박하고 기구한 제가 뜻을 이룰 수 있을지 모르겠습니다.

어제 창문 틈으로 시를 떨어뜨린 것은 결코 음탕한 마음에서가 아닙니다. 다만 낭군께서 저를 어찌 생각하실지 알고 싶었을 따름이어요. 제가 비록 사람됨은 못났지만 애당초 거리에서 몸을 파는 무리는 아니니 어찌 사통할 생각을 하겠습니까? 반드시 부모님께 아뢰어 정식으로 혼례를 올려야겠지요. 그렇게 된다면 저는 정절과 신의를 지켜 남편을 지극 정성으로 공경할 것입니다.

낭군께 시를 적어 던지는 아름답지 못한 행실을 제가 먼저 했고, 또한 직접 나서서 혼인을 청하는 추악한 일을 저질렀으며, 게다가 사사로이 편지를 주고받기까지 해서 여자의 그윽한 정조를 더욱 잃고 말았습니다. 이제 서로의 속마음을 환히 알게 되었으니 우리가 주고받은 편지를 남에게 함부로 보이는 일이 없어야 할 줄 압니다. 지금 이후로는 반드시 매파媒婆를 통해서 혼사를 의논하도록 해 주시고, 제가 부정하게 외간 남자와 놀아난다는 조롱을 받지 않게 마음 써 주신다면 참으로 다행이겠습니다.

최척이 편지를 받아 보고 기쁘기 그지없어 부친께 이런 말씀을 올렸다.

"듣자니 서울에서 온 과부 한 분이 정생원 댁에 거처하고 있다는데, 나이 어리고 용모도 아름다운 딸이 하나 있다고 합니다. 아버지께서 정생원께 말을 한번 넣어 보시면 어떻겠습니까. 걸음 빠른 자가 먼저 얻는다는 말도 있지 않습니까?"

부친이 말했다.

"저쪽 집은 본래 서울의 훌륭한 가문으로 고향을 떠나 먼 곳에 붙어사는 신세니, 필시 부자 사위를 얻으려 하지 않겠느냐? 하지만 우리 집은 원체 가난하니 저쪽 집에서 허락할 리가 없을 게다."

최척이 거듭 설득하고는 이렇게 말했다.

"일단 가서 말씀 좀 해 주십시오. 일이 되고 안 되고는 하늘에 달린 일 아니겠습니까."

이튿날 부친이 정생원 집에 가서 혼담을 꺼내 보았다. 정생원은 이렇게 말했다.

"내 외사촌 여동생이 서울에서 피난 와 떠돌다가 사정이 딱하게 되어 내 집에 와 있는 게 사실일세. 자태와 행실이 빼어난 딸이 하나 있어서 내 요사이 사윗감을 구해 그 집의 버팀목으로 삼았으면 하던 차였지. 자네 아들이 재주가 있어 사위 노릇을 훌륭하게 해 기대를 저버리지 않으리라는 거야 잘 알고 있네만, 다만 말 꺼내기가 곤란한 게 자네 집이 좀 가난하다는 것 때문일세. 일단 내가 누이와 상의해 본 다음 다시 이야기하기로 하세."

최척의 부친이 돌아와 아들에게 이야기를 전했다. 최척은 며칠 동안 번뇌하고 초조해하며 소식이 오기만 기다렸다.

정생원이 심씨에게 최척과의 혼사 이야기를 꺼내자 심씨는 역시 난색을 표하며 이렇게 말했다.

"제가 집 떠나 떠돌아다니며 의탁할 곳 없는 외로운 신세니, 하나뿐인 딸은 부잣집에 시집보내고 싶어요. 가난한 집 자식이라면 아무리 똑똑하다고 해도 딸을 주고 싶지 않네요."

이날 밤 옥영은 모친 앞에 나와 하고 싶은 말이 있으면서도 주저하며 차마 말하지 못했다. 모친이 말했다.

"뭔가 마음에 담고 있는 게 있으면 숨김없이 말해 보렴."

옥영은 얼굴이 발갛게 된 채 한참을 망설이더니 겨우 마음을 굳게 먹고 이렇게 말했다.

"어머니가 사윗감을 고르면서 저를 위해 반드시 부잣집 자제를 구하려 하시니 그 마음은 참으로 고맙습니다. 집도 부유하고 사람도 똑똑하다면 얼마나 좋겠어요. 하지만 집이 잘살더라도 사람이 똑똑하지 못하다면 가업家業을 유지하기 어려울 거예요. 만일

제가 몹쓸 사람을 남편으로 맞는다면 집에 쌀이 있다고 해도 그걸 먹을 수 있겠어요?

제가 가만히 최생崔生을 관찰해 보니, 날마다 외삼촌께 와서 공부를 하는데 사람됨이 진실하고 중후하며 정성스럽고 믿음직해서 결코 경박하고 방탕한 사람이 아니더군요. 제가 이 사람의 짝이 된다면 죽어도 한이 없을 것 같아요. 더구나 가난은 선비에게 늘 있는 것이잖아요. 의롭지 못하면서 부유한 삶을 저는 원치 않아요. 그러니 제가 그 집에 시집갈 수 있게 해 주세요.

제가 직접 나서서 말할 일이 아닌 줄 알지만 워낙 중대한 문제이다 보니 부끄러워하며 말을 삼가는 태도를 보일 수 없었어요. 묵묵히 입 다물고 있다가 끝내 용렬한 사람에게 시집가서 일생을 망친다면 어쩌겠어요. 깨진 시루는 다시 붙일 수 없고 한번 물들인 실은 다시 하얗게 할 수 없으니, 울어 봐야 소용없고 후회해도 돌이킬 수 없는 일이지요.

더욱이 제 처지는 다른 사람과 달라서 집에는 엄한 아버지가 안 계시고 도적 떼가 지척에 있으니, 진실하고 믿음직한 사람이 아니고서야 어찌 우리 모녀의 몸을 의지할 수 있겠어요? 그러니 저는 시집가기를 청하면서 스스로 배필 고르는 일을 피하지 않으렵니다. 깊은 규방에 숨어 남의 입이나 바라보고 있다가 제 몸을 위태로운 지경에 빠뜨릴 수는 없어요."

옥영의 모친이 어쩔 수 없어 이튿날 정생원에게 이렇게 말하였다.

"간밤에 다시 곰곰이 생각해 보니, 최생이 비록 가난하지만 그 사람됨은 참으로 훌륭한 선비라 여겨지더군요. 가난하고 부유하고는 하늘에 달린 것이라 사람의 힘으로는 어찌할 수 없는 일일 테니, 됨됨이가 어떤지도 모르는 사람에게 시집보내느니 차라리 이 사람을 사위로 맞는 것이 좋겠어요."

정생원이 말했다.

"누이 뜻이 그렇다면 내 반드시 이 일을 성사시키겠네. 최생은 비록 가난한 선비지만 사람됨이 옥 같아서, 서울에서 찾는다 해도 이런 사람은 드물어. 좋은 때를 만나 뜻을 이룬다면 크게 성공할 거야."

정생원이 그날로 매파를 보내 혼약을 정하고, 9월 보름날 혼례식을 거행하기로 했다. 최척은 너무도 기뻐 날마다 손가락을 꼽으며 혼례일을 기다렸다.

얼마 뒤 남원 사람으로 참봉을 지냈던 변사정[10]이 의병을 일으켜 영남에 싸우러 가는데, 최척이 활쏘기와 말 타기에 능하다는 것을 알고는 마침내 그를 데리고 갔다.

최척은 전쟁터에서 늘 근심에 빠져 있다가 결국 병이 들기에 이르렀다. 약속했던 혼례식 날이 되자 며칠 휴가를 달라고 요청

---

10. 변사정邊士貞  임진왜란 때의 의병장義兵將.

하는 글을 의병장에게 올렸다. 의병장은 글을 보고 노여워하며 이렇게 말했다.

"지금이 어느 때인데 혼례식을 올리고 오겠다는 게냐? 임금께서 피난 생활을 하시며 풀섶에서 주무시고 계시니, 신하 된 자로서 창검을 베고 잘 겨를도 없는 게 옳다 할 것이다. 더구나 너는 아직 혼인하기엔 이른 나이니, 적을 모두 섬멸한 뒤에 혼례를 올려도 늦지 않다."

그러고는 끝내 허락해 주지 않았다.

옥영 역시 최척이 의병으로 나가 헛되이 혼례일을 넘기자 제대로 먹지도 잠자지도 못하며 날마다 근심으로 괴로워했다.

이웃에 양씨梁氏가 살았는데 집이 매우 부유했다. 양씨는 옥영이 똑똑하다는 말과 혼인하기로 한 최척이 돌아오지 않고 있다는 소문을 듣고는 이 틈을 타서 옥영과 아들의 혼사를 추진하고자 했다. 양씨가 몰래 정생원의 아내에게 뇌물을 보내며 날마다 일을 재촉하자 하루는 정생원의 아내가 심씨에게 이런 말을 했다.

"최생은 가난해서 아침에 저녁 걱정을 해야 할 지경이어요. 아버지 한 사람도 봉양하기 어려워 늘 남에게 빚을 지고 사니, 무슨 수로 자기 식솔을 탈 없이 먹여 살리겠어요? 더구나 전쟁터에 나가 돌아오지 않고 있으니 생사를 기약할 수 없지요. 이웃의 양씨는 부자라서 재산 많기로 소문이 자자한데, 그 아들이 어지니 최생보다 못할 게 없답니다."

정생원 부부가 같은 말을 번갈아 하며 양씨 집 아들을 추천하자 심씨의 마음이 흔들려 결국 10월의 좋은 날을 받아 혼례식 날짜를 굳게 정했다.

옥영이 이 소식을 듣고 밤에 모친에게 이렇게 하소연했다.

"최생이 의병으로 나가 의병장의 통제를 받고 있기에 소식이 끊어진 것이지 일부러 혼약을 저버린 게 아니건만, 그분의 말을 기다리지 않고 스스로 약속을 깨 버리다니 어찌 이리도 의롭지 못할 수 있단 말인가요? 만약 제 뜻을 꺾으려 하신다면 죽을지언정 다른 데로 시집가지 않을 거예요. 어머니는 왜 이리 제 마음을 몰라 주시나요!"

모친이 말했다.

"넌 왜 이리 어리석게 고집을 부리느냐? 어른의 처분을 따를 일이지 네가 뭘 안다고 그래?"

이윽고 심씨가 잠자리에 들어 자고 있는데, 한밤중 꿈결에 문득 꼴딱꼴딱 숨넘어가는 소리가 들려오는 것이 아닌가. 잠을 깨어 딸이 자는 자리를 더듬어 보니 자리에 없었다. 깜짝 놀라 찾아 보니 옥영은 창문 아래에서 수건으로 목을 맨 채 엎어져 있었다. 손발이 모두 싸늘했고 목구멍에서 숨넘어가는 소리가 차츰 희미해지더니 곧 숨이 끊어졌다.

심씨가 놀라 울부짖으며 목맨 수건을 풀고 여종 춘생을 발로 차 깨워서는 등불을 가져오게 했다. 심씨가 옥영을 부둥켜안고 통곡하며 작은 국자로 물을 떠서 옥영의 입에 흘려 넣었더니 얼마 뒤 옥영이 다시 살아났다. 정생원 식구들도 모두 놀라서 서둘러 구하러 왔는데, 이 일이 있고 나서는 아무도 양씨 집 이야기를 꺼내지 않게 되었다.

최척의 부친은 아들에게 편지를 보내 저간의 사정을 자세히 알렸다. 최척은 바야흐로 병이 깊어 가던 차에 이 소식을 듣고 놀라 병이 더욱 위독해졌다. 의병장은 이 사실을 듣고는 최척을 즉시 고향으로 돌려보냈다.

최척은 집에 돌아온 지 며칠 만에 앓던 병이 싹 나았고, 드디어 11월 초하룻날 정생원 집에서 혼례식을 올렸다. 아름다운 두 사람이 하나가 되었으니 그 기쁨은 자세히 말하지 않더라도 짐작할 수 있으리라.

최척이 아내와 심씨를 데리고 집으로 와 문에 들어서자 종들이 기뻐했으며, 마루에 오르자 친척들이 축하 인사를 건넸다. 기쁨이 온 집에 가득하고 칭찬이 이웃에 흘러넘쳤다.

옥영은 옷섶을 여미고 베틀 앞에 앉아 옷감을 짰고, 물 긷는 일이나 절구 찧는 일도 몸소 했다. 시부모와 남편을 섬김에 효성과 정성을 다했고, 웃어른을 모시고 아랫사람을 부릴 때에도 따뜻한 마음과 올바른 예를 갖추었다. 이런 소문이 널리 퍼져 모두들 양홍의 아내와 포선의 아내[11]라도 옥영보다 나을 수 없으리라 여겼다.

최척은 혼인한 뒤로 하는 일마다 뜻대로 잘되어 집안 살림도

점차 풍족해졌다. 오직 한 가지 걱정은 자식 낳는 일이 더딘 점이었다. 그래서 최척 부부는 매달 초하루면 만복사에 가서 부처님께 기도를 올렸다.

이듬해인 갑오년(1594) 정월 초하루에도 만복사에 가서 불공을 드렸다. 그날 밤 장륙불[12]이 옥영의 꿈에 나타나더니 이렇게 말했다.

"나는 만복사의 부처다. 네 정성이 갸륵하여 뛰어난 사내아이를 주려 한다. 아이에게 필시 특이한 징표가 있을 것이다."

옥영은 이달에 임신하여 마침내 아들을 낳았다. 아이를 낳고 보니 등에 아기 손바닥만 한 붉은 점이 있었다. 그리하여 아들의 이름을 '몽석'[13]이라고 지었다.

최척은 본래 퉁소를 잘 불었다. 그래서 달이 뜬 밤이나 꽃이 화사한 아침이면 달과 꽃을 마주하여 퉁소를 불곤 하였다.

때는 늦봄인 데다 맑은 밤이었다. 산들바람이 건듯 불고 새하얀 달빛은 환한데, 꽃잎이 흩날려 옷을 때리고 은은한 향기가 코

---

11. **양홍의 아내와 포선의 아내**  맹광孟光과 환소군桓少君을 말한다. 맹광은 후한後漢 때의 가난한 선비 양홍梁鴻의 아내였고, 환소군은 전한前漢 때의 가난한 선비 포선鮑宣의 아내였다. 두 여성 모두 부잣집 딸이었으나 시집온 뒤 검소한 생활로 남편을 잘 받들었으며, 부부간에 서로 존경하고 금슬이 좋았다고 한다.
12. **장륙불丈六佛**  길이가 1장丈 6척尺 되는 불상佛像으로, 만복사에 있었다. 만복사는 1597년 정유재란 때 불타고 현재 2미터 높이의 석조여래입상(보물 제43호)이 절터에 남아 있다. '장륙불'은 대략 4미터 안팎 높이로 추정되는바, 이와는 다른 불상으로 보인다.
13. **몽석夢釋**  '부처님 꿈을 꾸다'라는 뜻.

를 스쳤다. 최척이 항아리에서 술을 떠다 잔 가득 따라 마시고 책상에 기대앉아 두어 곡조 퉁소를 부니 소리의 여운이 길게 이어졌다.

옥영이 한참을 묵묵히 앉았다가 이렇게 말했다.

"저는 평소 여인이 시 읊는 걸 좋게 여기지 않았지만, 마음이 이 지경에 이르니 더는 참을 수가 없군요."

마침내 시 한 편을 지어 읊었다.

왕자교[14] 퉁소 불 제 달은 나지막하고
바닷빛 파란 하늘엔 이슬이 자욱하네.
푸른 난새 함께 타고 날아가리니
봉래산 안개 속에서도 길 잃지 않으리.

최척은 옥영의 시 짓는 재주가 이처럼 뛰어난 줄 모르고 있다가 시 읊는 걸 듣고는 깜짝 놀랐다. 옥영의 시를 읊조려 보며 재삼 탄복하고 자신도 즉각 시를 한 수 지어 화답했다.

아스라한 요대[15]에 새벽 구름 붉은데

---

14. **왕자교王子喬** 주周나라 때의 신선으로, 퉁소를 잘 불었다고 한다.
15. **요대瑤臺** 신선이 산다는 곳.

통소 소리 울려 퍼져 곡조 아직 안 끝났네.
여운은 하늘에 가득하고 산 위로 달 질 적에
뜨락의 꽃 그림자 향기로운 바람에 흔들리네.

최척이 시 읊조리기를 마치자 옥영은 기쁨이 끝없더니, 이윽고 흥이 다하고 슬픔이 밀려오자 손을 잡고 눈물을 흘리며 서글피 말했다.

"인간 세상엔 변고가 많고 좋은 일엔 탈이 많은 법이라, 일생 동안 만나고 헤어짐이 일정하지 않다지요. 이 때문에 하릴없이 서글픈 감상에 빠져 들게 되나 봐요."

최척이 소매로 눈물을 닦아 주고 위로하며 이렇게 말했다.

"움츠러들었다가 활짝 펴지고 가득 채워졌다가 텅 비는 건 하늘의 이치요, 좋은 일이 있는가 하면 흉한 일이 있고 재앙과 근심이 따라다니는 건 사람살이의 당연한 일이라오. 설혹 불행이 닥치더라도 운수에 따라 편안한 마음을 가져야지, 공연히 슬픔에 빠져서야 되겠소? 옛사람이 '괜한 걱정에 슬퍼하지 말라'고 했거니와, '좋은 일만 말하고 흉한 일은 입에 올리지 않는다'는 속담도 있지 않소. 근심 걱정으로 번뇌하여 즐거운 마음을 해치지 않도록 합시다."

이날 이후 부부간의 사랑이 더욱 깊어져 두 사람은 서로를 지음知音으로 여기며 단 하루도 떨어지지 않았다.

정유년(1597)¹⁶ 8월, 왜적이 남원을 함락시켰다. 남원 사람이 모두 달아나고 최척 일가 역시 지리산 연곡¹⁷으로 피신했다. 최척은 옥영에게 남자 옷을 입혔는데, 무리 중에 섞이고 보니 누구도 옥영이 여자인 줄 알지 못했다.

산속으로 들어간 지 며칠이 지나자 양식이 떨어져 굶주리게 되었다. 최척은 젊은 남자 두어 사람과 함께 산을 내려와 식량을 구하는 한편 왜적의 형세를 살폈다. 최척 일행은 구례求禮에 이르렀다가 갑자기 적병을 만났는데, 바위 덤불에 몸을 숨겨 위기를 모면할 수 있었다.

이날 왜적이 연곡에 들어와 온 산골짜기를 다니며 남김없이 노략질을 했다. 최척은 앞뒤로 길이 막혀 오도 가도 못하는 상황이었다.

사흘 뒤 왜적이 물러가자 최척은 그제야 연곡에 들어갈 수 있었다. 연곡에 들어서니 시체가 쌓여 널브러져 있고 흐르는 피가 강을 이루고 있었다. 숲속에서는 들릴락 말락 울부짖는 소리가 아득히 들려왔다. 최척이 가까이 가 보니 온몸에 상처를 입은 노인과 어린애 몇 사람이 있었다. 이들은 최척을 보고 울며 이렇게 말했다.

※※※※
16. **정유년** 이해에 정유재란이 일어났다.
17. **연곡燕谷** 전남 구례군 토지면에 있는 지명으로, 지금의 연곡사燕谷寺 일대이다.

"사흘 동안 적병이 산에 들어와 재물을 빼앗고 사람들을 베어 죽이고는 젊은이들을 모조리 데리고 갔소. 어제 물러가 섬진강에다 진을 쳤으니 가족을 찾는다면 강가로 가 보시오."

최척은 하늘을 우러러 통곡하고 땅을 치며 피를 토하더니 즉시 섬진강으로 달려갔다. 몇 리쯤 가자 어지러이 쌓인 시체 더미 속에서 끊어졌다 이어졌다 하는 신음 소리가 들려왔다. 살았는지 죽었는지, 얼굴이 피범벅이 되어 있어 누군지도 알 수 없었다. 옷차림을 보니 춘생인 듯싶어 큰 소리로 불렀다.

"너 춘생이 아니냐?"

춘생이 눈을 부릅뜨며 목구멍 안에서 힘겹게 말소리를 냈다.

"서방님, 서방님! 가족이 모두 적병에게 납치되었어요. 저는 몽석 아기씨를 업고 빨리 달릴 수가 없어 적병의 칼에 맞고 쓰러졌는데, 반나절 만에 겨우 정신이 들었지만 업고 있던 아기씨가 어찌 되었는지 모르겠어요."

말을 마치자 기운이 다해서 숨이 끊어졌다.

최척은 가슴을 치고 발을 구르더니 복받치는 슬픔에 기절하여 쓰러지고 말았다.

잠시 뒤에 정신을 차렸으나 어찌해야 좋을지 알 수 없었다. 몸을 추슬러 섬진강으로 가니 강가에 상처투성이인 노인과 어린애 수십 명이 모여 앉아 울고 있는 모습이 보였다. 최척이 다가가 사정을 묻자 모여 있던 이들 중 누군가가 이렇게 대답했다.

"우리는 산속에 숨어 있다가 이곳으로 끌려왔소. 왜적의 배에 이르니 젊은이들만 배에 태우고 늙은이와 어린애들은 이렇게 칼로 찔러 내팽개쳐 두었다오."

최척은 몹시 서럽게 울다가 홀로 세상에 살 뜻을 잃고 자결하려 하였다. 그러자 곁에 있던 이들이 최척을 구하여 자살하지 못하게 했다.

최척은 홀로 터벅터벅 강가를 걸었으나 갈 곳이 없었다. 사흘 밤낮을 쉬지 않고 걸어 고향 집에 이르렀다. 담장은 무너져 있었고 깨진 기왓장이 굴러다녔다. 아직도 타다 남은 불이 있었고, 곳곳에 쌓인 시체가 언덕을 이루어 발 디딜 틈조차 없었다.

최척은 금석교[18] 옆에 앉아 쉬고 있었는데, 며칠을 먹지 못한 채 정신없이 왔다 갔다 하다 보니 힘이 다해 일어설 수 없는 지경이 되고 말았다.

그때 마침 명나라 장수가 기병騎兵 10여 인을 이끌고 남원성에서 나와 금석교 아래에서 말을 씻기고 있었다. 최척은 의병으로 나가 있을 때 꽤 오랫동안 명나라 군대와 접촉한 경험이 있어 중국 말을 조금 할 줄 알았다. 최척은 명나라 장수에게 자기 일가가 모두 해를 입은 상황을 말하고 의탁할 곳 없게 된 자신의 신세를 하소연한 뒤 중국에 따라 들어가 은둔하고 싶다고 말했다.

---

18. **금석교**金石橋  남원의 서남쪽에 있던 다리.

명나라 장수는 그 말을 듣고 측은히 여겼으며, 또 최척의 뜻을 가련히 여겨 이렇게 말했다.

"나는 오총병[19]의 천총[20] 여유문余有文이라 하오. 집은 절강성 요흥姚興에 있는데, 가난하지만 먹고살 만은 하다오. 인생은 마음을 알아주는 사람을 만나는 게 중요하나니, 먼 곳이건 가까운 곳이건 자기 마음 가는 대로 노닐고 머물 따름이지 하필 구석진 땅에 머물며 옹색하게 살 이유가 무어 있겠소?"

이윽고 최척에게 말 한 필을 주어 자신의 진영으로 데리고 갔다.

최척은 용모가 빼어나고 생각이 주도면밀하며 말 타기와 활쏘기를 잘하는 데다 문장에도 능했으므로, 여유문은 이런 최척을 매우 아껴서 한 상에서 밥을 먹고 같은 이불을 덮고 잠을 잘 정도였다.

얼마 뒤 총병總兵의 군대가 명나라로 돌아가게 되었다. 여유문은 최척을 전사한 병사 한 사람 대신 명부名簿에 끼워 넣어 국경을 통과하게 한 뒤 요흥으로 데리고 가서 함께 살았다.

이에 앞서 최척 일가가 왜적에게 붙잡혀 섬진강에 이르렀을 때의 일이다. 왜적은 최척의 부친과 장모가 늙고 병들었다 여겨 감

---

19. **오총병吳總兵** '총병'은 명나라 때의 고위직 무관武官으로, 대규모 군대를 파견할 때 임시로 두어 전체 군사를 통괄하게 했다.
20. **천총千摠** 명나라의 하급 무관직으로, 천 명의 부하를 거느렸다.

시를 소홀히 했다. 두 사람은 왜적의 감시가 태만한 틈을 타 갈대 숲에 몸을 숨겼다. 왜적이 떠난 뒤 마을을 돌아다니며 구걸을 하다 연곡사[21]에 이르렀다. 그런데 연곡사 승려들의 방에서 아기 우는 소리가 들리는 게 아닌가. 심씨가 울며 최숙에게 말했다.

"어떤 아이 울음소리기에 우리 손주 소리와 똑같을까요?"

최숙이 급히 문을 열고 들여다보니 과연 몽석이었다. 최숙은 우는 아이를 품에 안고 한참 어루만졌다. 잠시 후 최숙이 승려들에게 물었다.

"이 아이를 어디서 데려왔소?"

혜정慧正이라는 승려가 앞으로 나오며 이렇게 대답했다.

"제가 길가의 시체 더미 속에서 울음소리를 듣고 불쌍하여 거두었습니다. 혹 아기의 부모가 찾아오지 않을까 기다렸는데 지금 과연 그렇게 되었으니, 이 어찌 하늘의 도움이 아니겠습니까!"

최숙은 손자를 찾은지라, 심씨와 번갈아 업어 가며 집으로 돌아왔다. 그러고는 부리던 종들을 다시 불러 모아 집안 살림을 꾸려 나갔다.

이때 옥영은 왜적 돈우頓于라는 자에게 붙잡혀 있었다. 돈우는 늙은 병사로, 살생을 하지 않는 불교 신자였다. 본래 장사꾼으로 항해에 능숙했으므로 왜장倭將 소서행장[22]이 그를 선장으로 발탁

※※※※

21. **연곡사** 전남 구례군 토지면 내동리 지리산에 있는 절.

하였다.

　돈우는 명민한 옥영이 마음에 들었다. 그래서 혹 달아날까 싶어 좋은 옷과 맛난 음식을 주어 그 마음을 안심시키려 했다. 옥영은 물에 빠져 자살할 생각으로 몇 번이나 배에서 빠져나왔지만 그때마다 들켜서 뜻을 이루지 못했다.

　어느 날 밤 옥영의 꿈에 장륙불이 나타나 이렇게 말했다.

　"나는 만복사의 부처다. 죽어서는 안 된다! 훗날 반드시 기쁜 일이 있을 것이다."

　옥영이 꿈에서 깨어 그 꿈을 가만히 생각해 보니 그런 일이 전혀 없으란 법도 없을 것 같았다. 이에 억지로 먹으며 목숨을 부지했다.

　돈우의 집은 나고야에 있었다. 늙은 아내와 어린 딸만 있을 뿐 집안에 달리 남자가 없어, 옥영을 집에 살게 하되 아내와 딸이 있는 내실內室에는 출입하지 못하게 했다. 옥영은 돈우를 속여 이렇게 말했다.

　"저는 본래 체격이 왜소하고 병이 많은 약골이라서 조선에 있을 적에도 젊은 남자들이 하는 일은 하질 못했습니다. 바느질이나 밥 짓는 일만 할 수 있지 다른 일은 할 수 없습니다."

---

22. **소서행장**小西行長　고니시 유키나가. 임진왜란 때 선봉장으로 나서 평양까지 침공했다. 정유재란 때 재차 군대를 이끌고 침공했다가 도요토미 히데요시가 죽자 병력을 철수시켰다.

돈우는 퍽 가련히 여겨 옥영에게 '사우'沙于라는 이름을 붙여 주고는, 배를 타고 장사하러 나갈 때마다 항해장航海長 일을 맡겨 중국의 복건성과 절강성 일대를 함께 돌아다녔다.

이때 최척은 요흥에 머물며 여유문과 의형제를 맺었다. 여유문이 누이동생을 최척에게 시집보내고 싶어 하는 마음을 내보이자 최척은 완강히 거절하며 이렇게 말했다.

"우리 일가족이 왜적의 침탈을 입어 지금껏 늙은 부친과 가녀린 아내가 살았는지 죽었는지조차 몰라 제사도 지내지 못하고 있습니다. 이런 처지에 혼인하여 나 혼자 편안히 잘 살 궁리를 할 수 있겠습니까?"

여유문도 최척의 생각을 의롭게 여겨 더 이상 혼인을 권유하지 않았다.

그해 겨울, 여유문이 병으로 죽었다. 최척은 의탁할 곳이 없게 되자 양자강과 회수淮水를 떠돌며 명승지를 두루 돌아보았다. 용문[23]을 보고 우혈[24]도 구경하며 원수와 상수[25]에까지 이르렀고, 배를 타고 동정호[26]를 건너 악양루[27]에 올랐으며 고소대[28]에도 올

---

23. **용문龍門** 산서성 황하黃河의 상류로, 폭포가 장관이다.
24. **우혈禹穴** 절강성 소흥시紹興市의 회계산會稽山에 있다는 우禹임금의 무덤.
25. **원수沅水와 상수湘水** 동정호로 흘러 들어가는 강 이름.
26. **동정호洞庭湖** 호남성에 있는 호수 이름.
27. **악양루岳陽樓** 동정호의 동쪽 물가에 있는 누각. 주변 경치가 아름답기로 유명하다.
28. **고소대姑蘇臺** 강소성 소주蘇州에 있는 누각 이름.

랐다.

　산과 강가에서 노래를 부르기도 하고, 구름 사이에서 배회하기도 했다. 그러다 보니 훌쩍 속세를 버리고픈 마음이 들었다. 해섬도사海蟾道士 왕용王用이란 사람이 청성산[29]에 은거하며 신비로운 선약仙藥을 만들 뿐 아니라 신선이 되는 술법을 지녔다는 말을 듣고 촉[30] 땅으로 들어가 그 술법을 배우리라 마음먹었다.

　이때 송우宋佑라는 사람이 있었는데, 호가 학천鶴川이고 집은 항주杭州 용금문湧金門 안에 있었다. 경전과 역사에 해박했고, 공을 세워 명성 떨치는 일을 좋아하지 않았으며, 저술을 업으로 삼았다. 또 남에게 베풀기를 좋아하고 의기가 있었다. 최척과는 서로 지기知己라고 인정하는 사이였는데, 최척이 촉 땅으로 가려 한다는 말을 듣고는 술을 들고 찾아왔다.

　술을 마셔 얼근히 취하자 송우가 최척을 친근하게 자字로 부르며 말했다.

　"백승![31] 이 세상을 살면서 누군들 불로장생하기를 바라지 않겠는가마는 고금 천하에 어디 그런 이치가 있단 말인가? 남은 생이 얼마나 된다고 불로장생의 약을 먹고 굶주림을 참으며 괴로움

---

29. **청성산青城山**　사천성에 있는 산. 옛날부터 도사가 많이 은거한 곳으로 알려져 있다.
30. **촉蜀**　지금의 사천성 지역.
31. **백승伯昇**　최척의 자字.

을 자초하면서 산도깨비의 이웃이 된단 말인가? 나와 함께 배 타고 오·월[32] 땅을 오가면서 비단이나 차를 매매하며 남은 생을 즐기는 게 세상사에 통달한 사람의 할 일 아니겠나?"

최척이 홀연 깨닫고 마침내 송우와 함께 길을 떠났다.

경자년(1600) 봄이었다. 최척은 송우를 따라 한마을의 장사꾼들과 함께 배를 타고 베트남으로 장사하러 갔다. 이때 일본 배 10여 척도 같은 포구浦口에 정박해 있었다.

열흘 넘게 머물러 4월 초이튿날이 되었다. 하늘엔 구름 한 점 없고 물빛은 비단처럼 고왔다. 바람이 그쳐 물결이 잔잔했으며 사방이 고요해 그림자 하나 보이지 않았다. 뱃사람들은 깊은 잠에 빠져 있었고, 간간이 물새 울음소리가 들려왔다. 일본 배에서는 염불하는 소리가 들렸는데, 그 소리가 매우 구슬펐다.

최척은 홀로 선창船窓에 기대 자신의 신세를 생각하다가, 짐 꾸러미 안에서 퉁소를 꺼내 슬픈 곡조의 노래를 한 곡 불어 가슴속에 맺힌 슬픔과 원망을 풀어 보려 했다. 최척의 퉁소 소리에 바다와 하늘이 애처로운 빛을 띠고 구름과 안개도 수심에 잠긴 듯했다. 뱃사람들도 그 소리에 놀라 일어나 모두들 서글픈 표정을 지었다. 그때 문득 일본 배에서 염불하던 소리가 뚝 그쳤다. 잠시 후 조선말로 시를 읊는 소리가 들렸다.

---

32. 오吳·월越  지금의 강소성·절강성 지역.

왕자교 퉁소 불 제 달은 나지막하고
바닷빛 파란 하늘엔 이슬이 자욱하네.
푸른 난새 함께 타고 날아가리니
봉래산 안개 속에서도 길 잃지 않으리.

시 읊는 소리가 그치더니 한숨 소리, 쯧쯧 혀 차는 소리가 들려왔다. 최척은 시 읊는 소리를 듣고는 깜짝 놀라 얼이 빠진 사람 같았다. 저도 모르는 새 퉁소를 땅에 떨어뜨리고 마치 죽은 사람처럼 멍하니 서 있었다. 송우가 말했다.

"왜 그래? 왜 그래?"

거듭 물어도 대답이 없었다. 세 번째 물음에 이르러서야 비로소 최척은 뭔가 말을 하려 했지만 목이 막혀 말을 하지 못하고 눈물만 하염없이 흘렸다. 최척은 잠시 후 마음을 진정시킨 뒤 이렇게 말했다.

"저건 내 아내가 지은 시일세. 우리 부부 말곤 아무도 알지 못하는 시야. 게다가 방금 시를 읊던 소리도 아내 목소리와 흡사해. 혹 아내가 저 배에 있는 게 아닐까? 그럴 리 없을 텐데 말야."

그러고는 자기 일가가 왜적에게 당했던 일의 전말을 자세히 말했다. 배 안에 있던 사람들이 모두 놀랍고 희한한 일로 여겼다.

그 자리에 두홍杜洪이란 사람이 있었는데, 젊고 용감한 자였다. 두홍은 최척의 말을 듣더니 의기 넘치는 표정이 되어 주먹으로 노를 치고 분연히 일어서며 이렇게 말했다.

"내가 저 배로 가서 사정을 살펴보겠소!"

송우가 두홍을 말리며 말했다.

"야심한 시각에 소란을 일으켰다가는 큰 난리가 날지도 모르네. 내일 아침에 조용히 처리하는 게 좋겠어."

사람들이 모두 그러는 게 좋겠다고 했다. 최척은 앉은 채로 아침이 오기만을 기다렸다.

이윽고 해가 떠올랐다. 최척은 즉시 해안으로 내려가 일본 배 앞으로 다가갔다. 그리고는 조선말로 물었다.

"간밤에 시를 읊던 사람은 분명히 조선 사람이었소. 나 역시 조선 사람인데, 한번 만나 볼 수 있다면 그 기쁨이 타국을 떠돌아다니다가 자기 나라 사람 비슷한 이를 보고 기뻐하는 데 견줄 수 있겠소?"

옥영은 어젯밤 배 안에서 최척의 퉁소 소리를 들었다. 조선 가락인 데다 귀에 익은 곡조인지라, 혹시 자기 남편이 저쪽 배에 타고 있는 것이 아닐까 의심하여 시험 삼아 예전에 지었던 시를 읊어 본 것이었다. 그러던 차에 밖에서 최척이 말하는 소리를 듣고는 허둥지둥 엎어질 듯이 배에서 뛰어 내려왔.

최척과 옥영은 마주 보고 소리치며 얼싸안고 모래밭을 뒹굴었다. 기가 막혀 입에서 말이 나오지 않았다. 눈물이 다하자 피눈물이 나왔으며 눈에 아무것도 보이지 않았다.

두 나라의 뱃사람들이 이들 주위를 빙 둘러서서 구경하고 있었는데, 처음에는 두 사람이 친척이거나 친구인가 보다 여기고 있었다. 한참 뒤 이들이 부부 사이임을 알고는 모두들 놀라 감탄하고 서로 돌아보며 이런 말을 주고받았다.

"참 기이하기도 하다! 하늘이 돕고 귀신이 도왔구나. 옛날에도 이런 일은 없었다."

최척이 부모님 소식을 묻자 옥영은 이렇게 대답했다.

"산에서 쫓겨 내려와 강가에 이를 때까지는 모두 무사하셨는데, 해 질 무렵 배에 올라탈 때 경황이 없어 어디 계신지 알 수 없게 되고 말았어요."

두 사람이 마주 보고 통곡하자 보는 이들도 모두 코끝이 찡했다. 송우가 돈우에게 백금 3정[33]으로 옥영의 몸값을 치르고 데려가고 싶다고 청했다. 그러자 돈우는 발끈 성을 내더니 이렇게 말했다.

"내가 이 사람을 얻은 지 4년이 되었습니다. 그동안 이 사람의 단정한 모습과 성실한 성품을 좋아해 친형제 대하듯이 지냈지요. 함께 밥 먹고 함께 잠자며 떨어져 지낸 적이 없건만, 이 사람이 여자인 줄은 꿈에도 몰랐습니다. 이제 두 사람의 일을 내 눈으로

---

33. **백금 3정** 여기서 '백금'白金은 은銀을 말한다. '정'錠은 화폐로 사용된 은의 단위로, 1정은 2kg가량이며 은화銀貨로 따지면 50냥에 상당한다.

직접 보니 천지 귀신도 감동하지 않을 수 없겠습니다. 내 비록 어리석다 하나 목석은 아니니, 어찌 이 사람의 몸값을 받을 수 있겠습니까?"

그러고는 돈주머니에서 은 10냥을 꺼내 옥영에게 주며 말했다.

"4년을 함께 지내다가 하루아침에 헤어지게 되니 나로서는 서글픈 마음 간절하구나. 그러나 온갖 죽을 고비를 겪고서 배필을 다시 만난 것은 세상에 없던 일이니, 내가 만일 쩨쩨하게 군다면 하늘이 천벌을 내리시겠지. 잘 가라, 사우沙于야! 몸조심, 몸조심하고!"

옥영이 두 손을 맞들어 올려 인사하고 이렇게 말했다.

"주인어른이 보호해 주신 덕분에 목숨을 부지하다가 뜻밖에 남편을 만나게 되었으니, 베풀어 주신 은혜가 참으로 큽니다. 게다가 이런 선물까지 주시니 이 은혜를 어찌 갚아야 할는지요?"

최척 또한 재삼 감사하다는 말을 하고서 옥영의 손을 잡고 자신의 배로 돌아왔다. 최척 부부를 구경하러 오는 이웃 뱃사람들의 행렬이 며칠 동안 끊이지 않았다. 그중 어떤 이들은 금이나 은, 비단 등을 선물로 내놓기도 했는데, 최척은 그 선물을 모두 받으며 감사 인사를 했다. 송우는 집으로 돌아온 뒤 따로 방 하나를 깨끗이 치워 최척 부부가 편안히 살 수 있도록 해 주었다.

최척은 아내를 찾은 뒤 마음이 행복해졌다. 그러나 친척 하나 없는 먼 이국땅에 사노라니 늙은 부친 생각이 머리에서 떠나지 않앓고 어린 아들 생각으로 늘 가슴이 아팠다. 밤낮으로 가슴앓이를 하며 살아서 고국으로 돌아갈 수 있기를 마음속으로 기도할 따름이었다.

1년이 지나 또 아들 하나를 낳았다. 아이를 낳기 전날 밤에 장륙불이 또다시 꿈에 나타났는데, 태어난 아기를 보니 첫아이 때와 마찬가지로 등에 점이 있었다. 최척 부부는 장남 몽석이 다시 태어났다고 여겨 이름을 몽선夢仙이라고 지었다.

몽선이 장성하자 최척 부부는 어진 아내를 얻어 주고자 했다. 이웃 진씨陳氏 집에 딸이 있었는데, 이름을 홍도紅桃라고 했다. 부친인 진위경陳偉慶은 홍도가 태어나 돌이 되기 전에 유총병劉總兵의 군대에 들어가 조선으로 가더니 돌아오지 않았다. 그런 데다 홍도가 미처 자라기도 전에 모친마저 세상을 떠났다. 홍도는 이모 집에서 자라며, 아버지가 이역 땅에서 돌아가셔서 얼굴 한번 뵙지 못한 것을 늘 애달파했다. 아버지가 돌아가신 나라에 꼭 한번 가서 초혼招魂하고 왔으면 하여 밤낮으로 한이 가슴에 사무쳤으나, 여자의 몸으로 마땅한 방법을 찾을 수 없었다. 그러던 차에 몽선이 아내를 구한다는 소식을 듣고는 이모와 상의하며 이렇게 말했다.

"최씨 댁 며느리가 되어 조선 땅에 한번 가 보고 싶어요."

홍도의 이모도 평소 홍도의 뜻을 잘 알고 있던 터라, 그 즉시 최척에게 가서 홍도의 사정을 알렸다. 최척 부부가 감탄하며 이렇게 말했다.

"이런 여자가 있다니, 그 뜻이 참으로 가상하군요."

드디어 홍도를 맞아들여 며느리로 삼았다.

이듬해인 기미년(1619)에 누르하치[34]가 요양[35]에 쳐들어가 여러 고을을 연이어 함락시키며 명나라 군사들을 대거 살상했다. 이에 명나라 황제가 진노하여 중국 전역의 병사를 일으켜 토벌하고자 했다. 소주蘇州 출신의 오세영吳世英이란 사람이 교유격[36]의 천총千摠으로 있었는데, 일찍이 여유문을 통해서 최척이 재주 많고 용맹하다는 사실을 알고 있었다. 그리하여 최척을 서기書記로 삼아 군중에 두었다.

최척이 먼 길을 떠나게 되자 옥영은 최척의 손을 잡고 눈물을 흘리며 이별의 말을 건넸다.

"제 운명이 기박하여 일찍이 재앙을 겪었으나, 천신만고 끝에 구사일생 목숨을 건지고 하늘의 도움으로 낭군을 다시 만날 수 있었지요. 끊어진 거문고 줄이 다시 이어지고 반쪽으로 나뉘었던 거울이 다시 합해진 것처럼 우리 부부의 끊어졌던 인연이 다시 이어져 다행히도 제사를 맡아 줄 아들까지 얻었어요. 함께 살며

---

34. **누르하치** 청淸나라 태조太祖.
35. **요양遼陽** 지금의 요녕성 요양시 일대.
36. **교유격喬遊擊** 명나라의 무신武臣 교일기喬一琦를 가리킨다. 유정劉綎과 함께 후금後金, 곧 청나라 군대와 싸우다가 패하자 자살했다. '유격'은 무관武官 벼슬이다.

기쁨을 나눈 지 스무 해가 넘었으니, 지난날을 생각하면 죽어도 한이 없답니다. 제가 먼저 저세상으로 가서 서방님의 은혜에 보답하고자 하는 마음을 늘 가져 왔는데, 뜻밖에도 늙어 가는 나이에 또다시 이별을 하게 되었군요.

여기서 요양까지는 수만 리 거리라 살아서 돌아오기 쉽지 않을 테니 어찌 훗날 다시 만날 것을 기약할 수 있겠어요? 보잘것없는 제 한 목숨, 서방님과 헤어지는 마당에 자결하여 한편으로는 저에게 연연하는 서방님의 마음을 끊고, 한편으로는 밤낮으로 느낄 제 고통을 없애 버리고자 합니다.

서방님, 잘 가세요! 이제 영영 이별이군요!"

옥영은 말을 끝내고 통곡하더니 칼을 뽑아 제 목에 갖다 댔다. 최척이 칼을 빼앗고 아내를 달랬다.

"그까짓 오랑캐 무리가 감히 대국大國의 상대가 될 수 있겠소? 이제 황제의 군대가 정벌에 나섰으니 파죽지세로 깨뜨려 버릴 수 있을 거요. 군대를 따라 오랫동안 오가는 것이 좀 괴롭긴 하나 그처럼 헛된 걱정을 할 건 없소. 내가 공을 이루고 돌아오면 함께 술잔을 나누며 축하하도록 합시다. 더구나 몽선이 늠름하게 자라 당신이 기댈 만하지 않소? 아무쪼록 밥이나 잘 먹고, 길 떠나는 사람에게 걱정을 끼치지 말구려."

마침내 최척은 짐을 꾸려 떠났다.

요양에 도착하여 수백 리 오랑캐 땅을 지나, 조선의 군대와 나란히 우모채[37]에 진을 쳤다. 하지만 명나라 장수가 후금[38]의 군대를 얕본 탓에 대패하고 말았다. 누르하치는 명나라 군사들을 남김없이 죽인 반면, 조선 군사들은 한편으로 위협하고 한편으로 어르면서 단 한 사람도 살상하지 않았다.

교유격은 패잔병 10여 명을 이끌고 조선 군영軍營에 들어가 조선 병사의 옷을 달라고 애걸했다. 조선의 원수元帥 강홍립[39]은 옷을 주어 죽음을 면하게 하려 했으나, 종사관[40] 이민환[41]은 누르하치의 뜻을 거슬렀다가 훗날 문제가 될 것이 두려워 그 옷을 빼앗고 명나라 병사들을 붙잡아 적진으로 보냈다. 최척은 본래 조선 사람이므로 혼란한 틈을 타 조선 군대 속에 숨어 들어가 홀로 죽음을 면할 수 있었다. 그러나 강홍립이 후금에 항복하면서 최척 역시 조선 병사들과 함께 후금 군대에 사로잡히는 신세가 되고 말았다.

이때 최척의 장남인 몽석은 남원에서 무학武學[42]으로 군대에 차출되어 원수 강홍립의 휘하에 있었다. 누르하치는 항복한 조선 병

---

37. **우모채牛毛寨** 우모령牛毛嶺. 요녕성의 지명.
38. **후금後金** 임진왜란을 전후하여 만주에 대한 명나라의 통제력이 이완된 틈을 타 누르하치가 여진의 여러 부족을 통일하여 세운 나라. 1616년에 국호를 후금後金이라 하고 심양瀋陽을 수도로 삼았다. 1636년에 국호를 청淸으로 고쳤다.
39. **강홍립姜弘立** 선조·광해군 때의 문신. 명나라가 후금을 칠 때 조선 원병援兵 1만 3천여 명을 이끌고 나갔다가 후금에 항복하여 포로가 되었다.
40. **종사관從事官** 종5품의 무관 벼슬.
41. **이민환李民寏** 선조~인조 때의 문신. 강홍립의 종사관으로 참전했다가 역시 항복하고 포로가 되었다.
42. **무학武學** 임진왜란 이후에 신설된 하급 무관직.

사들을 나누어 가두었는데, 마침 최척과 몽석이 한곳에 갇히게 되었다. 하지만 아버지와 아들은 마주하고도 상대가 누구인지를 알아보지 못했다.

몽석은 최척의 조선말이 어설픈 것을 보고, 본래 명나라 병사 중에 조선말을 할 줄 아는 이가 후금 군대에 죽임을 당할까 두려워 조선 사람 행세를 하는가 보다 여겼다. 몽석이 의심스러운 마음에 최척에게 사는 곳을 캐묻자, 최척은 최척대로 후금의 첩자가 실상을 캐내려는 게 아닐까 의심하여 어떤 때는 전라도라고 했다가 어떤 때는 충청도라고도 하며 얼렁뚱땅 말을 둘러댔다. 몽석은 이상히 여겼으나 최척의 정체를 알지 못했다.

며칠 지내는 동안 두 사람이 차츰 친해지고 서로의 처지를 가련히 여기게 되면서 의심하는 마음이 사라졌다. 최척은 자신이 겪어 온 일을 사실대로 몽석에게 말해 주었다. 몽석은 최척의 말을 들으면서 안색이 바뀌고 속으로 놀라며, 반신반의하는 상태에서 최척의 죽은 아들 나이가 몇이며 신체상의 특징이 있는지 물었다. 최척이 이렇게 대답했다.

"갑오년(1594) 10월에 태어나 정유년(1597) 8월에 죽었소. 등에 아이 손바닥만 한 붉은 점이 있었다오."

몽석이 놀라 말을 잇지 못하더니 웃통을 벗고 제 등을 가리키며 말했다.

"제가 바로 그 아들이옵니다!"

최척은 그제야 비로소 눈앞에 있는 청년이 자기 아들임을 알아차렸다. 두 사람은 각각 자기 부모의 안부를 물은 뒤 서로 부둥켜안고 엉엉 울었다. 말을 주고받다가 껴안고 울기를 며칠 동안이나 계속했다.

오랑캐 노인 한 사람이 수시로 와서 감시했는데, 최척 부자의 말을 알아듣는 듯 불쌍히 여기는 빛이 있었다. 하루는 뭇 오랑캐들이 모두 밖에 나가 있을 때 노인이 남몰래 최척이 있는 방에 들어와 앉더니 조선말로 이렇게 물었다.

"너희들이 소리 내어 우는 모습을 보니 처음 여기 오던 때와는 뭔가 다른 듯하다. 무슨 일이 있는 게냐? 들어 보고 싶다."

최척 부자는 화를 당할까 싶어 곧이곧대로 말하지 못했다. 그러자 노인이 말했다.

"두려워할 것 없다. 나도 본래는 삭주[43]에서 병사로 있었다. 고을 부사府使의 가렴주구가 너무 괴로워 온 가족이 오랑캐 땅에 들어와 산 지 벌써 10년이다. 와 보니 이곳 사람들은 성품이 정직하고 가렴주구도 일삼지 않더라. 인생이란 아침 이슬처럼 덧없는 것인데, 벼슬아치들의 매질에 시달리며 움츠리고 살 이유가 뭐 있겠나?

누르하치는 내게 정예 병사 80명을 주며 조선 사람들이 달아나

---

43. **삭주**朔州 평안북도 서북부에 있는 고을 이름.

지 못하게 감시하라고 했지. 그런데 지금 너희들이 하는 말을 들으니 참으로 기이한 일이다. 내 비록 누르하치에게 질책을 받겠지만 어찌 너희들을 놓아주지 않을 수 있겠느냐?"

　노인은 이튿날 식량을 주면서, 자기 아들더러 샛길을 일러 주게 하여 최척 부자를 달아나게 했다.

　그리하여 최척은 아들을 데리고 20년 만에 고국에 생환하였다. 아버지를 뵙고 싶은 급한 마음에 이틀 갈 길을 하루에 걸으며 남쪽으로 내려갔다. 도중에 등창이 났으나 치료할 경황도 없이 충청도 은진 땅에 이르고 보니 증세가 매우 악화되어 있었다. 위독한 상태로 여관에 드니 호흡이 가빠지며 곧 목숨이 끊어질 듯했다. 몽석이 마음을 졸이며 이리저리 뛰어다녔으나 침이나 약을 구할 길이 없었다. 마침 도피 생활 중이던 중국인 하나가 호남에서 영남으로 가다가 최척을 보고는 놀라서 이렇게 말했다.

　"큰일 날 뻔했습니다! 만일 오늘을 넘겼다면 살릴 수 없었을 겁니다."

　중국인이 자루에서 침을 꺼내 최척의 등에 난 종기를 터뜨리자 최척의 병이 그날로 나았다.

　이틀 뒤 최척은 지팡이를 짚고 집으로 돌아왔다. 온 집안이 마치 죽은 사람을 다시 본 듯이 깜짝 놀랐다. 꿈인지 생시인지 분간하지 못할 지경이어서 부자는 서로 부둥켜안고 해 질 녘이 되도록 울었다.

심씨는 딸 옥영을 잃고 난 뒤로 바보처럼 멍하니 마음을 잡지 못하고 오직 몽석에 의지하며 살았는데, 몽석마저 전쟁터에서 죽은 줄로만 알아 몇 달 동안이나 자리에 누워 일어나지 못하고 있던 참이었다. 그러던 차에 몽석과 그 아비가 살아 돌아온 데다 옥영도 살아 있다는 소식을 듣자 미친 듯이 소리를 지르며 어쩔 줄 몰라 하는 모양이 슬픈지 기쁜지 전연 모르는 사람 같았다.

몽석은 아버지를 살려 준 중국인의 은혜가 너무도 고마워서 크게 보답하고자 집으로 함께 데리고 왔다. 최척이 중국인에게 물었다.

"중국 분이신가 본데, 댁은 어디시고 성함은 어찌 되십니까?"

중국인이 대답했다.

"제 성은 진陳이고 이름은 위경偉慶입니다. 집은 항주 용금문 안에 있습니다. 만력[44] 25년(1597)에 유제독[45]의 군대에 들어가 순천에 오게 됐지요. 그러던 어느 날 적진의 형세를 정탐하다가 장군의 뜻을 거슬러 군법에 따라 처벌을 받게 되었는데, 야밤에 몰래 달아나 도피 생활을 하다가 오늘에 이르렀습니다."

최척이 이 말을 듣고 몹시 놀라 이렇게 말했다.

---

**44. 만력萬曆** 명나라의 제14대 황제인 신종神宗의 연호. 1573~1619년.
**45. 유제독劉提督** 유정劉綎을 가리킨다. 1593년과 1598년, 두 차례에 걸쳐 군대를 이끌고 조선에 와 왜군과 싸운 명나라 장수이다.

"댁에 부모님이나 처자식이 계신지요?"

진위경이 말했다.

"집에 처가 있습니다. 제가 조선으로 온 것은 딸을 낳은 지 두어 달 되던 때였지요."

최척이 또 물었다.

"따님 이름이 어떻게 됩니까?"

진위경이 말했다.

"딸아이가 태어나던 날, 마침 이웃 사람이 복숭아를 선물로 가져다주더군요. 그 일을 인연 삼아 '홍도紅桃'라고 이름 지었습니다."

최척이 황급히 진위경의 손을 잡고 말했다.

"희한한 일입니다, 희한한 일이에요! 제가 항주에 있을 때 바로 댁의 이웃에 살았습니다. 부인께서는 신해년(1611) 9월에 병으로 돌아가셨고, 그 뒤로 홍도는 이모부인 오봉림吳鳳林 댁에서 자랐습니다. 그러다 내가 며느리로 삼았는데, 오늘 여기서 사돈을 뵙게 될 줄은 꿈에도 몰랐습니다."

진위경은 깜짝 놀라고는 한숨 쉬며 한참 동안 슬픈 기색을 짓더니 이윽고 탄식하며 이렇게 말했다.

"허어! 저는 대구에서 박씨 성을 가진 사람 집에 머물다가 노파 한 사람을 만나 침술을 배우고는 그것으로 호구지책을 삼게 되었습니다. 지금 그대의 말씀을 들으니 고향에 온 듯한 기분이

군요. 이곳에 방을 하나 빌려 살았으면 싶습니다."

몽석이 일어서며 말했다.

"어르신은 저희 아버지를 살려 주신 은인이십니다. 게다가 저희 어머니와 아우가 어르신 따님의 봉양을 받고 있다니, 같은 일가끼리 무슨 어려운 일이 있겠습니까?"

그러고는 그 즉시 최척의 집으로 옮겨 살게 했다.

몽석은 모친의 생존 소식을 듣고 밤낮으로 속을 썩이며 명나라로 들어가 모친을 모셔 올 방도가 없는지 궁리했으나 마땅한 방법이 없어 눈물만 흘릴 따름이었다.

이때 항주에 있던 옥영은 출정한 명나라 군대가 전멸했다는 소식을 들었다. 최척이 싸움터에서 횡사한 것이 분명하다고 여겨 밤낮으로 울음을 그치지 않더니 마침내 죽기로 작정하고 물 한 방울 입에 대지 않았다. 그러던 어느 날 밤, 장륙불이 꿈에 나타나 옥영의 머리를 어루만지며 말했다.

"죽어서는 안 된다! 훗날 반드시 기쁜 일이 있을 것이다."

옥영은 꿈에서 깨어 몽선에게 이렇게 말했다.

"내가 왜놈에게 끌려가던 날 물에 빠져 죽으려 했더니, 남원 만복사의 장륙불이 꿈에 나타나 이렇게 말하더구나.

'죽어서는 안 된다! 훗날 반드시 기쁜 일이 있을 것이다.'

그 뒤 4년이 흘러 베트남 해안에서 네 아버지를 만날 수 있었다. 지금 내가 죽으려 하자 또 이런 꿈을 꾸었으니, 네 아버지가

혹시 죽음을 면하신 게 아닐까? 네 아버지가 살아 계신다면 나는 죽어도 산 것과 같을 것이니 무슨 여한이 있겠느냐?"

몽선이 울며 말했다.

"요사이 듣자니 누르하치가 중국 병사는 모조리 죽였지만 조선 사람은 모두 살려 주었다고 합니다. 아버지는 본래 조선 사람이니 틀림없이 살아 계실 거예요. 장륙불 꿈이 어찌 허튼 징조겠습니까? 어머니는 잠시 자결할 뜻을 거두시고 아버지가 돌아오시기를 기다려 보세요."

옥영이 마음을 돌려 이렇게 말했다.

"누르하치의 소굴에서 조선 국경까지는 겨우 나흘이나 닷새면 닿을 수 있는 거리다. 그러니 네 아버지가 목숨을 건졌다 해도 필시 고국으로 달아나셨을 게야. 험한 길 수만 리를 걸어 우리에게 돌아오는 일이 가능하겠니?

나는 고국으로 돌아가 네 아버지를 찾아봐야겠다. 만일 돌아가셨다면 직접 창주[46]에 가서 죽은 원혼이라도 위로한 뒤 선산에 장사 지내 사막에서 굶주리며 떠도는 신세를 면하게 해 드려야 내 책임을 다하는 거야. 더욱이 남쪽 지방의 새는 남쪽에 둥지를 틀고 북쪽 지방의 말은 북쪽을 향해 우는 법이거늘, 나도 죽을 날이 점점 다가오니 고향 생각이 갈수록 간절하구나. 시아버지와 홀어

---

46. **창주昌州** 평안도 북부에 있는 창성군을 가리킨다. 서쪽으로 압록강에 닿아 있다.

머니, 어린 아들을 난리 통에 모두 잃고 그 생사조차 알 수 없는 처지 아니냐. 그런데 얼마 전에 일본 상인에게 듣자니, 포로로 잡혀갔던 조선 사람들이 속속 송환되고 있다더구나. 이 말이 사실이라면 살아 돌아온 사람 중에 우리 가족이 없으리란 법도 없지 않겠니?

만일 네 부친과 조부께서 모두 이역 땅에서 비명횡사하셨다면 선조의 묘를 누가 돌보겠니? 친척들 또한 난리로 다 목숨을 잃지는 않았을 게야. 친척이라도 만날 수 있다면 이 또한 다행한 일 아니겠니?

너는 배를 빌리고 양식을 준비해라. 여기서 조선까지는 뱃길로 2천~3천 리밖에 안 되니, 하늘이 도와 순풍을 만난다면 열흘 남짓 만에 해안에 도착할 수 있을 게다. 내 계획은 이미 섰다!"

몽선이 울며 호소했다.

"어머니, 왜 그런 말씀을 하세요? 조선에 닿을 수 있다면야 얼마나 좋겠습니까마는 만 리 바닷길을 돛단배 한 척으로 어찌 건넌답니까? 바람과 파도며 상어와 악어 등 예측할 수 없는 재난이 있을 테고, 해적선이나 경비선이 도처에서 우리를 가로막을 거예요. 우리 모자가 고기밥 신세가 되는 게 돌아가신 아버지께 무슨 이로움이 있답니까? 제가 비록 어리석지만 이런 큰일을 당해서는 감히 거역하는 말씀을 올리지 않을 수 없습니다."

홍도가 곁에 있다가 몽선에게 말했다.

"어머님 말씀을 거역하지 마세요! 어머님의 계획은 모두 깊은 생각 끝에 나온 것이니, 지금 외부로부터 닥칠 어려움은 따질 계제가 못 됩니다. 평탄한 곳에 산다고 해서 수재나 화재, 도적의 침탈을 면한다는 보장이 있답니까?"

옥영이 또 이렇게 말했다.

"물길에 여러 어려움이 있다지만 내겐 경험이 많단다. 일본에 있던 시절 배를 집 삼아 봄이면 복건성·광동성 일대에서, 가을에는 유구[47]에서 장사를 했어. 거센 바람, 거친 파도를 헤치고 다녀 밤하늘의 별을 보고 조수潮水를 점치는 데 익숙하지. 그러니 바람과 파도의 험난함은 내가 감당할 수 있고, 항해의 온갖 위험도 이겨 낼 수 있단다. 혹 불행하게도 예기치 못한 어려움이 있다 한들 해결할 방도가 왜 없겠니?"

옥영은 즉시 조선과 일본, 두 나라의 옷을 만들고 날마다 아들과 며느리에게 두 나라의 말을 가르쳤다. 그러고는 몽선에게 다음과 같이 일렀다.

"항해는 오로지 돛대와 노에 의지하는 것이니, 반드시 견고하게 만들어야 한다. 또 하나 없어서는 안 되는 것이 나침반이다. 좋은 날을 가려 배를 띄울 테니 내 뜻을 어김이 없도록 해라."

몽선이 근심스런 표정으로 말없이 물러 나오더니 홍도를 탓하

---

47. 유구琉球 지금의 일본 오키나와. 당시에는 조선 못지않은 문명을 가진 독립국이었다.

여 이렇게 말했다.

"어머니가 삶을 돌보지 않고 만 번 죽을 계획을 내어 위험을 무릅쓰고 가신다 한들 돌아가신 아버지가 살아오시겠소? 어머니를 사지死地에 몰아넣을 것이 뻔한 일에 당신은 어쩌자고 찬성한단 말이오? 어찌 그리 생각이 없소?"

홍도가 대답했다.

"어머님께서 지성을 다해 이런 중대한 계획을 세우신 것이니, 언쟁해 봐야 소용없어요. 지금 말릴 수도 없는 일을 말려서 나중에 후회하느니 어머님 말씀을 순순히 따르는 게 나아요.

제 사사로운 마음이야 어찌 다 말하겠어요. 태어난 지 두어 달 만에 아버지가 전쟁터에서 돌아가셨어요. 아버지의 유골이 낯선 타국에서 뒹굴고 혼령이 들판의 잡초에 얽혀 있을 텐데, 그러고도 자식 된 몸이 세상에 얼굴을 들고 다닌다면 그걸 사람이라 할 수 있겠어요?

요사이 길에 떠도는 말을 듣자니, 패잔병 중에 혹 목숨을 건져 조선에 남아 떠도는 사람들이 아직 많다고들 합디다. 자식 된 마음으로 요행을 바라지 않을 수 없답니다. 만일 서방님의 힘으로 조선에 닿아 전장戰場을 배회하며 아버지의 원혼을 조금이나마 위로할 수 있다면 저는 그날 죽는다 해도 유감이 없어요."

이렇게 말하고는 오열하며 눈물을 뚝뚝 흘렸다.

몽선은 어머니와 아내의 뜻을 꺾을 수 없음을 알고 짐을 꾸려

경신년(1620) 2월 초하루에 배를 띄웠다.

옥영이 몽선에게 말했다.

"조선은 동남쪽에 있으니 서북풍이 불기를 기다려야 한다. 너는 노를 잡고 앉아 내가 지시하는 말을 잘 듣도록 해라."

옥영은 깃대 끝에 깃털을 매달고 뱃머리 쪽에 나침반을 두었다. 그런 다음 배 안을 일일이 점검해 보니 갖추지 못한 물건이 하나도 없었다.

이윽고 바다에는 복어가 뛰어올라 노닐고, 깃대에 매단 깃털은 계속 동남쪽을 가리켰다. 이에 세 사람이 힘을 모아 돛을 올리자 배가 바다를 가로질러 쏜살같이 나아갔다. 밤낮을 가리지 않고, 벼락이 물결을 때리고 우레가 바다를 치듯 순식간에 등주와 내주[48]를 지나고 다시 잠깐 사이에 청주와 제주[49]를 지났다. 망망한 대해에 섬들이 떠 있다가 돌아보면 이미 보이지 않았다.

하루는 명나라의 경비선을 만났다. 경비선의 군졸이 이렇게 물었다.

"어느 곳에서 온 배이며, 어디로 가는 중인가?"

옥영이 중국 말로 대답했다.

"저희는 항주 사람입니다. 산동으로 차茶를 팔러 갑니다."

---

48. **등주登州와 내주萊州** 모두 산동성의 지명.
49. **청주靑州와 제주齊州** 모두 산동성의 지명.

경비선은 그냥 지나갔다.

다음 날에는 일본 배가 다가와 멈춰 섰다. 옥영은 재빨리 일본 옷으로 갈아입고 이들 앞에 나섰다. 일본인이 물었다.

"어디서 오는가?"

옥영이 일본 말로 대답했다.

"고기잡이하러 바다로 나왔으나 바람에 휘말려 표류하다가 배를 잃고 이제 항주 배를 빌려 돌아가는 길입니다."

일본인이 말했다.

"고생이 많소. 이 항로는 일본 가는 길과 조금 다르니, 남쪽을 향해 가도록 하오."

이날 밤에 남풍이 매우 거세어 파도가 하늘에 닿았고, 구름과 안개가 사방에 가득하여 지척도 분간할 수 없었다. 이윽고 돛대가 부러지고 돛이 찢어져 어디로 가야 할지 알 수 없었다. 몽선과 홍도는 두려움에 떨며 엎드려 뱃멀미를 해 댔다. 옥영 홀로 조용히 앉아 하늘에 빌며 염불하고 있었다.

한밤중에 풍랑이 조금 잦아들자 배를 작은 섬에 대고 부서진 곳을 수리하였다. 섬에 머무르며 며칠을 보내고 있는데, 아득한 바다 멀리로부터 배 한 척이 차츰차츰 섬 쪽으로 가까이 다가왔다. 옥영은 몽선더러 배 안에 있는 장비와 짐을 바위 굴 안에 숨겨 두라고 했다.

이윽고 배에 타고 있던 사람들이 떠들썩하게 소리를 내지르며 배에서 내려왔다. 말소리나 옷차림이 조선 사람도 일본 사람도 아니었고, 중국 사람 비슷해 보였다. 손에 다른 무기는 없었고 다만 흰 몽둥이로 옥영 일행을 때리며 가진 것을 내놓으라고 했다. 옥영이 중국 말로 말했다.

"저는 중국 사람입니다. 고기잡이를 하다가 이 섬으로 떠내려 왔기 때문에 본래 가진 재물이 없습니다."

옥영이 울며 살려 달라고 빌었다. 그러자 그들은 옥영을 죽이지 않고 옥영 일행이 타고 온 배만 빼앗아 자기들 배 뒤에 묶어서 끌고 갔다.

옥영이 몽선에게 말했다.

"이는 필시 해적일 게다. 해적이 중국과 조선 사이에 출몰하며 노략질을 하는데 사람은 잘 죽이지 않는다는 얘기를 들은 적이 있거늘, 이들이 바로 그 해적일 것이다.

내가 네 말을 듣지 않고 무리해서 길을 나섰더니 하늘이 돕지 않으셔서 끝내 이런 낭패를 보고 말았구나. 배를 잃었으니 이제 어쩐단 말이냐. 하늘에 맞닿은 저 바다를 날아서 건널 수도 없고, 뗏목을 만들어 띄우기도 어렵겠고, 댓잎을 타고 갈 수도 없으니, 이제 죽음만이 남았을 뿐이다. 나야 이미 살 만큼 살았지만, 나 때문에 죽게 된 너희들이 가련하게 되었구나!"

옥영이 아들, 며느리와 부둥켜안고 큰 소리로 슬피 우니, 그 소리가 바위 벼랑에 진동하고 그 한스러움은 파도에 층층이 맺혀

해신海神도 슬퍼 몸을 움츠리고 산도깨비도 찡그리며 신음 소리를 내는 듯했다.

옥영은 절벽 위로 올라가 바다에 몸을 던지려 했으나, 아들과 며느리가 붙잡는 바람에 뛰어내릴 수 없었다. 옥영이 몽선을 돌아보며 말했다.

"죽겠다는 나를 말려서 대체 어쩌자는 게냐? 자루 안에 남아 있는 식량으론 겨우 사흘밖에 버틸 수 없지 않니. 앉아서 식량이 떨어지길 기다려 봐야 살길이 있겠니?"

몽선이 말했다.

"식량이 다 떨어진 다음에 죽어도 늦지 않습니다. 그동안 만의 하나 살길이 생긴다면 후회해도 소용이 없습니다."

몽선 부부는 옥영을 부축하고 내려와 바위 굴 속에서 밤을 보냈다.

하늘이 밝아 올 무렵 옥영이 아들과 며느리에게 말했다.

"내가 기진맥진하여 정신이 혼미한 사이에 장륙불이 또 나타나 전과 같은 말을 하니, 참 희한한 일이구나."

세 사람이 둘러앉아 염불을 하며 이렇게 빌었다.

"세존世尊이시여, 세존이시여! 저희를 굽어 살피소서, 저희를 굽어 살피소서!

이틀 뒤 아득한 바다 멀리서 문득 돛단배 한 척이 나타났다. 몽선이 놀라 옥영에게 알리며 말했다.

"처음 보는 모양의 배이니 또 무슨 일을 당할지 걱정입니다."

옥영은 배를 보고 기뻐하며 말했다.

"우린 이제 살았다! 저건 조선 배란다."

이에 옥영이 조선 옷을 입고, 몽선더러 벼랑 위에 올라가 옷을 흔들라고 했다. 뱃사람들이 돛을 내리더니 이렇게 물었다.

"댁들은 뉘기에 이런 외진 섬에 사오?"

옥영이 조선말로 대답했다.

"우리는 본래 서울의 사족土族이오. 나주로 가는 길이었는데 갑자기 만난 풍파로 배가 뒤집혀서 사람들이 모두 죽고, 우리 세 사람만 돛대에 매달린 채 이리로 떠 내려와 겨우 목숨을 부지하고 있었소."

뱃사람들이 옥영의 말을 듣고 불쌍히 여겨 닻을 내리고 옥영 일행을 배에 태운 뒤 이렇게 말했다.

"이 배는 통제사[50]의 무역선이오. 기한 안에 공무를 수행해야 해서 길을 돌아갈 수 없다오."

순천에 이르자 해안에 배를 대고 옥영 일행을 내려 주었다. 이때가 경신년(1620) 4월이었다.

옥영은 아들과 며느리를 이끌고 대엿새 동안을 산 넘고 물 건

---

50. **통제사統制使** 삼도통제사三道統制使. 충청·전라·경상 3도의 수군水軍을 통솔하는 관직. 그 군영軍營이 지금의 통영에 있었다.

너머 고생한 끝에 남원에 도착했다. 옥영은 일가 식구가 모두 죽었으리라 생각하고, 살던 집터에나 한번 가 보리라 하여 만복사를 찾아갔다. 금석교金石橋에 이르러 바라보니 성곽이며 마을이 예전 모습 그대로였다. 옥영은 몽선을 돌아보면서 손가락으로 집 하나를 가리키더니 눈물을 흘리며 이렇게 말했다.

"저기가 네 아버지 사시던 집이란다. 지금은 어떤 사람이 들어와 사는지 모르겠구나. 우선 들어가 하룻밤 묵으면서 뒷일을 도모해 보자꾸나."

옥영 일행이 그 집 문 앞에 이르렀다. 문밖에서 보니 최척이 바야흐로 손님을 맞아 버드나무 아래 앉아 있었다. 옥영이 가까이 다가가 자세히 보니 바로 자기 남편이 아닌가. 옥영 모자는 동시에 울음을 터뜨렸다. 최척도 비로소 자기 아내와 아들이 온 것을 알고 큰 소리로 외쳤다.

"몽석 어미가 왔다! 이게 꿈인가, 생신가? 귀신인가, 사람인가?"

몽석이 이 말을 듣고 맨발로 엎어질 듯 뛰어나왔다. 어머니와 아들이 상봉한 장면은 자세히 말하지 않아도 알 수 있으리라.

모자는 서로 밀거니 당기거니 방으로 들어갔다. 심씨는 병을 앓던 중에 딸이 왔다는 소식을 듣고는 놀라 자빠지며 기가 막혀, 산 사람의 얼굴빛이 아니었다. 옥영이 심씨를 부둥켜안고 구호한 뒤에야 겨우 숨을 쉬더니 이윽고 상태가 좋아졌다.

최척이 진위경을 부르며 이렇게 말했다.

"따님도 왔구려!"

최척은 홍도로 하여금 그동안 있었던 일을 부친에게 이야기하게 했다.

온 집안 사람이 저마다 자기 자식을 안고 부르짖으며 우니 그 소리가 사방에 진동했다. 이웃 사람들은 처음에는 모두 이상한 일로 여겼으나, 옥영과 홍도가 겪은 일의 전말을 듣고 나서는 모두들 무릎을 치며 찬탄하더니 앞 다투어 이 이야기를 퍼뜨렸다.

옥영은 최척에게 이렇게 말했다.

"우리에게 오늘이 있는 건 실로 장륙불의 보살핌 덕택입니다. 듣자니 장륙불 금불상도 절과 함께 훼손되어 사람들이 의지해 빌 곳이 없다고 하더군요. 신령이 하늘에 계시어 우리를 죽지 않고 살게 하셨으니, 우리가 보답할 길을 찾아야 하지 않겠어요?"

이에 공양할 물건을 잘 갖추어 무너진 절에 가서 목욕재계하고 불공을 드렸다.

그 뒤로 최척과 옥영은 위로 부모님을 봉양하고 아래로 아들과 며느리를 거느리며 남원 서문 밖의 옛집에서 행복하게 살았다.


아아! 아버지와 아들, 남편과 아내, 시아버지와 장모, 형과 아우가 네 나라에 떨어져 서글피 30년을 그리워하다니! 적지敵地에서 생을 도모하고 사지死地를 넘나들다 마침내는 단란하게 모여

뜻대로 이루지 못한 일이 없으니, 이 어찌 사람의 힘으로 이룰 수 있는 일이겠는가! 필시 하늘과 땅이 그들의 지극 정성에 감동하여 이처럼 기이한 일을 이루어 준 것이리라. 하늘도 한 여인의 정성을 거스르지 못하나니, 정성을 가릴 수 없음이 이와 같도다!

내가 남원 주포[51]에 우거하고 있을 때, 최척이 나를 찾아와 위와 같이 자신이 겪은 일을 말해 주고는 그 전말을 기록하여 사라지지 않게 해 달라고 청했다. 최척의 요청을 사양하지 못하여 대략 그 줄거리만을 들어 기록했다.

천계[52] 원년 신유년(1621) 윤2월, 소옹[53]이 쓰다.

---

51. **주포周浦** 남원 남쪽 15리에 있는 땅 이름. 당시 작자 조위한은 벼슬에서 물러나 이곳을 거처로 삼고 있었다.
52. **천계天啓** 명나라 제16대 황제인 희종熹宗의 연호. 1621~1627년.
53. **소옹素翁** 작자 조위한의 호.

# 김영철전

홍세태

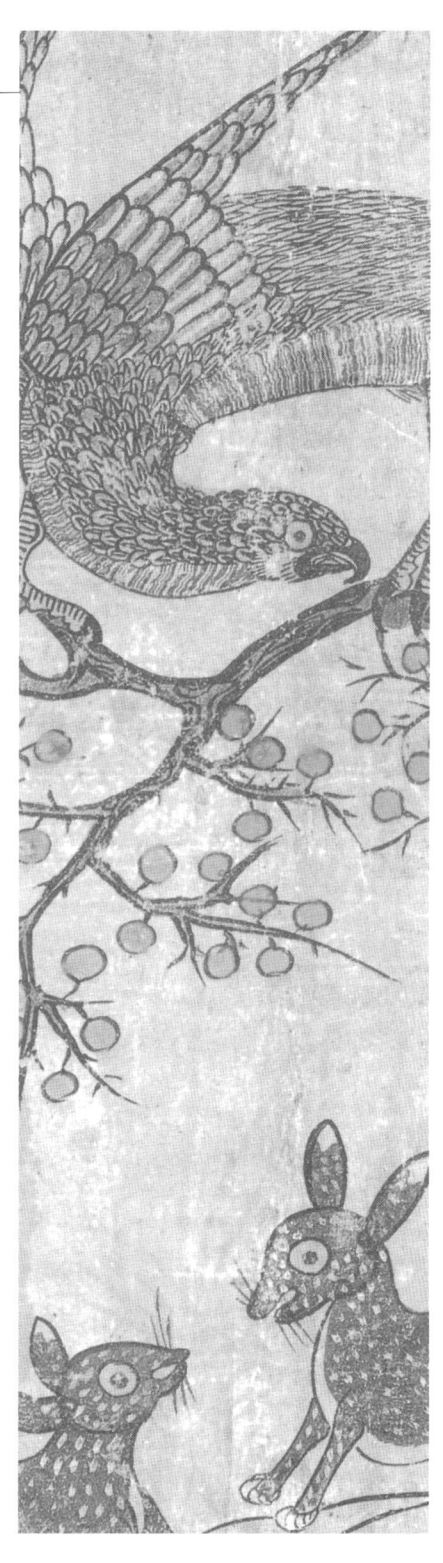

김영철金英哲은 평안도 영유현¹ 중종리 사람으로, 대대로 무과武科에 급제한 집안 출신이었다. 영철은 어려서부터 말 타기와 활쏘기를 좋아하여 영유현의 무학²이 되었다.

무오년(1618) 명나라에서 대군을 일으켜 건주³의 오랑캐를 토벌하러 나서며 우리나라에 병력 지원을 요구하자, 우리 측에서는 강홍립⁴을 도원수都元帥로, 김경서⁵를 부원수로 삼아 2만 군사를 이끌고 가게 하였다. 영철은 종조부從祖父 김영화金永和와 함께 좌영장左營將 김응하⁶의 예하 부대원이 되어 선봉에 섰다. 이때 영철

---

1. **영유현永柔縣** 지금의 평안남도 평원군 영유면 일대.
2. **무학武學** 임진왜란 이후에 신설된 하급 무관직.
3. **건주建州** 지금의 만주 길림성 지역. 명나라 때 여진족의 집단 거주지로, 이곳을 근거로 후금後金 곧 청나라가 일어났다.
4. **강홍립姜弘立** 선조·광해군 때의 문신. 1618년(광해 10) 명나라가 후금을 칠 때 조선 원병援兵 1만 3천여 명을 이끌고 나갔다가 후금에 항복해 포로가 되었다.
5. **김경서金景瑞** 선조·광해군 때의 무신. 강홍립 휘하의 부원수로 출정했다가 후금의 포로가 되었다. 몰래 적정敵情을 기록한 일기를 본국에 보내려 했으나 발각되어 살해되었다.

의 나이 열아홉 살로, 아직 혼인하지 않은 처지였다. 영철과 그 부친 김여관金汝灌은 모두 외아들이었다. 출발하기에 이르러 조부 김영가金永可가 눈물을 흘리며 말했다.

"네가 돌아오지 못하면 우리 집안은 대가 끊긴다."

영철이 말했다.

"꼭 돌아올 겁니다."

8월에 우리 군대는 창성[7]에 집결했고, 명나라 군대는 요동에 집결했다. 명나라의 경략[8] 양호[9]는 오랑캐 땅에 추위가 일찍 찾아와 남방에서 온 사람과 말이 겨울을 견디기 어려우므로 봄까지 기다렸다가 정벌을 시작하도록 허락해 달라는 글을 황제에게 올렸다.

기미년(1619) 봄 2월, 강홍립이 군대를 이끌고 강을 건너 영마전[10]에서 명나라 군대와 합류했고, 함께 우모령[11]을 넘어 10여 개의 보루[12]를 격파하고 승세를 타 전진하였다. 명나라 군대가 맨 앞에 서고 우리 군대의 좌영左營이 그 다음, 중영中營이 또 그 다음에 섰으며, 우영右營이 맨 뒤의 후군이 되었다. 누르하치는 정예병

---

6. **김응하**金應河  선조·광해군 때의 무신. 강홍립 휘하의 장수로서, 후금군에 대항해 싸우다가 전사하였다.
7. **창성**昌城  평안도 북부에 있는 군郡 이름. 서쪽으로 압록강에 닿아 있다.
8. **경략**經略  중국의 관직 이름. 군대를 동원할 때 특별히 설치하여 총독總督의 위에 두었다.
9. **양호**陽鎬  명나라 장군. 정유재란 때 명나라의 구원병을 이끌고 참전하였다.
10. **영마전**景馬田  중국 요녕성의 지명.
11. **우모령**牛毛嶺  요녕성의 지명.
12. **보루**堡壘  적군을 막기 위해 토석土石으로 쌓은 작은 성.

수만 명을 아들 귀영가[13]에게 주어 명나라 군대를 격파하게 하였다. 마침내 오랑캐가 우리 좌영을 치고 들어와 전투가 시작되었다. 김응하는 급히 강홍립에게 구원을 요청했으나 홍립은 응하지 않았다. 김경서 혼자 나아가 싸우다 돌아와 강홍립에게 말했다.

"오랑캐 군대는 극도로 지쳐서 말안장을 껴안고 잠에 빠져 종종 말에서 떨어지기까지 합니다. 제가 대군을 이끌고 가서 협공하면 틀림없이 오랑캐 군대를 깨뜨릴 수 있습니다."

그러나 강홍립이 주머니에서 밀지[14]를 꺼내 보여 주자, 김경서는 기운이 꺾여 감히 다시 말을 하지 못했다. 결국 김응하는 전사하고, 강홍립과 김경서는 오랑캐에게 투항했다.

강홍립은 출정할 때 임진왜란 당시 우리나라에 투항한 왜인 300명을 뽑아 종군하게 했는데, 이때에 이르러 누르하치에게 이들을 바쳤다. 누르하치가 몹시 기뻐하며 이튿날 열병閱兵하기로 했다. 이에 왜인들은 누르하치를 암살하고 강홍립을 붙잡아 조선으로 돌아갈 계획을 세웠는데, 그날 밤 계획이 누설되는 바람에 왜인 전원이 사살되고 말았다. 우리 병사들은 이를 보고 모두들 분개해 마지않았다. 누르하치는 변란이 일어날까 싶어 우리 병사

---

13. **귀영가貴永可** 누르하치의 둘째 아들인 다이샨代善(1588~1648)을 말한다. 후금의 건국 및 세력 확장 과정에서 핵심적인 역할을 하며 누르하치와 이복동생 홍타이지皇太極(청 태종)를 보좌했다. '귀영가'·'귀영개' 貴永介 등으로 지칭되었는데, 이는 후금에서의 칭호인 '구엥 바투루'(강철 용장勇將, 최고 영웅)를 음차한 것이다.
14. **밀지密旨** 임금의 비밀스런 분부.

를 모두 죽이고자 했으나 실행하기가 쉽지 않았다. 그때 마침 우리 군대의 장교 한 사람이 지난번 전투에서 오랑캐의 머리를 베어 그릇에 담아 두었는데, 투항하면서 이것이 발견되고 말았다. 누르하치가 크게 노하여 우리 군사들을 모두 불러 모으고 그중에서 용모와 복장이 준수한 자 400여 명을 따로 뽑아낸 뒤 이렇게 말했다.

"이들은 조선의 양반 출신 장교이다. 내겐 쓸모가 없으니 모두 죽여라!"

김영화 역시 이때 목숨을 잃고 말았다. 영철도 곧 참수되기를 기다리고 있었는데, 오랑캐 장수 아라나阿羅邢가 영철을 데리고 앞으로 나서더니 누르하치에게 이렇게 말했다.

"제 아우가 전투 중에 죽었는데, 이 사람의 얼굴이 제 아우와 흡사합니다. 목숨을 살려 제가 부릴 수 있게 해 주시길 청합니다."

누르하치가 허락하고, 아라나에게 중국인 투항자 다섯 사람을 상으로 하사하였다.

아라나는 영철을 데리고 자기 집으로 돌아갔다. 그 집 사람들은 영철을 보고는 깜짝 놀라며 죽은 사람이 다시 살아왔다고 여겼다.

중국인 투항자 중에 전유년田有年이라는 사람이 있었는데, 명나라 등주[15] 출신이었다. 지략이 뛰어나 함께 투항한 이들이 존경하

---

15. **등주**登州 중국 산동성의 지명.

고 따르며 전백총16이라고들 불렀다. 영철은 전유년과 함께 밤낮으로 천한 잡일을 했는데, 떠나오던 날 조부가 하신 말씀을 이야기할 적마다 눈물을 흘렸다.

반년 후 영철은 한밤중에 달아나다 붙잡혀서 왼쪽 발꿈치를 잘렸다. 그 뒤에 또 탈출을 시도하다가 오른쪽 발꿈치마저 잘렸다. 오랑캐의 법에는 투항했다가 달아난 자에게는 발꿈치를 베는 형벌을 내리고, 세 번째 죄를 범했을 때는 죽이게 되어 있었다. 아라나는 영철이 끝내 달아날 것이라 생각해, 그 마음을 돌리려고 자신의 제수弟嫂를 영철과 혼인시켰다.

신유년(1621)에 오랑캐가 요동의 심양17을 침공하여 함락시킨 뒤 심양으로 도읍을 옮겼다. 아라나는 온 집안을 이끌고 심양으로 옮겨 가면서 영철을 건주建州에 남겨 농사일을 감독하게 했다. 이해에 영철은 아들을 낳아 이름을 득북得北이라 지었고, 두 번째로 얻은 아들은 득건得建이라 이름 지었다.

을축년(1625) 5월, 아라나는 영철에게 전마戰馬 세 필을 주며 전유년 등 두 사람을 데리고 건주 강변에 가서 말을 기르게 했다. 그러면서 이렇게 말했다.

"말을 잘 기르게. 가을이 되어 말이 살찔 즈음에 나는 영원위18

---

16. **전백총**田百摠  '백총'은 명나라의 하급 무관직으로, 백 명가량의 부하를 거느렸다.
17. **심양**瀋陽  요녕성의 지명. 지금의 요녕성 심양시瀋陽市 일대.

전투에 참여할 것이니, 그때 자네도 함께 가세."

또 은밀히 영철에게 말했다.

"자네는 이제 우리 집안 사람이니 조금도 의심하지 않지만, 저 두 놈은 앞으로 필시 도망가려 할 터이니, 잘 지키도록 하게."

이때 건주 강변에는 심양에서 말을 기르기 위해 온 자들이 많았다. 영철은 전유년 등 두 사람 및 투항한 중국인 일곱 명과 함께 고생스럽게 말을 기르며 여름과 가을을 지냈다.

영철이 집으로 돌아와 아내를 만났다. 아내는 술과 고기를 마련해 영철과 함께 먹고 마셨다. 날이 저물자 아내가 문밖에 나와 영철을 전송하며 손을 잡고 울면서 이렇게 말했다.

"출정할 날이 얼마 남지 않았으니, 이제 낭군과 헤어져야 하는군요."

그러고는 술과 고기를 주며 가져가서 다른 사람들과 나누어 먹으라고 했다. 영철이 술과 고기를 가지고 오자 사람들은 몹시 기뻐하며 죽 늘어앉아 술을 마시고 노래를 부르면서 즐거워했다.

이날은 8월 15일이었다. 하늘에는 구름 한 점 없고 땅에는 달빛이 가득했다. 전유년이 달을 우러러보고 한숨을 쉬더니 모여 있던 여러 사람들을 돌아보며 말했다.

---

18. **영원위寧遠衛**  명나라가 산해관山海關 북쪽 200리 지점의 요녕성 영원성寧遠城 일대에 두었던 군부대의 이름. 당시에 명나라의 명장 원숭환袁崇煥이 성을 새로 쌓아 후금의 침입을 방비하고 있었다. '위'衛에 소속된 병사는 대략 5천여 명쯤 된다.

"저 달이 우리 부모님과 처자식을 비추고 있을 테니, 우리 부모님과 처자식도 저 달을 보고 분명 내 생각을 하고 있겠지."

이 말에 사람들은 서로 마주 보고 통곡했다. 전유년이 말했다.

"영철이! 자네 또한 부모님이 멀리 조선에 계시긴 하지만, 자네는 여기에 이미 처자를 두었으니 고향으로 돌아가고 싶은 마음이 우리들과는 다르겠지."

영철이 말했다.

"짐승도 죽을 때는 고향을 향해 머리를 둔다고 하는데, 내가 타국에서 얻은 처자식 때문에 부모님을 잊을 리 있겠소? 고국으로 살아 돌아가 단 한 번만이라도 부모님을 뵐 수 있다면 죽어도 한이 없을 거요. 하지만 나는 이미 두 번이나 달아나다 붙잡혀 치욕을 당했소. 지금 또 달아났다가 잡히면 분명 목숨을 잃고 말 테니 어쩌겠소?"

전유년이 말했다.

"듣자니 자네 나라 사신이 뱃길로 등주登州를 경유해서 북경北京으로 간다고 하더군. 요동 길이 험하지만, 지금 나와 함께 탈출해서 등주로 간다면 나도 고향으로 돌아가고 자네 또한 고향으로 돌아갈 길이 열릴 거야. 함께 갈 생각 없나?"

영철이 말했다.

"계획이 어떻게 됩니까?"

전유년이 말했다.

"나는 종군한 지 오래라서 오랑캐 땅의 지리를 잘 알지. 이곳의 말들은 천리마이니, 이걸 타고 가면 불과 4~5일 안에 틀림없이 등주에 도착할 거야."

사람들이 일제히 말했다.

"좋은 생각이오!"

전유년은 영철이 마음을 바꿔 먹지나 않을까 싶어 영철에게 다시 이렇게 말했다.

"내겐 누이동생이 둘 있네. 미귀美歸와 일장日長이라고 하는데, 함께 간다면 자네의 소실로 주겠네."

이에 전유년과 영철은 손가락을 깨물어 피를 내고 그것을 술에 타 함께 마시고는 달을 향해 절하며 맹세했다. 이윽고 열 사람이 각자 5일분의 식량을 가지고 동시에 말에 올랐다. 이때는 한밤중이라 말 기르는 자들이 모두 잠들어 있었고, 사방에 아무도 보이지 않았다. 영철 일행은 곧장 강을 건너 북쪽을 향해 말을 달렸다. 다시 깊은 강에 이르렀는데, 말을 채찍질하여 세찬 물살을 헤치며 강을 건너다가 그만 파수병에게 발각되고 말았다. 파수병들이 소리를 지르며 쫓아왔고, 영철 일행은 달아나다가 큰 늪에 빠지고 말았다. 말 여섯은 빠져나왔지만, 넷은 가라앉았다. 네 마리의 말에 탄 사람들은 모두 죽고, 말 한 마리만 겨우 빠져나와 앞서 간 여섯 마리의 말을 따라왔다.

마침내 질풍같이 말을 달려 100여 리를 가니 달이 졌다. 높은 곳에 올라 멀리 바라보니 들판에 오랑캐들의 천막이 많았다. 일행은 급히 큰 산의 기슭에 숨었다. 말에서 내려 생쌀을 씹어 먹고 물을 마신 뒤 하루 종일 울며 하늘에 기도했다.

달이 뜨자 다시 말에 올라 100여 리를 달렸다. 사람이 살지 않는 사막을 건너며 옛 전쟁터를 지나다가 부서진 화로 하나를 얻자 말을 멈추고 밥을 지어 배불리 먹었다.

또 말을 달리다 새벽이 되었다. 전유년이 산천을 돌아보더니 기쁜 목소리로 말했다.

"이제 요동을 벗어났다!"

늪에 빠졌을 때 여섯 사람이 가지고 있던 식량 중 태반을 잃었는데, 이때에 이르러 식량이 바닥났다. 마침내 뒤에 따라온 주인 없는 말을 잡아먹고, 남은 고기를 나누어 각자의 말 머리에 매달아 가지고 갔다.

이틀 낮밤을 달려 영원위에 도착했다. 그러나 척후병이 오랑캐 복장을 한 여섯 사람을 보고는 오랑캐 무리로 오인해 기병 수십 명이 이들을 포위하고 죽이려 했다. 마침 여섯 사람 가운데 그 형이 척후병 장교인 사람이 있었는데, 그가 자기 형을 보고는 큰 소리로 부르자 그 형이 깜짝 놀라며 기병의 행동을 멈추게 했다. 그 덕분에 여섯 사람은 죽음을 면할 수 있었다. 이 일이 알려지자 명나라 천자는 영철에게 옷이며 음식이며 돈을 내려 주어 집을 사고 아내를 얻게 했다.

영철은 전유년과 함께 등주로 가 전유년의 집에서 살게 되었다. 하지만 세월이 흐르자 영철의 마음은 다시 우울해졌다. 전유년에게는 아직 혼인하지 않은 누이동생이 있었다. 어느 날 전유년은 큰 잔치를 벌이고 여러 친척과 친구들을 초청하여 즐겁게 술을 마셨다. 밤이 되어 술에 취하자 전유년과 영철은 오랑캐 땅에서의 일을 함께 이야기하다가 마주 보고 눈물을 흘렸는데, 자리에 있던 사람들도 모두 함께 눈물을 흘렸다. 전유년이 잔을 들고 달을 우러러보더니 부모에게 이렇게 말했다.

 "오랑캐에게 잡혀 있던 저는 영철이 아니었더라면 살아 돌아올 수 없었을 겁니다. 그때 저는 영철에게 누이를 주겠다며 저 달을 두고 맹세했습니다. 지금 저 달이 여전히 하늘에 떠 있으니 어찌하는 것이 좋겠습니까?"

 전유년의 부모는 마침내 딸을 영철의 아내로 주도록 허락했다. 전유년의 누이가 영철에게 말했다.

 "남들은 모두 시부모님께 절을 하는데, 저는 그럴 수 없군요."

 그러더니 화공畫工을 불러다가 영철의 부모님 얼굴을 그리게 하고 거기에 절을 하였다.

 이웃에서는 잔치가 열리면 꼭 영철을 청하여 조선의 노래와 춤을 선보이게 했는데, 그때마다 모여 앉은 손님 모두가 칭찬하며 저마다 비단을 선물로 주고 갔다. 이 때문에 영철의 집은 차츰 부유해졌다. 그러는 사이 두 아들 득달得達과 득길得吉이 태어났다.

경오년(1630) 겨울 10월에 조선의 진하사[19] 일행을 태운 배가 등주에 정박했는데, 뱃사공 이연생李連生은 영철과 같은 마을 사람이었다. 영철은 정박해 있는 배 가까이 갔다가 연생이 배 위에 있는 것을 보고 이름을 불렀다. 연생은 처음엔 누구인지 알아보지 못하다가 자세히 보고 영철임을 알자 깜짝 놀랐다. 연생은 영철의 아버지가 안주에서 전사했고, 조부는 영화의 아들 이룡爾龍에게 의탁해 살며, 어머니는 소호[20]의 외가에 가 있다는 소식을 전해 주었다. 영철이 통곡하며 말했다.

"내가 오랑캐 땅에서 탈출해 만 번 죽을 고비를 넘기고 살아나서 온갖 어려움을 견디며 여기까지 온 건 오직 고국으로 돌아가고자 하는 생각 때문이었네. 이제 하늘이 도와 친구를 만났으니 자네가 나를 좀 귀국시켜 주게."

마침내 그렇게 하기로 약속했다.

영철이 집으로 돌아오자 아내는 영철의 얼굴에 눈물 자국이 있는 것을 보고 이상하게 여겼다.

이듬해 봄, 사신 일행이 북경에서 등주로 다시 돌아와 날이 밝는 대로 조선을 향해 출발하려 했다. 이날 밤 영철의 아내는 등불을 환히 켜고 영철과 앉아 이야기하며 그 눈치를 살폈다. 영철은

---

19. **진하사進賀使** 중국 황실에 경사가 있을 때 임시로 파견하던 축하 사절.
20. **소호蘇湖** 평안도 영유현의 고을 이름.

속으로 이렇게 생각했다.

'이 기회를 놓치면 고국으로 돌아갈 날이 언제 다시 올지 알 수 없어.'

그러나 곁에 있는 아내와 자식을 돌아보니 차마 버리고 갈 수도 없는 노릇인지라, 마음이 흔들려 어찌하면 좋을지 갈피를 잡을 수 없었다. 영철은 술을 내오라고 해 몇 잔을 마시고 아내에게도 술을 권했다. 이윽고 아내가 술에 취해 잠든 틈을 타서 몰래 집을 빠져나와 연생의 배로 갔다. 연생은 갑판의 판자를 뜯어내 영철을 그 아래에 숨기고는 다시 판자를 끼워 못질을 했다.

새벽에 영철의 아내가 10여 명을 거느리고 와서 배 안을 샅샅이 뒤졌지만 영철을 찾지 못했다. 배에 탄 사람들도 영철의 소재를 알 길이 없었다.

이튿날 아침, 영철이 갑판 밑에서 소리를 지르자 배에 탄 사람들이 놀라 영철을 밖으로 꺼내 준 뒤 음식을 주고 옷을 갈아입혔다. 사흘 뒤에 배는 평양의 석다산[21]에 도착했다.

마침내 영철이 옛날에 살던 집으로 돌아가니, 그곳에는 다른 사람이 들어와 살고 있었다. 영철은 이룡의 집으로 발길을 옮겼다. 영철의 조부 영가가 지팡이에 의지해 문밖에 서 있다가 뜻밖

---

21. **석다산石多山** 지금의 평안남도 증산군 석다리에 있는 산. 고구려의 명장 을지문덕의 출생지로 유명하다.

에 영철을 발견하고는 눈이 둥그레져 말을 못하더니 한참 뒤에야 외쳤다.

"영철아!"

할아버지와 손자는 서로 끌어안고 통곡했다. 이룡의 집에서는 그 조부인 영화가 죽었다는 소식에 역시 통곡했다. 이웃 마을에서 구경하러 온 사람들도 눈물을 흘리지 않는 이가 없었다.

영가는 영철을 데리고 며느리가 있는 소호로 갔다. 영가는 사돈집으로 먼저 들어가더니 큰 소리로 외쳤다.

"영철이가 왔다!"

이번에는 할아버지와 손자와 어머니가 서로 끌어안고 통곡하였다.

영철이 돌아온 건 다행스런 일이었지만, 전쟁을 겪은 뒤라 마을은 적막했고 친척들은 뿔뿔이 흩어졌으며 재산 역시 남은 것이 없어 생계를 꾸릴 방법이 없었다. 영철은 길에서 목 놓아 울었다. 마침 한마을에 사는 이군수(李羣秀)라는 사람이 제법 부자였는데, 영철을 효자라고 여겨 자기 딸을 시집보냈다.

병자년(1636) 가을, 연생은 다시 사신 일행을 따라 배를 타고 등주에 갔다. 영철의 아내가 두 아들을 데리고 전유년과 함께 와서 영철의 소식을 묻자 연생은 모르는 일이라고 잡아뗐다. 이듬해, 사신 일행이 돌아오는 길에 영철의 아내가 다시 와서 물었다.

"들리는 이야기론 조선이 이미 오랑캐에게 항복해서 이 뱃길도 이제부터는 끊어진다고 하더군요. 제발 한 말씀만 해 주시면 제 마음이 풀릴 겁니다."

연생은 그제야 영철의 소식을 자세히 말해 주었다. 전유년이 한숨을 쉬더니 말했다.

"영철은 대장부일세! 끝내 그 뜻을 이루었으니."

병자년 겨울, 오랑캐가 조선에 쳐들어왔다가 철수하면서 공유덕[22] 등을 남겨 수군水軍을 이끌고 가도[23]를 공격하게 했다. 그 때문에 공유덕의 군대가 영유현에 주둔하게 되었다. 영유현의 현령은 영철을 오랑캐 군영에 보내 인사말을 전하게 했다. 그런데 오랑캐 장수 하나가 영철을 보고는 확 붙잡더니 이렇게 말했다.

"이자는 우리 숙부 댁의 종놈이다. 말을 훔쳐 달아나서 우리 숙부가 늘 분하게 여겼으니, 이제 내가 이놈을 잡아가야겠다."

현령이 안타까이 여겨 자기가 타던 말을 아라나에게 주게 하고 오랑캐 장수에게는 다른 물품을 선물로 주었다. 그리하여 영철은 간신히 풀려날 수 있었다. 훗날 현령은 자기 말 값을 영철에게 모두 받아 냈다.

경진년(1640)에 오랑캐가 개주[24]를 침범하고자 조선에 원군을

---

22. **공유덕**孔有德  청나라 초기의 무장武將. 본래 명나라의 무장 모문룡毛文龍의 부하였으나, 모문룡이 죽은 뒤 산동성에서 난을 일으키고 청나라에 귀순하여 도원수가 되었다.
23. **가도**椵島  평안북도 철산군에 있는 섬. 명나라의 요동도사遼東都司 모문룡이 요동에서 쫓겨와 이 섬에 웅거한 바 있다.

요청했다. 상장[25] 임경업[26]은 영철이 중국어와 만주어에 능통하고 명나라와 청나라, 두 나라 사정에 두루 밝다는 소문을 듣고 영철을 불러 이야기를 나누어 보고는 매우 기뻐했다. 4월에 수군 5천을 이끌고 바다를 건너 개주 부근에 이르니, 3국의 전함이 서로 마주하게 되었다. 임경업은 영철을 시켜, 물 긷는 병사 두 명과 함께 은밀히 야밤을 틈타 작은 배를 타고 명나라 장수에게 가서 편지를 전하게 했다. 편지 내용은 다음과 같았다.

오랑캐가 우리를 침략하여 우리 힘으로 대적할 수 없었으므로 어쩔 수 없이 군대를 이끌고 오기에 이르렀지만, 우리가 어찌 감히 중국의 은혜를 잊을 수 있겠습니까? 내일 싸움에서 우리 군대는 총알을 넣지 않고 총을 쏠 테니, 중국 군대 역시 화살촉을 뽑고 활을 쏘아 주십시오. 한동안 전투를 벌이는 시늉을 하다가 우리가 포위를 당하면 일부러 투항하겠습니다. 그런 뒤에 힘을 합쳐 오랑캐를 공격해 한 놈도 살아

---

24. **개주**盖州  요녕성의 지명. 지금의 요녕성 개평현 일대.
25. **상장**上將  상장군上將軍. 군대의 최고 지휘관.
26. **임경업**林慶業  광해군·인조 때의 무신. 1640년 안주목사安州牧使로 있을 때 청나라의 요청에 따라 명나라를 공격하기 위해 출정했는데, 명나라 군대와 내통하여 청나라에 대항하려다가 발각되어 체포되었다. 청나라로 압송되던 도중 탈출하여 1643년 명나라에 망명, 명나라 군대의 총병이 되었으나 명나라가 멸망하면서 부하의 밀고로 붙잡혀 다시 청나라의 포로가 되었다. 이때 국내에서는 좌의정 심기원沈器遠의 모반에 임경업이 연루되었다는 설이 나돌아 1646년 인조의 요청으로 청나라에서 송환되어 고문을 받다가 숨졌다.

돌아가지 못하게 합시다.

명나라 장수가 편지를 읽고 몹시 기뻐하며 영철에게 은 30냥과 베 20필을 선물로 내리고 답장을 써 주었다. 돌아오는데 불빛 속에서 한 사람이 나타나더니 영철의 손을 잡고 말했다.
"자네가 이곳에 어찌 왔나?"
자세히 보니 바로 전유년이었다. 영철은 경황없는 중에 놀랍기도 하고 기쁘기도 하여 대뜸 처자식 소식부터 묻고는, 선물로 받은 베 20필을 전유년에게 주며 말했다.
"가지고 가서 아내와 자식에게 전해 줘요."
돌아와 배를 대니 날이 밝아 왔다. 영철은 임경업에게 편지를 전해 주었는데, 임경업이 미처 편지를 뜯어보기도 전에 갑자기 오랑캐 두 사람이 말을 달려 왔다. 임경업은 즉시 편지를 숨겼다. 오랑캐 두 명이 배에 오르더니 임경업의 목을 움켜잡고 말했다.
"너희 쪽 작은 배가 적진에서 오는 것을 봤다. 내통하고 온 것이 분명하다."
임경업을 위협하여 옷과 신발을 벗기고, 배에 탄 병사들의 옷도 모두 벗겨 샅샅이 수색했지만 아무것도 나오지 않았다. 오랑캐들이 배에 있는 두 병사를 보고 붙잡아 자백하라며 추궁하자 병사들은 말했다.
"물을 긷기 위해 갔었습니다."

오랑캐들이 성이 나서 임경업에게 두 병사의 목을 베라고 했다. 임경업은 소교[27]에게 눈짓을 해 다른 섬에 가서 목을 베게 했다. 소교는 즉시 검을 거꾸로 잡고 내리쳐 목을 베는 시늉을 해 보이고는 자기 코를 때려 검에 피를 묻힌 뒤 돌아와 오랑캐에게 보여 주었다. 오랑캐는 그제야 돌아갔다.

이날 임경업은 명나라 군대와 전투를 벌였다. 명나라 군대가 앞으로 밀고 나와 우리 군대를 포위하자 우리 군대는 총알 없는 총을 쏘고 명나라 군대는 화살촉이 빠진 화살을 쏘아 댔다. 이렇게 한참을 싸우며 밀고 밀리기를 세 차례나 반복했다. 그러다 명나라 군대가 쇠갈고리를 우리 배에 걸고 육박해 오자, 우리 군사들 중에 이것이 미리 약속된 행동임을 모르던 이들이 사태가 위급함을 보고 실탄을 장전해 총을 쏘기 시작했다. 결국 일부 명나라 군사들이 목숨을 잃게 되자 명나라 군대는 포위를 풀고 돌아갔다.

7월에 명나라 군대와 오랑캐 군대는 대치 상태를 풀었다. 오랑캐는 다시 임경업으로 하여금 정예병을 선발하여 금주[28]로 가서 겨울을 지내고 조선으로 돌아가게 했다.

---

27. 소교小校  하급 무관.
28. 금주錦州  요녕성 서부에 있는 고을 이름. 심양에서 서쪽으로 500리쯤 떨어져 있다. 요동과 화북華北 지방을 잇는 교통의 요지이자 군사 요충지로서, 이곳을 둘러싼 전투가 자주 벌어졌다.

신사년(1641)에 유림[29]이 군대를 이끌고 금주에 갈 때 영철은 또 종군하게 되었다. 오랑캐 측에서는 아라나를 진중陣中에 보내 군사 업무를 의논하게 했다. 아라나가 진중에서 영철을 보고는 이렇게 꾸짖었다.

  "나는 네게 세 가지 큰 은혜를 베풀었다. 네가 참수형을 받아야 할 처지였을 때 죽음을 모면하게 한 것이 그 하나다. 네가 두 번이나 도망가다 잡혔지만 죽이지 않고 풀어 준 것이 그 둘이다. 내 제수를 너의 아내로 주고 네게 건주建州의 집안 살림을 맡긴 것이 그 셋이다. 하지만 너는 세 가지 용서받기 어려운 죄를 지었다. 목숨을 살려 주고 거두어 기른 은혜를 생각지 않고 재차 도망간 것이 첫 번째 죄다. 네게 말을 기르게 했을 때 나는 진심으로 네게 부탁했건만 너는 도리어 명나라 놈들과 짜고 나를 배신했으니, 이것이 두 번째 죄다. 도망가면서 내 천리마를 훔쳐 갔으니, 이것이 세 번째 죄다. 네가 도망간 건 그리 한스럽지 않다만, 내 천리마를 잃은 것은 너무도 한스러워 지금까지도 마음이 아프다. 내 반드시 네 목을 베리라!"

  그러고는 휘하 기병을 시켜 영철을 포박하게 했다. 사태가 급박하게 돌아가자 영철이 큰 소리로 외쳤다.

---

29. **유림柳琳** 광해군·인조 때의 무신. 1641년 청나라가 명나라를 치면서 조선에 파병을 강요하여 금주錦州로 출정했으나, 명나라와의 의리를 생각해 소극적으로 싸웠기 때문에 청나라의 문책을 받은 바 있다.

"말을 훔쳐 달아난 죄는 제게 있지 않습니다. 그건 명나라 놈들이 한 짓입니다. 당시에 그놈들의 계획을 따르지 않았다면 그 아홉 명이 저를 베는 건 손바닥을 뒤집는 것처럼 쉬운 일이었습니다. 주공主公께서는 사정을 잘 헤아려 주십시오!"

아라나는 영철의 말을 듣지 않았다. 유림이 아라나를 달래며 말했다.

"영철이 죄를 짓긴 했습니다만, 공께서 예전에 살려 주셨으면서 지금 죽인다면 끝까지 덕을 베풀지 못하시는 게 되고 맙니다. 제가 영철의 죄에 대한 대가를 후히 치르고자 하니 은덕을 온전히 하시기 바랍니다."

그러고는 가는 잎담배 200근을 죗값으로 치렀다.

이때 득북이 오랑캐 군중에 있었는데, 아라나가 영철에게 말했다.

"네 아들을 보고 싶지 않은가?"

즉시 득북을 불러오게 했다. 부자가 마주 보고 눈물을 흘리니, 진중에서 이 광경을 본 모든 이들이 슬퍼하며 한숨을 내쉬었다. 이로부터 득북은 매일 술과 밥, 반찬과 과일을 차려 와 영철을 대접했다. 영철은 귀한 과일은 유림에게 먼저 올리고, 물러 나와 여러 사람들과 함께 음식을 먹었다.

이때 오랑캐가 금주를 포위했다. 명나라에서는 10만 군사를 구원병으로 보내 오랑캐와 싸움을 벌였으나 대패하고 말았다. 유림은 영철을 홍타이지[30]에게 보내 축하 인사를 하게 했다. 아라나는 홍타이지에게 영철의 지난 일을 고하며 벌을 줄 것을 청하였다. 그러자 홍타이지는 손을 들어 남쪽을 가리켜 보이더니 이렇게 말했다.

"영철은 본래 조선 사람인데, 8년 동안은 우리 백성이었고 6년 동안은 등주 백성이었다가 이제 다시 조선 백성이 되었다. 조선 백성 또한 우리 백성이다. 더구나 큰아들이 군중에 있고 작은아들은 우리 건주에 있으니, 부자가 모두 우리 백성인 셈이다. 저 등주라고 해서 어찌 우리 백성이 될 수 없겠느냐?[31] 내가 천하를 얻음이 이로부터 시작되리니, 이 사람이 온 것이 어찌 하늘의 뜻이 아니겠느냐?"

홍타이지는 영철에게 비단 10필과 몽고말 1필을 하사하였다. 영철은 감사의 절을 하고 이렇게 말했다.

"이 말을 아라나에게 주어, 제 목숨을 살려 준 은혜에 보답하고 말을 훔쳤던 죗값을 치렀으면 합니다."

홍타이지가 말했다.

"영철은 자기 잘못을 알고 은혜를 잊지 않는 사람이라 할 만하구나."

---

30. 홍타이지 청나라 태종. 누르하치의 여덟째 아들로, 1626년 부친의 뒤를 이어 후금의 군주가 되었다.
31. 저 등주라고~수 없겠느냐 지금 명나라 땅인 등주도 곧 청나라의 영토가 되리라는 뜻.

이에 그 말을 아라나에게 주고, 영철에게는 다시 노새 한 마리를 주었다. 영철은 자기가 타던 말을 득북에게 주며 돌아가 득건에게 주라고 했다.

몇 달 뒤 조선에서 교대할 군대가 오자 영철은 봉황성[32]으로 돌아갔다. 유림이 영철에게 말했다.

"금주에서 네 죗값을 치르기 위해 내놓은 잎담배는 호조戶曹의 군수물자니, 네가 갚도록 해라."

영철이 집으로 돌아와 몇 달이 지나자, 호조에서 관향사[33]에게 공문을 보내 영철에게 은 200냥을 받아 내라고 독촉했다. 영철은 노새를 팔고 가산을 모두 털었지만 겨우 그 절반밖에 낼 수 없었다. 나머지 100냥을 마련할 길이 없어 친척들의 도움을 받았지만 역시 부족했다. 이 소식을 들은 이들이 모두 슬피 여겼다.

이에 앞서 영철의 아버지가 안주 전투에서 사망했을 때 영철의 어머니는 남편의 옷으로 초혼제招魂祭를 올리고자 그 옷가지를 남겨 두었다. 영철은 조선으로 돌아온 뒤 어머니와 함께 아버지의 옷을 가지고 안주로 갔다. 안주성에 올라 사방을 두루 돌며 호곡하면서 부친의 혼을 부르자, 어머니가 이렇게 말했다.

---

32. **봉황성鳳凰城** 압록강 서쪽에 있는 성. 청나라 건국 이후 조선과의 국경 문제가 대두되자 청나라에서는 봉황성 부근에 제방을 쌓고 버드나무를 심은 뒤 이를 국경선으로 정했다.
33. **관향사管餉使** 국경 방비에 쓰일 군량을 관리하기 위해 평안도에 설치한 관직. 평안도 관찰사가 겸직했다.

"내가 죽거든 꼭 이 옷을 함께 묻어 다오."

마침내 어머니가 숨을 거두자 영철은 아버지의 옷을 함께 묻어 장사 지냈다.

영철은 의상宜尙, 득상得尙, 득발得發, 기발起發 네 아들을 두었는데, 자신이 종군하며 겪은 고통을 늘 생각하며 자식들이 같은 고통을 겪을까 두려워했다. 무술년(1658)에 조정에서 자모산성[34]을 고쳐 쌓으며 성을 방비할 병사를 모집했는데, 이에 응한 사람은 군역을 면해 주었다. 영철이 즉시 네 아들과 함께 성으로 들어가 살았으니, 이때 이미 영철의 나이 예순이 넘었다.

영철은 가난 속에서 하릴없이 늙어 가며 가슴속에 불평하는 마음이 일어날 때마다 성 위에 올라가 북쪽으로 건주를, 남쪽으로 등주를 바라보았다. 그러고 있노라면 서글픈 생각에 눈물이 떨어져 옷깃을 적셨다. 영철은 언젠가 사람들에게 이런 말을 한 적이 있다.

"내가 아무 잘못도 없는 처자식을 저버리고 와 두 곳의 처자식들로 하여금 평생을 슬픔과 한탄 속에서 살게 했으니, 지금 내 곤궁함이 이 지경에 이른 게 어찌 하늘이 내린 재앙이 아니겠는가! 하지만 타국에 떨어져 살다 끝내 부모의 나라로 돌아왔으니 또한 한스러이 여길 게 뭐 있겠나?"

---

34. 자모산성慈母山城  평안도 자산군에 있는 산성.

영철은 20여 년간 성을 지키다가 84세 되던 해에 죽었다.

외사씨[35]는 말한다.

"영철은 오랑캐를 정벌하러 갔다가 오랑캐 땅에 억류되었고, 달아나 중국에 가서 살았다. 두 곳에서 모두 처자식을 두고 살았지만 모든 것을 버리고 마침내 고국으로 돌아왔으니, 그 의지가 어찌 그리 매서운지! 그가 겪은 일 또한 기이하다고 할 만하다. 가도假島를 공격하던 때에는 사지死地를 넘나들면서 힘을 다해 애썼으니 그 공적을 기억할 만하거늘, 손톱만큼의 상도 받지 못했다. 게다가 현령은 말 값을 받아 냈고 호조에서는 잎담배 값으로 은을 내놓으라고 독촉했다. 그리하여 늙어서도 성 지키는 병졸 신세를 면치 못하고 끝내 가난 속에서 울적한 마음을 품은 채 죽고 말았으니, 이 어찌 천하의 충성스런 선비를 격려하는 방법이란 말인가? 나는 영철의 일이 잊혀져 세상에 드러나지 않음을 슬퍼하여 이 전傳을 지어 후인에게 보임으로써 우리나라에 김영철이란 사람이 있었음을 알리고자 한다."

---

35. **외사씨外史氏** 작자인 홍세태가 자신을 지칭한 말. '외사'란 사관史官이 아닌 사람이 기록한 역사, 곧 야사野史를 말한다. 흔히 외사를 기록한 사람이 자신을 가리켜 '외사씨'라고 한다.

# 강로전

권칙

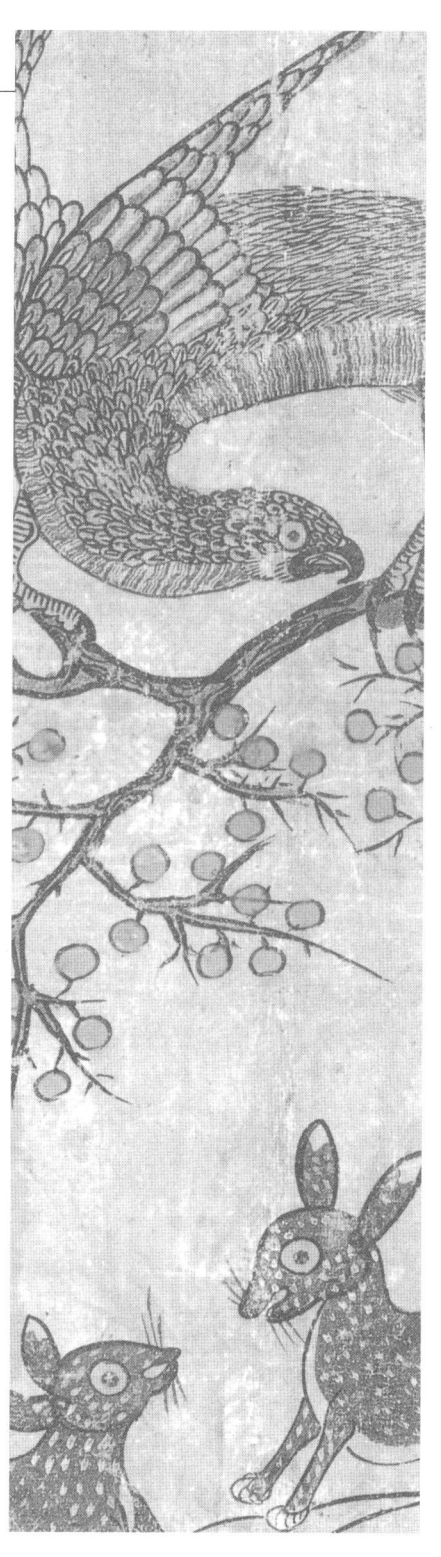

'강'姜은 조선의 큰 성씨요, '로'虜는 오랑캐를 뜻한다.

강씨 가문에서는 대대로 글 잘하는 선비와 유명 인사들이 나와 세상에 이름을 날리고 높은 벼슬을 했다. 근래에는 강사상[1]과 강신[2] 부자가 연이어 과거에 급제하여 재상의 지위에 올랐다.

강신의 아들이 바로 강홍립[3]이다. 강홍립은 부친과 조부의 뛰어난 공적을 이어받고 빼어난 글재주를 가졌기에 세상을 우습게 보고 출세하는 일을 어렵잖게 여겼다. 그러더니 과연 선조宣祖 정

---

1. **강사상**姜士尙  조선 선조 때의 문신으로, 우의정을 지냈다.
2. **강신**姜紳  선조~인조 때의 문신. 강사상의 아들. 정여립鄭汝立의 모반을 평정하여 진흥군晉興君에 봉해지고 임진왜란 때 함경도 순찰사로 활약했으며, 정유재란 때에는 명나라 군사를 도와 왜병을 격퇴했다. 판중추부사判中樞府事를 지냈다.
3. **강홍립**姜弘立  선조~인조 때의 문신. 1618년(광해군 10) 명나라에서 원병援兵을 요구하자 도원수로서 1만 3천여 명의 군사를 이끌고 출정했다가, 1619년 명·청 교체의 분기점이 된 부차성富車城 전투에서 패배하여 후금後金의 포로가 되었다. 이후 정묘호란(1627년) 때 후금군의 선도先導로서 입국하여 화의和議를 주선했으나 역신逆臣으로 몰려 관작을 삭탈당했다.

유년(1597) 알성과⁴에 급제하여 10여 년 동안 대궐을 출입하며 임금을 곁에서 모셨다. 광해군光海君 때에도 높은 벼슬을 잃지 않고 10여 년 동안 요직을 두루 거쳤다. 활쏘기와 말 타기에 능하여 임금이 시험 삼아 함경남도 병마사兵馬使의 직책을 맡겼는데, 임무를 잘 수행해 장군과 재상의 지위에 올라 나라를 지킬 중신이라는 기대를 한 몸에 받게 되었다.

만력⁵ 무오년(1618)에 건주⁶의 오랑캐가 명나라와 원수가 되더니⁷ 군대를 일으켜 명나라를 침공하여 요양⁸ 지역의 몇 개 진鎭을 연거푸 함락시켰다. 명나라 황제가 진노하여 천하의 군사를 움직여 토벌하게 했다. 이에 지난날 정왜경략⁹을 지냈던 양호¹⁰가 다시 정로경략¹¹에 임명되어 출정했다. 황제의 칙서勅書에 '조선을 독려하라'는 말이 있었기에, 양호는 조선에 급히 편지를 보내 군대를 차출하여 후금을 협공하자고 했다.

※※※※

4. **알성과**謁聖科  임금이 성균관에 거둥하여 문묘文廟에 참배한 뒤 보이던 과거 시험.
5. **만력**萬曆  명나라 신종神宗의 연호. 1573~1619년.
6. **건주**建州  지금의 만주 길림성 지역. 명나라 때 여진족의 집단 거주지로, 이곳을 근거지로 삼아 후금 곧 청나라가 일어났다.
7. **명나라와 원수가 되더니**  후금의 군주 누르하치(훗날의 청나라 태조)는 1618년 명나라에 대하여 '7대 한恨'을 선언하고 공격을 개시했다. '7대 한' 중에는 누르하치의 부친과 조부가 명나라에 의해 살해된 일도 포함되어 있었다.
8. **요양**遼陽  지금의 요녕성 요양시 일대.
9. **정왜경략**征倭經略  '경략'은 중국의 관직 이름. 군대를 동원할 때 특별히 설치하여 총독總督의 위에 두었다. '정왜경략'은 왜군을 정벌하는 군대의 경략이라는 뜻.
10. **양호**楊鎬  명나라 장군. 정유재란 때 명나라의 구원병을 이끌고 참전한 바 있다.
11. **정로경략**征虜經略  오랑캐를 정벌하는 군대의 경략.

양호의 편지를 두고 조선 조정에서는 신하들이 논의를 벌였는데, 모두들 이런 식의 말을 했다.

"우리나라는 200여 년 동안 지극 정성으로 중국을 섬겨 예의와 충성스러움이 천하에 알려져 있습니다. 상국上國이 위급하니 의리상으로도 군대를 총동원해야 마땅할 것입니다. 더구나 임진왜란 당시, 황제의 구원이 아니었더라면 우리는 모두 죽은 목숨이었을 것입니다."

정예 병사 2만 명을 선발하여 요양으로 출정시키면서 원수元帥의 막중한 임무를 맡길 사람을 조정 신하들 중에서 천거하게 하니, 문무文武의 명망 있는 자들이 모두 강홍립을 추천했다. 이에 강홍립을 원수로 임명하고, 평안병사[12] 김경서[13]를 부원수副元帥로 삼았다.

그해 8월에 군대가 서쪽을 향해 출발했다. 강홍립은 모친 정씨鄭氏에게 하직 인사를 했다. 당시 여든이 넘은 정씨는 눈물을 뿌리며 문밖에 나와 비장한 태도로 다음과 같이 작별의 말을 했다.

---

12. **평안병사平安兵使** 평안도 병마절도사. 병마절도사는 조선시대 각 도의 육군을 지휘하는 책임을 맡은 종2품 무관 벼슬.
13. **김경서金景瑞** 선조·광해군 때의 무신. 무과에 급제하여 임진왜란 때 경상도 방어사防禦使를 지내고, 광해군 6년(1614) 북로방어사北路防禦使가 된 이래로 함경도·평안도의 병마절도사를 지냈다. 광해군 10년 명나라가 원병을 요청하자 강홍립 휘하의 부원수로 출정했는데, 강홍립이 전군을 이끌고 후금에 항복하여 함께 포로가 되자 몰래 적정敵情을 기록한 일기를 적어 본국에 보내려다가 발각되어 살해되었다. 훗날 우의정에 추증되었다.

"내가 시집와서 보니, 너희 집안은 대대로 나라의 은혜를 받았으며 너희 부자에 이르러서는 많은 녹봉을 받고 존귀한 자리에 앉게 되어 영광과 은총이 극에 달했다. 하지만 네 아버지는 재주가 적어 혁혁한 공적을 세우지 못했으니, 나라에 보답할 책임은 오직 네 한 몸에 달려 있다 하겠다. 이제 네가 막중한 임무를 맡아 보답할 곳을 얻었으니, 만일 책임을 다하지 못한다면 나라의 기대를 저버리는 것일 뿐 아니라 가문의 명성까지도 무너뜨리게 되는 것이다. 네 아우 홍적弘績이 젊고 생각이 깊어 네가 죽은 뒤에도 의지할 만하니, 늙은 어미가 있다는 이유로 다른 마음을 먹지 말도록 해라. 송상현[14]은 '군신 간의 의리가 중하고, 부자간의 은의는 가볍다'고 하지 않았느냐. 가거라, 홍립아! 이제 영영 이별이다."

홍립이 눈물을 흘리며 작별 인사를 했다.

"제게도 생각이 있으니 어머니께 근심을 끼쳐 드리지 않도록 하겠습니다."

군대가 대동강을 지날 때까지는 별일이 없었다. 평안도는 번화한 곳이라, 홍립은 이르는 곳마다 느긋하게 술을 마시며 군대 일에는 아무런 관심을 두지 않았다. 종사관[15] 이민환[16]이 틈을 봐

---

14. **송상현宋象賢**  임진왜란 때 동래부사東萊府使로서 동래성을 지키다 순국했다.
15. **종사관從事官**  종5품의 무관 벼슬.

이렇게 말했다.

"오랑캐가 재앙을 일으켜 사해를 진동시키매 주상께서 좌불안석하시며 오랑캐 소탕의 임무를 우리에게 맡기셨습니다. 그러니 즉각 전쟁 준비에 나서서 병사들을 격려하고 흥기시켜 주상 전하의 기대에 부응하고, 원수의 직분을 다하여 적을 무찌름으로써 명예를 드높일 일입니다. 그렇건만 어찌하여 일없이 세월을 보내며 술잔이나 기울이고 계신단 말입니까? 병사들이 이를 보고 마음이 흐트러지지 않겠습니까?"

홍립이 태연히 대답했다.

"그대에겐 항우의 용맹이 없고 나 또한 초나라 장군 송의[17]가 아니거늘, 어찌 싸움터로 나아갈 수 있겠는가? 모든 일에는 완급緩急이 있는 법이고 주상께서 내리신 밀지[18]가 내게 있으니, 그대는 걱정 말라!"

이민환이 깜짝 놀라며 물었다.

"'밀지'라니, 무슨 말씀입니까? 자세히 듣고 싶습니다."

홍립이 말했다.

"때가 되면 알게 될 테니, 여러 말 하지 말라."

---

16. **이민환李民寏** 선조~인조 때의 문신. 광해군 10년(1618)에 강홍립의 종사관으로 출전했다가 강홍립과 함께 후금에 억류되었다. 훗날 송환되어 이괄李适의 난 및 정묘호란 때 임금을 호종했고 병자호란에 참전했으며, 뒤에 형조참판을 지냈다.
17. **송의宋義** 초나라의 상장군上將軍으로서 항우를 부장副將으로 거느렸다.
18. **밀지密旨** 임금의 비밀스러운 분부.

이민환이 감히 더 묻지 못했다. 이 일을 전해 들은 진중陣中의 장수들은 모두들 화가 머리끝까지 나 이렇게 말했다.

"우리는 나라의 두터운 은혜를 입어 목숨을 걸고 적을 향해 달려가고자 하건만, 원수라는 자는 거드름을 피우며 밀지가 있다는 허튼소리나 하고 있소. 군사를 일으켜 적을 정벌하러 나선 판에 밀지가 있어 싸우지 않는다는 게 가당키나 한 말이오!"

장수들이 눈물을 줄줄 흘리자 이민환이 이들을 진정시키며 말했다.

"원수의 속마음을 아직 헤아릴 수 없소. 섣불리 선동했다가는 우리 군대에 이로울 것이 없으니, 우선 참고 일이 어떻게 되는지 지켜보도록 합시다."

선천군수宣川郡守 김응하[19]는 홍립에게 싸우려는 뜻이 없음을 알아차리고, 자신이 먼저 한 부대를 이끌고 앞서 가서 적과 맞서 보겠다고 청하였다. 홍립이 허락한 뒤 보병 5천 명을 내주며 이 부대를 좌영左營이라 하고 선봉으로 삼았다. 또 운산군수雲山郡守 이일원李一元으로 하여금 우영右營을 이끌게 하고, 자신과 김경서는 다수의 병사를 거느리고 중영中營이 되어 의주義州에 머물렀다.

※ ※ ※

**19. 김응하金應河**   선조·광해군 때의 무신. 광해군 10년(1618) 건주위建州衛 정벌 때 강홍립 휘하의 좌영장左營將이 되었다. 이듬해 명나라 도독都督 유정劉綎의 군대가 패전한 후 김응하 휘하의 장병이 후금군에 결사적으로 대항했으나 중과부적으로 패배했고, 김응하 또한 이 싸움에서 전사했다. 훗날 영의정에 추증되었다.

기미년(1619) 정월, 경략經略 양호의 격문이 이르렀다.

2월 25일에 대군 전체가 영마전[20]에 모일 것이니, 조선 군병들도 명령에 응하여 이날을 기해 이곳에 모이도록 하라!

홍립은 통군정[21]에 앉아 군대를 점검하고, 우수한 병사와 안 좋은 말, 우수하지 못한 병사와 좋은 말을 짝 지어 병력을 둘로 나누었다. 그러더니 우수한 병사와 안 좋은 말은 식량과 풀을 운송하며 뒤에 있게 하고, 우수하지 못한 병사와 좋은 말은 홍립 자신이 이끌고 갔다. 장수들이 한결같이 말했다.

"우수한 병사와 말을 앞에 내세워 진군하게 해야 합니다. 우수하지 못한 병사를 적과 맞서게 한다면 말이 아무리 좋아 봐야 사람이 타지 못할 테니 어디다 쓴단 말입니까?"

홍립이 말했다.

"나에게 밀지가 있으니, 제군들은 걱정 말라!"

장수들은 비웃음을 지으며 물러났.

기일이 되어 좌영의 군사들이 먼저 영마전에 도착했다. 명나라 군대는 이미 집결해 있었다. 김응하가 명나라 도독 유정[22]을 찾아

---

20. **영마전曉馬田** 요녕성의 지명.
21. **통군정統軍亭** 평안도 의주에 있던 정자 이름.
22. **유정劉綎** 1593년과 1598년, 두 차례에 걸쳐 군대를 이끌고 조선에 와 왜군과 싸운 명나라 장수.

가니 유정이 물었다.

"왜 이리 늦게 도착했소? 원수는 어디 있소?"

김응하가 대답했다.

"보병이라 빨리 올 수 없어 조금 늦었습니다. 원수는 오늘 안으로 곧 뒤따라올 것입니다."

유정은 김응하의 쩌렁쩌렁한 목소리와 군사들의 절제된 모습을 보고 감탄하여 이렇게 말했다.

"동방에 이런 인물이 있다니, 중국보다 낫구나!"

해 질 녘에 홍립이 도착했다. 유정이 밤에 홍립을 장막 안으로 불러 진군할 일을 상의하자 홍립이 이렇게 말했다.

"군량이 뒤따라오고 있고 병사들이 굶주린 상태이니, 머물러 군량이 오기를 기다려야 할 것입니다. 또 오랑캐 땅이 험준하여 척후병을 보내기가 매우 어렵고, 적진 깊숙이 들어갔다가 고립될 경우 앞으로 나아가기는 쉽지만 뒤로 물러나기는 어려우니 어쩌면 좋겠습니까?"

유정이 말했다.

"대군이 이르는 곳마다 파죽지세로 밀고 나갈 것이요, 군사를 움직일 시기가 이미 정해졌으니 서둘러 전진할 뿐이오."

홍립이 말없이 물러가자 유정은 성이 나서 이렇게 말했다.

"조선에서 사람을 쓰는 것이 저러하니 어찌 지지 않기를 기대할 수 있겠는가? 영웅[23]이 눈앞에 있건만 저따위 교활한 놈에게 임무를 맡기다니! 오자마자 계책이랍시고 내놓는 게 고작 머물러 있어야 한다는 말뿐인가?"

이튿날 행군을 시작하매 두 나라의 병사들이 긴 대오를 이루었다. 사흘을 행군하여 우모령[24]에 이르자 홍립이 유정을 찾아가 이렇게 말했다.

"군량이 떨어져 병사들이 굶주려 있으니 적병을 만나면 반드시 궤멸될 것입니다."

유정은 어쩔 수 없어 행군을 하루 멈추고 군사들을 머물러 있게 했다. 그러자 유격[25] 교일기[26]가 유정에게 소리 높여 말했다.

"조선 병사들에게 식량이 없는 게 아니라 움츠리고 앉아 사태를 관망하려는 것입니다. 저 음험한 속을 헤아릴 길이 없군요!"

마침내 칼을 뽑아 금세라도 벨 듯 홍립을 겨누었다. 조선의 장수들도 입을 모아 이렇게 말했다.

"군량이 아직 떨어지지 않았는데 늘 바닥이 났다고 말하여 중국 장수의 화를 돋우는 이유가 대체 무엇입니까?"

홍립이 말했다.

---

23. **영웅** 김응하를 가리킨다.
24. **우모령牛毛嶺** 요녕성의 지명.
25. **유격遊擊** 유격장군遊擊將軍. 총병總兵 및 부총병副總兵을 보좌하는 참장參將 다음의 직위. '총병'은 명나라에서 대규모 군대를 파견할 때 임시로 설치하여 전체 군사를 통괄하게 한 직책.
26. **교일기喬一琦** 명나라 신종神宗 때의 무신으로, 유정劉綎과 함께 아포달리강阿布達哩岡에서 후금군과 싸우다가 패하자 자살했다.

"나에게 밀지가 있으니, 때가 되면 알 수 있을 거요."

장수들이 말했다.

"밀지에 오직 물러나 움츠리고 있으라고만 써 있습니까? 지금이 바로 때가 되면 알게 될 거라던 그때이니 밀지를 열어 여러 사람들의 의심을 풀어 주어야 하지 않겠습니까?"

홍립이 말했다.

"며칠 돌아가는 사정을 보는 게 좋겠소."

홍립은 즉시 만주어 역관譯官 하서국[27] 등 세 명을 불러 이렇게 말했다.

"오랑캐의 사정을 완전히 정탐하지 않은 채 중국 장수의 말만 듣다가는 반드시 후회하게 될 것이다. 그러니 너희들은 몰래 건주建州로 들어가서 누르하치[28]에게 이렇게 말을 전하도록 해라.

'우리 두 나라는 본래 원수진 일이 없거늘, 이번에 군대를 일으킨 것은 남조[29]의 핍박을 받았기 때문입니다. 두 나라 군대가 마

---

27. **하서국**河瑞國  강홍립 막하의 통역관.
28. **누르하치**  청나라 태조太祖. 본래 만주의 흥경興京(지금의 요녕성 신빈新賓 만주족 자치현) 일대에 거주하던 건주여진建州女眞의 추장 중 하나였는데, 1583년에 군사를 일으켜 건주여진을 통일하였다. 이후 주변 여진족들을 복속시켜 1613년에는 여진족 대부분을 통일했고, 1616년 한汗의 지위에 올라 국호를 후금後金이라고 하였다. 그 뒤 명나라와 충돌하여 1618년 만주의 무순을 점령하고, 이듬해 무순 부근의 사르후에서 벌어진 전투에서 명나라 군사 10만을 궤멸시켰다. 1621년에는 요동 지역을 점령하여 요양遼陽으로 도읍을 옮기고, 1625년에 다시 심양瀋陽으로 천도하였다. 1626년 명나라의 영원성寧遠城을 공격했으나 상당한 군사적 손실을 입고 후퇴했는데, 이때 입은 부상으로 이해 9월에 병사하였다.
29. **남조**南朝  명나라를 가리킨다. 후금이 '북조'北朝임을 전제한 말이다.

주친다면 서로 무기를 쓰지 말고 강화講和를 맺도록 합시다.'"

그러고는 밀봉한 편지 한 통을 주어 보냈다.

하서국 등이 급히 말을 몰아 건주로 들어가서, 먼저 누르하치의 장자長子인 귀영가30를 만나 보고는 찾아온 뜻을 자세히 말한 뒤 밀봉한 편지를 전했다. 귀영가가 들어가 말을 전하자 누르하치는 편지를 뜯어본 후 하늘에 절하며 이렇게 말했다.

"하늘이 도우시는구나! 남조南朝의 군대가 길을 넷으로 나누어 달려오고 있지만 나의 근심은 다른 세 곳에 있지 않고 오직 이 한 곳31에 있었다. 요동백32쯤이야 채찍으로 후려치면 그만이지만, 내가 두려워한 것은 조선이 저들을 돕는 일이었다. 옛날 요遼나라의 10만 정예부대가 흥화진33까지 쳐들어간 적이 있었지만, 수레 한 대도 돌아오지 못했다. 듣건대 조선은 병사들이 굳세고 무기가 훌륭하다 하니 대적하기가 어려웠을 것이다. 그런데 이제 저들이 자진해서 항복하는 글을 보냈으니, 이 어찌 하늘이 우리로 하여금 금金나라의 유업을 잇게 하고자 함이 아니겠

---

30. **귀영가貴盈哥**  누르하치의 둘째 아들인 다이산代善을 말한다. 후금의 건국 및 세력 확장 과정에서 핵심적인 역할을 했고, 누르하치가 죽기 4년 전인 1622년부터 홍타이지皇太極(누르하치의 8남, 청 태종)가 권력을 완전히 장악할 때까지 아민阿敏(누르하치의 조카), 망굴타이莽古爾泰(누르하치의 5남), 홍타이지와 권력을 나누어 가졌다.
31. **이 한 곳**  조선 군대를 가리킨다.
32. **요동백遼東伯**  요동 지역의 최고 책임자. 요동은 요하遼河 동쪽 지역으로, 지금의 중국 요녕성·길림성·흑룡강성 일대에 해당한다.
33. **흥화진興化鎭**  의주에 있던 진鎭 이름.

느냐?"

누르하치는 그 자리에서 귀영가에게 명령을 내려, 철기군鐵騎軍 3만을 이끌고 먼저 남조의 군대를 공격한 다음 조선 군대의 항복을 받으라고 했다. 귀영가는 득달같이 뛰어나갔다.

한편 홍립은 명나라 장수의 압박으로 억지로 행군에 나서야 했다. 마가채馬家寨라는 곳에 이르자 비로소 오랑캐 기병들이 출몰하는 모습을 볼 수 있었다. 장수와 병사들이 모두 오랑캐를 공격하려 하자 홍립이 이런 명령을 내렸다.

"중국 병사들은 지금 공을 세우려는 마음이 굴뚝같으니, 우리 군사들이 뒤섞여 나가 싸우면 필시 적병의 수급首級을 가지려 쟁탈전을 벌이다 서로 죽이는 일이 벌어질 것이다. 관망하며 우리 군사들을 온전히 하는 것이 가장 좋은 방법이다."

그러고는 막료들로 하여금 병사들에게 다음과 같은 말을 전하게 했다.

"오랑캐 한 사람이라도 함부로 죽이는 자는 사형에 처한다!"

모든 장수들이 대경실색하여 말했다.

"원수의 속마음을 알 만하군. 적을 만나도 죽이지 말라니, 대체 무슨 일을 하라는 건가?"

좌영을 이끄는 김응하만이 명령에 응하지 않고 이렇게 말했다.

"군중에서는 임금의 명령을 듣지 않아도 되는 법이다.[34] 적을 앞에 두고 칼을 내린다는 말은 내 아직 들어 보지 못했노라!"

마가채로부터 심하[35]에 이르는 40~50리 사이에 오랑캐 병사들이 수백 명씩, 혹은 1천여 기騎씩 곳곳에 모여 진을 치고 있었다. 명나라 군대와 조선군 좌영의 병사들이 앞을 다투어 살육하니, 목을 벤 것이 자못 많았다. 그러나 중영中營과 우영右營은 그 뒤를 따르며 관망하기만 할 따름이었다. 장수와 병졸이 모두 분통을 터뜨리며 말했다.

"긴 창과 큰 칼을 대체 어디에 쓴단 말인가!"

홍립이 또 유정을 찾아가 말했다.

"군량이 떨어져 전진할 수 없습니다."

유정이 말했다.

"오랑캐들이 땅에 묻어 놓은 곡식이 매우 많으니, 그것을 가져다 군량으로 삼으면 문제 될 게 없소."

홍립이 거듭 간청해서 또 하루를 머물렀다.

3월 4일 동틀 무렵이었다. 유정이 대포를 세 번 쏘며 대군을 출발시켰는데, 명령하는 소리는 천둥 같고 그 기세는 비바람이 몰아치는 것 같았다. 교유격[36]·강부총[37]·조참장[38]이 먼저 출발하고 유

---

34. **군중에서는 임금의~ 되는 법이다**  옛날에 장수가 일단 출전하면 장수의 재량하에 전투를 하게 되어 있었기에 한 말이다.
35. **심하深河**  하북성 무녕현 동쪽의 지명. 여기서 명·청 교체의 분기점을 이루는 대전투가 벌어졌다.
36. **교유격喬遊擊**  유격장군 교일기를 가리킨다.
37. **강부총江副總**  '부총'은 부총병副總兵, 곧 총병의 부장副將 역할을 하는 고위급 무관 직위.
38. **조참장祖參將**  '참장'은 총병 및 부총병을 보좌하는 무관 직위.

도독[39]이 그 뒤에, 장도사[40]가 그 뒤를 따랐다. 김응하가 말했다.

"우리가 식량을 휴대하고 갑옷을 걸친 것은 적과 싸우기 위해서다. 지금 대적을 눈앞에 두니 용기가 용솟음친다."

드디어 분연히 일어나매 병사들이 분기탱천하여 길을 돌아 앞으로 나아갔다.

20리를 가서 부차성[41]에 이르렀다. 산 아래로 가옥들이 즐비하게 들어서 마을을 이루고 있는 것이 보였다. 명나라 군대가 함성을 지르며 달려 들어가 저마다 흩어져 마을을 초토화시켰는데, 그 과정에서 군대의 대오가 무너져 버렸다. 이때 귀영가의 3만 철기병이 갑자기 산골짜기 사이에서 튀어나와 공격하니 명나라 군대는 일시에 궤멸되고 말았다. 김응하가 적병의 수가 매우 많은 것을 보고는 진을 벌이고 기다리는 한편, 홍립에게 급히 와서 구원해 주기를 요청했다. 홍립은 이렇게 대답했다.

"네가 나의 명령을 따르지 않고 적병 죽이기를 능사로 여겼거늘, 이제 와서 구해 주기를 바란단 말이냐?"

홍립은 즉시 중영과 우영에 명령을 내려, 병사들을 모두 산꼭대기로 올려 보내 진을 치고 승부를 관망하게 했다. 이윽고 교일

---

39. **유도독劉都督** 도독 유정을 가리킨다.
40. **장도사張都司** '도사'는 지방의 요충지에 설치한 군정軍政 기관인 도지휘사사都指揮使司의 장관長官인 도지휘사都指揮使를 가리킨다.
41. **부차성富車城** 심하 부근에 있는 성 이름. 여기서 명·청의 성패를 가르는 큰 전투가 벌어졌다.

기가 패잔병 10여 명과 함께 중영에 이르러 명나라 군대가 전멸했다고 말했다.

한편 오랑캐의 대군이 곧장 좌영으로 쳐들어가는 모습이 보였다. 김응하가 군사들을 독려하여 혈전을 벌이니, 광무제의 적은 병사가 왕망의 백만 대군을 물리치고,⁴² 손자가 임기응변으로 화공을 쓰는 모습⁴³을 연상케 했다. 앞에 선 적병들이 총알과 화살에 맞아 수북이 쓰러져 갔다. 귀영가가 검을 뽑아 싸움을 독려하자, 적병 중 용감한 기병 1백여 명이 죽음을 무릅쓰고 앞장서 산을 오르고 나머지 적병들이 그 뒤를 따랐다.

우리 군사들은 힘이 다하여 진陣이 흐트러지고 있었지만, 끝까지 싸우면서 단 한 사람도 달아나는 자가 없었고 단 한 사람도 헛되이 죽는 자가 없었다. 아군과 적군이 한데 뒤섞여 창검을 맞부딪치니, 천지가 진동하고 해와 별이 보이지 않았다.

김응하는 이미 패색이 짙음을 알고는 버드나무 아래 기대서서 화살을 하나 뽑아 활에 재었다. 활시위를 당기자마자 한 사람이 고꾸라졌는데, 바로 귀영가의 아우가 화살에 맞고 쓰러져 죽은

---

42. **광무제의 적은~대군을 물리치고**  전한前漢의 평제平帝를 시해하고 황제 자리를 찬탈하여 국호를 '신'新으로 바꾼 '왕망'王莽은 백만 대군을 보내 후한後漢 광무제光武帝가 있던 곤양성昆陽城을 포위하였다. 포위된 광무제의 병사들은 수적 열세에도 불구하고 천지가 진동할 듯 큰 소리를 질러 왕망의 군대를 놀라게 했고 결국 싸움에서 승리할 수 있었다.
43. **손자가 임기응변으로~쓰는 모습**  춘추시대의 병법가인 손자孫子의 저서 『손자』 13편 중에 「화공」火攻 편이 들어 있다.

것이었다. 적병은 모두 분기탱천했지만 감히 올라오지 못하고 있었다. 한낮부터 싸우기 시작해서 해질녘에 이르자 김응하가 가졌던 3백여 개의 화살도 다 떨어졌다. 김응하가 주먹을 휘두르며 부르짖자 적군의 화살이 비 오듯 쏟아졌고, 마침내 하늘이 무너지고 땅이 찢어지며 열사烈士의 목숨이 끊어졌다. 하지만 죽어서도 왼손에는 창을 들고 오른손에는 칼을 쥔 채 마치 살아 있는 사람처럼 눈을 부릅뜨고 있어, 한참 동안 적병이 감히 다가오지 못했다.

귀영가는 싸움을 끝내고 병사들을 불러 모은 뒤 잠시 숨을 고르더니 이렇게 말했다.

"내가 막북[44]을 누비고 다니면서도 가는 곳마다 적다운 적을 만난 적이 없건만, 조선 사람의 용맹이 이러할 줄은 꿈에도 몰랐다. 만일 산꼭대기에 있는 병사들이 모두 힘을 합해 싸웠더라면 우리는 앞뒤로 협공을 당해 한 명도 살아남지 못했을 것이다. 하늘이 이들을 우리 편으로 만들어, 먼저 항복하는 글을 보내고 수수방관하며 우리로 하여금 눈앞의 적에게만 힘을 쏟게 한 덕에 승리할 수 있었으니, 우리 군주의 크나큰 복이 아닐 수 없다."

마침내 산자락으로 진을 옮기고 기병 하나를 보내 강홍립 막하의 역관을 불러내게 했다. 홍립이 기뻐하며 말했다.

---

44. **막북漠北** 고비사막 이북의 땅. 지금의 외몽고 지역.

"과연 하서국이 소식을 통하였구나!"

홍립이 역관을 보내 이런 말을 전하게 했다.

"애당초 두 나라는 아무런 원한을 맺은 바 없으니 헛되이 싸울 필요가 없다. 출정하면서 미리 소식을 전했는데, 잘 전해 들었는가?"

오랑캐 기병이 대답했다.

"귀측이 싸우기 전에 이미 강화하겠다는 뜻을 알려 왔으니, 대장을 만나 강화를 맺고자 한다."

홍립이 먼저 군관軍官 박동명朴東明을 보내 저들의 의도를 알아보게 하자 귀영가가 말했다.

"대장이 직접 오지 않으면 안 된다."

홍립은 다시 부원수 김경서를 보내 말에 탄 채 서로 읍揖하고 강화조약을 맺게 했다. 김경서가 돌아와 홍립에게 말했다.

"오랑캐의 진을 살펴보니, 전투를 벌인 뒤라 병사들이 지쳐 있고 부스럼을 앓는 자가 반이 넘었습니다. 또 말을 쇠사슬로 묶어 두고 사람은 가죽 침낭에 들어가 자는 것이 오랑캐들의 습속이니, 한밤중에 기습 공격을 하면 이들을 손쉽게 제압할 수 있을 것입니다. 더구나 중국 병사 가운데 도망간 자들 1만여 명이 가까운 산에 모여 있으니, 이들과 힘을 합쳐 싸우면 세력이 더욱 커질 것이므로 하늘도 우리를 도와 큰 공을 세우게 할 것입니다."

홍립이 말했다.

"우리 군사들은 나약해서 쓸모가 없소. 지금 그런 어설픈 계책으로 호랑이 소굴을 함부로 건드리는 건 마른 섶을 지고 불구덩이로 뛰어드는 격이니, 이 일은 시행할 수 없소."

이튿날 아침, 홍립이 드디어 몸소 오랑캐 군중으로 갔다. 장수와 병졸들이 모두 홍립의 옷자락을 잡아당기면서 발을 구르며 말했다.

"원수님, 어디로 가신단 말입니까? 원수님, 어디로 가신단 말입니까?"

홍립이 떠나며 말했다.

"교유격 등 십수 명이 우리 진중에 있는데, 오랑캐가 이를 알면 필시 강화하는 일이 틀어지게 될 것이다."

마침내 이들을 결박하여 오랑캐 진영으로 보내게 했다. 교일기가 하늘을 우러러 장탄식하며 말했다.

"조선과 같은 예의의 나라에서 오랑캐에게 항복하는 치욕을 달게 받아들이고, 심지어 황제가 보낸 장수를 묶어 오랑캐에게 바치기까지 할 줄이야 어찌 상상이나 했겠는가! 너무도 심하구나!"

그러고는 비단을 찢어 집에 보내는 편지를 적어 허리띠에 묶은 뒤 칼 위에 엎어져 스스로 목숨을 끊었다. 조선 군사들 모두가 마음 아파하며 탄식했다.

홍립은 귀영가의 성대한 병력이 늘어선 모습이며 하늘 높이 치솟은 천막이며 좌우 가득 병사들의 하얀 칼날이 눈서리처럼 찬란히 빛나는 모습을 보고는 몸에서 혼이 빠져나간 듯 무릎으로 엉금엉금 기며 목숨만 살려 주십사 애걸하였다. 귀영가가 자리에서 일어나 홍립을 부축해 일으키며 말했다.

"두려워 말라! 두려워 말라! 여기서 건주까지는 50리가 채 못 되니 가서 우리 군주를 뵙고 강화조약을 맺도록 하라. 이끌고 온 군대는 즉시 산에서 내려오도록 하는 게 좋겠다."

홍립이 감히 귀영가의 명을 어길 수 없어 휘하 병사들을 산에서 내려오게 하고, 모든 무기를 거두어 한곳에 모아 두게 하니 무기가 산처럼 높이 쌓였다. 오랑캐 철기병이 우리 군대를 둘러싸 압박하며 앞으로 나아가도록 재촉했는데, 도중에 분을 참지 못하고 물에 몸을 던져 자살하는 이들이 많았다. 오랑캐 장수가 감탄하며 이렇게 말했다.

"조선 사람의 기개와 절개가 이러하니, 남에게 굴종할 사람들이 아니로구나!"

누르하치가 도중에 사람을 보내 말을 전했다.

"두 장군을 먼저 보고 싶으니 속히 오게 하라!"

그리하여 홍립과 김경서가 먼저 길을 나섰다. 10리도 채 가기 전에 성 주변의 넓은 들판에 군마가 운집해 있는 모습이 보였다. 무수히 많은 남녀가 길 양쪽에 서서 홍립 일행을 구경했다. 길가에는 오랑캐 아이들이 어지러이 모여서 기왓장을 던지기도 하고 똥 덩어리를 던지기도 하며 이들을 욕했다.

"목숨이 아까워 항복한 놈들! 개돼지만도 못한 놈들!"

김경서가 분노하여 홍립에게 말했다.

"우리는 하루 목숨을 얻으려다 백 년 신세를 그르쳤습니다. 머리를 숙이고 치욕을 받아야 한다면 사는 게 죽느니만 못하지요. 지난번 귀영가를 만났을 때는 두려워 벌벌 떨더니 이제는 급기야 오랑캐놈에게 모욕을 당하기에 이르렀으니, 남아의 신세가 참으로 애석하게 되었습니다! 오랑캐 군주를 만나면 읍하는 예를 취하는 것이 좋겠습니다."[45]

성에 들어가니 의관을 갖추어 입은 사람들이 열 겹이 넘게 무리를 지어 40~50리에 걸쳐 늘어서 있었다. 갑옷에서 나는 광채가 태양처럼 환하고 검에서 번득이는 기운이 천 리에 뻗쳐 바람과 번개처럼 치달리니 눈이 어질어질하고 가슴이 두근거렸다. 붉은 옷을 입은 사람이 홍립과 경서를 인도하여 섬돌 아래에서 인사하게 했다. 두 사람이 읍하자 누르하치가 사나운 목소리로 말했다.

"너희들이 사신으로 왔다면 읍을 해도 괜찮지만, 지금은 항복한 처지이면서 감히 인사를 그렇게 하느냐?"

홍립이 당황하고 두려워하여 먼저 무릎을 꿇고 네 번 절하자, 경서도 어쩔 수 없이 뒤따라 절했다. 하서국이 앞으로 나와 아뢰

---

45. **오랑캐 군주를~것이 좋겠습니다**  상하 관계를 인정하지 말고 대등한 관계로 대하라는 말.

었다.

"조그만 나라의 변변치 못한 사람인지라, 대국의 성대한 위의威儀를 알지 못해 실수를 범하고 말았습니다. 바라옵건대 가까이 부르시어 그 말을 들어 보셨으면 합니다."

누르하치가 허락하고, 단상 위로 올라와 붉은 털방석에 앉게 한 뒤 이렇게 물었다.

"너희 나라는 왜 까닭 없이 군대를 일으켰느냐?"

홍립이 엎드려 벌벌 떨며 대답했다.

"우리나라의 뜻이 아니오라 남조의 압박을 받아 어쩔 수 없이 그리한 것입니다. 이 때문에 저희가 먼저 역관을 보내 저희들의 사정을 아뢰었던 것이니, 이미 알고 계실 줄 압니다."

누르하치가 말했다.

"네가 먼저 보고한 내용을 통해 남조의 압박을 받았음을 알았고, 또 싸움에 나서지 않고 진심으로 복종한 데서 너희들의 진실한 성의를 볼 수 있었다. 그렇지 않았다면 너희 두 사람은 이미 죽어서 가루가 되었을 것이고, 만여 명 장졸의 목숨 또한 어찌 하나라도 남아 있겠느냐? 다만 궁금한 것이 있는데, 너희 나라가 다시 남조를 도우리라고 보느냐?"

홍립이 대답했다.

"우리나라는 천 리 작은 땅으로, 왜놈의 침입을 받아 나라가 쑥대밭이 되었습니다. 그런 판에 지금 군대를 일으켜 나와 나라 안이 텅 비어 있으니, 어찌 또 군대를 일으킬 수 있겠습니까?"

누르하치가 말했다.

"내가 너희 나라로 사람을 보낼 것이니, 강화를 하고 못하고는 너희 나라의 회답에 달려 있다. 너도 너희 임금에게 편지를 보내 강화를 이루도록 애쓰는 것이 좋겠다. 강화가 이루어지면 너는 아무 탈 없이 너희 나라로 돌아갈 수 있을 것이다."

홍립이 감사의 말을 했다.

"이미 목숨을 살려 주신 은혜를 입었는데, 살아서 돌아갈 수 있게까지 해 주시니 죽어서도 이 은혜를 다 갚을 수 없겠나이다."

홍립이 마침내 우리나라에 급히 편지를 보내 오랑캐 진영의 성대한 세력을 알리는 한편, 강화를 맺어야지 결코 맞서 싸워서는 안 된다는 내용을 장황하게 말하며 우리나라 사람들을 현혹시키는 데 모든 힘을 기울였다. 비변사備邊司의 의견이나 사헌부와 사간원의 의론은, 목숨을 부지하기 위해 투항하고 임금과 백성을 미혹시킨 강홍립의 죄는 삼족을 멸하는 벌을 받아 마땅하므로 엄중히 처벌하여 법을 바로 세워야 한다는 것이었다. 그러나 광해군은 이렇게 말했다.

"힘이 모자라 강화를 맺은 것은 일의 형세가 그렇기 때문이요, 보고서를 올려 오랑캐의 형편을 알린 것은 그 직무를 다한 것일 뿐이다."

그리하여 강홍립에게 죄를 묻지 않고, 완곡한 말로 답서를 써서 누르하치에게 보냈다. 그러나 누르하치는 답서 내용에 미진한 바가 있다며 재차 사신을 보냈고, 두어 차례 더 편지가 오갔지만 강화는 이루어지지 못했다.

누르하치는 홍립의 글재주가 대단히 뛰어난 것을 알고는 인재를 얻었다고 몹시 기뻐하며 홍립에게 문서 작성하는 일을 맡기는 한편, 자신의 양녀를 홍립과 혼인시키려 했다. 홍립은 살아 돌아가는 것이 급한 일이므로 누르하치가 시키는 일이라면 무엇이든 뜻을 굽히고 순순히 받아들여 그대로 따랐다. 하지만 누르하치의 딸과 혼인하는 일에 대해서만은 자신이 늙고 병들었으므로 그렇게 할 수 없다고 말했다. 누르하치는 홍립이 혹시 두 마음을 품고 있지 않은가 의심하여 그 속을 떠보려고 했다.

누르하치는 어느 날 건주성에서 큰 잔치를 베풀고 팔기군[46]의 대장을 모두 모이게 했다. 대장들이 모두 비단옷을 입고 서쪽에 나란히 벌여 앉았다. 홍립은 그 위에 앉고, 김경서는 그 아래에 앉았다. 또 연지[47]와 후궁 아홉 명, 양녀 사오십 명을 나오게 했는데, 짙은 화장에 화려하게 치장한 모습이 모두 빼어나게 아름다웠다. 시녀 수백 명이 앞뒤를 에워싸고 이들을 인도하여 동쪽에 앉게 한 뒤 홍립으로 하여금 인사를 하게 했다. 상견례를 마치자 누르하치는 오른손에 백

---

46. **팔기군八旗軍** 만주족의 군사·행정 조직. 8색의 기旗로 편성하고, 1기에 7,500명을 소속시켰다.
47. **연지** 왕후王后를 가리키는 말.

옥 잔을 들고 왼손으로는 홍립의 손을 잡은 채 이렇게 말했다.

"사람이 세상에 태어나 자기와 의기가 통하는 사람의 가치를 헤아리지 못한다면 장부라고 할 수 없지. 자네와 나 두 사람은 각자 멀리 떨어진 곳에서 태어나 전쟁 중에 만나게 되었으니, 필시 우연한 일이 아닐 게야. 내가 기뻐하는 바는 남조의 군대를 깨뜨린 일이 아니라 바로 자네를 얻은 것일세. 그러므로 나는 곳간 안의 모든 것을 자네에게 주어 흉금을 털어놓는 사이가 되었으면 하고, 아내와 딸들을 자네에게 보여 서로 격의 없는 사이가 됐으면 하네. 자네는 조선에서도 최고의 지위를 누렸겠지만, 지금의 이런 대우보다 낫지는 않았겠지?"

그러자 홍립이 하늘을 가리키며 말했다.

"여자는 자신을 사랑해 주는 남자를 위하여 단장하고, 선비는 자신을 알아주는 사람을 위해 죽습니다. 제가 조선을 섬긴 것은 예양이 범씨와 중행씨를 섬긴 것[48]과 다르지 않습니다. 지금 크나큰 은혜를 입으니, 왕맹이 진秦나라 부건에게 받았던 총애[49]보다

---

48. **예양이 범씨와~섬긴 것** '예양'豫讓은 전국시대 진晉나라 사람으로, 처음에는 '범씨'范氏와 '중행씨'仲行氏를 섬겼지만 자신을 알아주지 않자 지백智伯을 주군으로 섬겨 두터운 신임을 얻게 되었다. 예양은 그 후 주군 지백의 원수인 조양자趙襄子를 살해하려 했으나 실패하여 목숨을 잃었다.
49. **왕맹이 진秦나라~받았던 총애** '왕맹'王猛은 전진前秦의 군주 '부건'苻堅의 재상으로, 본래 화음산華陰山에 은거하다가 부건의 부름을 받고 벼슬길에 나아가 지극한 대우를 받았다. 부건이 즉위한 뒤 1년 동안 다섯 번이나 승진을 거듭하여 재상의 지위에 올랐다. 부건은 왕맹의 보좌에 힘입어 5호胡 16국國 중 최강자로 군림할 수 있었다.

도 더함이 있습니다. 온 힘을 다해 충성을 바치고자 함에 남북이 따로 있을 것이며, 은덕에 보답하고자 함에 어찌 감히 낫고 못하고를 운위할 수 있겠습니까? 시를 한 편 지어 저의 한결같은 마음을 보여 드리겠습니다."

마침내 붓을 들어 시를 썼다.

> 고국 떠난 부평초 신세 아무런 원망 없으니
> 용이 이르는 곳이 곧 강물이라네.
> 몸 바쳐 충성함에 남쪽 북쪽 따질 것 없고
> 지기知己에게 보답함에 대우가 낫고 못하고가 없네.
> 외로운 봉황새는 키 작은 탱자나무 떠났고
> 커다란 붕새는 바다에서 생겨난다네.[50]
> 소무[51]는 천고千古에 웃음거리 되었거늘
> 굳이 지조 지켜 뭐 한단 말가.

누르하치가 문인을 시켜 한 구절 한 구절 해석하게 하여 듣고는 일어나 홍립의 허리를 안고 등을 어루만지며 말했다.

---

50. **외로운 봉황새는~바다에서 생겨난다네** '외로운 봉황새'는 강홍립 자신을, '커다란 붕새'는 누르하치를 가리키는 것으로 추정된다.
51. **소무蘇武** 한나라 무제武帝 때 흉노에 사신으로 갔다가 억류되었던 인물. 북해北海에서 양을 치며 끝까지 지조를 지키다가 19년 만에야 송환되었다.

"그대는 진정한 장부일세!"

이때 대청 아래에 있던 중국인 한 사람이 대청 위를 바라보며 욕을 하였다.

"조선이 예의의 나라라고 누가 말했던가? 저자의 비굴한 짓은 끝이 없구나!"

누르하치는 홍립을 완전히 신뢰하게 되어 매사에 자문을 구하는 한편, 홍립에게 큰 저택을 따로 지어 주고 금은보화며 가축이며 잠자리며 음식을 모두 자신과 똑같이 하도록 했다. 홍립은 기대 이상의 과분한 대우에 몹시 기뻐했다.

당초에 홍립은 조선에 항복한 왜인(倭人) 300명을 친위군으로 삼아 늘 자신의 군막 앞을 지키게 하고 있었는데, 이날 누르하치에게 이들을 추천하며 이렇게 말했다.

"제 군막을 지키는 300명의 왜인 병사들은 몸이 날래고 용감무쌍할 뿐 아니라 검술 또한 천하제일입니다. 주군께서 쓰시도록 바치고자 합니다."

누르하치가 몹시 기뻐하며 즉시 명령을 내렸다.

"내일 대궐 안뜰에서 왜인들의 검술을 보고 싶다."

왜인들이 명령을 듣고 각자 칼을 갈다가 말했다.

"우리가 조선의 은혜를 입은 지 여러 해가 되었거늘, 하루아침에 개돼지의 부림을 받게 됐으니 어찌 수치스럽지 않은가? 지금 새로 날을 세운 칼로 누르하치의 목을 베는 것이 좋지 않겠나. 우리 300명이 한마음이 되면 한 사람당 1백 명은 당해 낼 수 있을 것이다. 오랑캐놈들을 남김없이 무찌르고 돌아가 조선에 알린다면 또한 기개 있는 대장부의 일이 아니겠는가?"

왜인들이 일제히 좋다고 대답했다.

왜인들은 약속을 정하고 은밀히 자신들의 뜻을 홍립에게 알렸다. 홍립이 한참을 말없이 있다가 입을 떼었다.

"큰일을 어찌 망령되이 할 수 있겠느냐?"

홍립은 밤을 틈타 누르하치에게 가서 이렇게 고하였다.

"왜인들의 마음이 불온하니 내일 검술 시범 때 탈이 생기지 않도록 방비하셔야겠습니다."

누르하치가 매우 놀라 급히 팔기군으로 하여금 각자 방비를 튼튼히 하도록 하고, 심복 정예병 3천을 뽑아 쇠몽둥이를 들고 바깥뜰을 몰래 에워싸게 했다.

이튿날 새벽, 왜인들이 바깥뜰에 들어와 손바닥에 침을 뱉으며 대기하고 있었다. 얼마 뒤 붉은 옷을 입은 자가 나와 누르하치의 명령을 전했다.

"왜인은 3인이 1조를 이루어 100개의 조를 만들도록 하라. 한 개의 조가 안뜰에 들어와 검술 시범을 보이고 나간 뒤 그 다음 조가 들어와 시범을 보이도록 할 것이다. 한 조씩 차례로 교대하여 들어올 것이며, 어지럽게 몇 개 조가 뒤섞이는 일이 없도록 하라!"

왜인들이 일제히 말했다.

"300명이 하나의 대오를 이루어 한꺼번에 용맹을 떨치는 장관을 보여 드리고 싶습니다."

붉은 옷을 입은 자가 말했다.

"명령이 이미 내려왔으니 바꿀 수 없다."

결국 왜인 세 명을 인도해 들어가 안뜰에서 검술 시범을 보이게 했다. 하얀 무지개 같은 섬광이 번뜩이며 번개가 번쩍 치는 듯하더니 순식간에 펄쩍 날아오르며 천지간을 오르락내리락하니, 뜰 가득 모여 구경하던 사람들의 안색이 모두 하얗게 질렸다. 시범 도중에 왜인 세 명이 누르하치를 노려보더니 드디어 칼춤을 추며 달려들었다. 그러나 팔기군 병사들의 창이 일제히 날아오니 중과부적인지라, 왜인 세 명은 그만 창에 맞아 죽었다. 바깥뜰에 있던 나머지 왜인들 역시 모두 창검에 찔려 죽고 말았다. 오랑캐들도 칼에 베여 죽은 자가 500여 명이나 되어 뜰 안 가득 시체가 쌓였다.

누르하치가 잔을 들고 홍립에게 감사의 말을 건넸다.

"자네가 나를 살렸으니, 내 어찌 자네를 나의 심복으로 대우하지 않을 수 있겠는가?"

홍립이 말했다.

"과분한 대우를 해 주셨으니 제가 어찌 심복으로서 보답하지 않을 수 있겠습니까?"

두 사람은 서로 손을 이끌며 마주 앉아 속마음을 숨김없이 토로했다. 그러던 중에 누르하치가 가만히 물었다.

"조선 군사의 마음을 어떻게 하면 누그러뜨릴 수 있을까?"

홍립이 말했다.

"조선의 습속은 일본과 달라서 죽음을 두려워하니, 걱정하실 것 없습니다."

누르하치가 말했다.

"병졸들은 그렇다고 쳐도 '양반' 장교들이 우리에게 좋은 마음을 품을 리 있겠는가?"

홍립은 고개를 숙이고 대답하지 않았다. 누르하치가 거듭 물었지만 끝내 아무 말도 하지 않았다. 누르하치는 마침내 항복한 조선 군사들을 모두 불러 모아 손바닥이 고운 사람 400여 명을 뽑아낸 뒤 이렇게 말했다.

"이들이 이른바 '양반'이란 자들이다. 동문 밖으로 끌어내 참수형에 처하라!"

그리하여 출정했던 용사들이 이날 모두 죽었는데, 이민환·박난영[52]·이일원 등 10여 명만은 홍립의 심복이었던 까닭에 목숨을 건질 수 있었다.

---

52. **박난영**朴蘭英 광해군·인조 때의 무신으로, 강홍립과 함께 후금에 억류되어 있다가 1627년에 귀국했다. 그 후 사신으로 후금을 수차 왕래했는데, 병자호란 때 휴전 교섭 중 청나라 장수에게 살해되었다.

홍립에 대한 누르하치의 총애는 날이 갈수록 더해 갔다. 홍립의 가슴속에는 대단한 공을 세워 자신의 유능함을 보여 주고자 하는 마음이 가득했다. 어느 날 홍립이 누르하치에게 이렇게 말했다.

"지금 후금은 병사가 강하고 장수가 용맹하거늘, 건주의 외진 땅을 지키기만 해서야 되겠습니까?"

누르하치가 말했다.

"아직 정해진 계책이 없으니 자네 생각을 숨김없이 말해 보게."

홍립이 말했다.

"요동은 예전부터 중국에서 관할하던 곳이 아닙니다. 심양瀋陽은 곧 요동의 요충지이니, 요동을 얻고 심양을 근거지로 삼는다면 중국은 이미 우리 손아귀에 든 것이나 다름없습니다. 심양에 궁궐을 짓고 관아를 배치하는 일쯤이야 저 혼자서 충분히 감당할 수 있습니다."

누르하치가 일어나 절하며 말했다.

"자네의 말을 들으니 꽉 막혔던 곳이 시원하게 뚫리는군."

이에 누르하치가 서쪽으로 쳐들어가기로 결심하니, 때는 천계天啓[53] 신유년(1621) 봄이었다.

---

53. **천계天啓** 명나라 희종熹宗의 연호.

출발할 때가 되자 누르하치가 김경서를 불러 말했다.

"너는 죽었어야 할 몸이거늘, 생명을 아끼는 나의 은덕을 입어 오늘에 이르렀다. 그러니 뭔가 보답을 해야 하지 않겠는가?"

김경서는 홍립에게 잘못 이끌려 자신을 욕되게 하고 나라를 저버린 일을 늘 후회하며, 언젠가 기회를 엿보아 무언가 일을 해 보고자 하는 마음을 가지고 있었다. 그러던 차에 누르하치의 말을 듣고는 즉각 이렇게 대답했다.

"저를 써 주신다면 만 번의 죽음이라도 사양하지 않겠습니다."

누르하치가 말했다.

"나를 위해 요동 공략의 선봉이 되어 주겠느냐?"

"요동성을 지키고 있는 장수는 저와 깊은 교분이 있습니다. 제가 은밀히 그와 결탁하여 안에서 호응하도록 만들겠습니다."

누르하치가 말했다.

"그렇게만 해 준다면 너에게 제일 큰 공이 돌아갈 것이다."

드디어 김경서를 철기병 3천 명을 이끄는 선봉장으로 삼았다.

김경서는 요동성에 이르러 성을 지키는 장수에게 편지를 보냈다. 내응하여 후금 군대를 도우라는 편지로 가장했지만, 실은 계략을 꾸며서 창을 거꾸로 돌려 누르하치를 죽일 셈이었다. 서로 계획을 교환한 뒤 거사할 날짜까지 정했는데, 그 사이에 홍립이 이 일을 알게 되었다. 홍립은 놀라 이렇게 중얼거렸다.

"필시 나에게 화가 미칠 거야!"

홍립은 급히 누르하치에게 이 사실을 보고했다. 누르하치는 몹시 화가 나서 김경서를 잡아들여 살을 도려내라고 명령했다. 김경서가 홍립에게 욕을 퍼붓더니 홍립을 모함하여 이렇게 말했다.

"이 일은 사실 홍립이 먼저 주장한 것이었건만, 끝에 와서 이렇게 배신을 하는구나!"

이 말에 누르하치는 또 홍립을 잡아들여 온몸을 발가벗긴 채 밧줄로 묶고는 칼을 어지럽게 휘두르며 말했다.

"나는 진심을 다해 너를 형제 이상으로 친밀하게 대우했거늘, 너희 나라 사람들의 마음은 참으로 교활하고 간사하구나. 도리어 나를 해치려 들다니, 어쩌면 내 마음과 이리 다를 수 있단 말이냐?"

홍립이 눈물을 흘리며 울부짖었다.

"제가 비록 다른 나라 사람이지만 이미 후금의 신하가 되어 큰 공을 세웠거늘, 하늘을 두고 맹세컨대 어찌 감히 배반을 꿈꾸었겠습니까? 경서는 무지한 무인武人이라 스스로 화를 재촉했으면서 무고한 사람을 함정에 빠뜨렸으니, 천지신명이 제 마음을 잘 아실 것입니다."

귀영가가 급히 들어와 간언했다.

"강홍립은 성실하고 믿음직한 사람이라 두 마음을 품지 않았을 것입니다. 지난번 왜인들의 흉계를 먼저 알린 것도 이 사람이요, 지금 김경서의 음모를 알린 것도 이 사람이니, 시종일관 충성을 다하여 다른 마음이라곤 조금도 없었습니다. 사정이 이러하니,

화를 다른 사람에게 옮기려는 말을 섣불리 믿었다가는 그 계략에 빠지고 말 것입니다."

누르하치가 사태를 깨닫고 이렇게 말했다.

"네가 아니었더라면 현명한 인물을 잘못 죽일 뻔했다!"

누르하치는 손수 홍립을 결박했던 밧줄을 풀어 주더니 잔을 들고 사과의 말을 했다.

"늙은이가 잠시 잘못 생각하여 자네를 괴롭혔네. 마음에 두지 말게."

홍립이 머리를 조아리며 말했다.

"제가 조금이라도 부정한 일을 한 것이 있다면 하늘이 저를 미워할 것입니다!"

마침내 요동성을 함락시키고, 부녀자들과 보배들을 모두 실어 심양으로 돌아왔다. 누르하치는, 심양 안에 터를 잡아 집을 세우고 사람들을 이주시키는 일을 모두 홍립에게 일임하였다. 홍립이 중국의 제도를 본떠 성과 궁궐을 새로 짓고 관아를 배치하니, 전체적인 모습이 거의 규모 있게 갖추어졌다. 누르하치가 기뻐하며 홍립에게 말했다.

"자네의 재주는 야율초재[54]에 못지않아. 마땅히 개국 제1공신

---

54. **야율초재耶律楚材** 원元나라 태조 칭기즈칸의 재상. 요나라의 왕족 출신으로, 1219년 몽고군이 북경을 점령하자 칭기즈칸에 항복하여 그의 정치 고문이 되었다. 이후 관제를 개편하고 세제稅制를 정비하는 등 원나라의 국가 기틀을 마련하는 데 중추적인 역할을 했다.

이 될 게야."

그러고는 즉시 요동성에서 붙잡아 와 양녀로 삼았던 한인漢人 여성 중 젊고 아름다운 여인을 골라 예를 갖추어 홍립과 혼인하게 했다. 이 여인은 이른바 '소학사蘇學士의 딸'로, 오랑캐들 사이에서는 '옥면공주'[55]라 불리고 있었다. 지난날 누르하치의 사위 되기를 거절했던 일을 후회하고 있던 홍립은 소씨蘇氏의 빼어난 미모에 반해 흔쾌히 혼인 제의를 받아들였다.

홍립은 새로 맞은 아내에 대한 애정이 매우 깊어 잠시도 그 곁을 떠나지 못했다. 하루는 소씨의 손을 잡고 이렇게 말했다.

"내가 조선에 있을 때 아내는 이미 죽었고 자식은 요절해[56] 노모 한 분이 계실 뿐이었는데, 지금은 노모도 돌아가셨을 테니 천지간에 외롭기 짝이 없는 신세구려. 고국에 돌아가면 온 나라 사람들이 모두 나를 더러이 여길 것이요, 후금에 머물자니 이곳엔 가까운 사람이 없소. 그러니 이 늙은이의 마음이 처량하기만 하구려. 이제 당신에게 의지해 내 외로움을 달랬으면 하오. 이제부터 생사고락을 함께하게 되었는데, 당신은 무슨 감회가 없소?"

소씨가 눈물을 머금고 말했다.

"저는 연약한 몸으로 문밖을 나서 본 적이 없는데, 하루아침에

---

55. **옥면공주玉面公主** '옥 같은 얼굴의 공주'라는 뜻.
56. **자식은 요절해** 뒤에 보면 자식이 살아 있는 것으로 되어 있어 앞뒤로 모순이 있다. 혹 강홍립이 새 아내에게 거짓말을 한 것일지도 모른다.

오랑캐에게 붙잡혀 요하遼河를 건너게 되었답니다. 이런 일을 당하고서 살 뜻이 없었건만, 하늘이 도와 낭군과 부부의 인연을 맺고 오랑캐에게 욕을 당하는 일을 면하게 되었네요. 이제 낭군을 받들게 되었으니 이 얼마나 다행한 일인지요! 더구나 낭군께서는 넓은 집에 재물이 가득하고 높은 관직에 계시니, 낭군과 혼인하여 한평생 해로함이 제게는 영광스러운 일입니다. 낭군께서는 오늘의 말씀을 잊지 말아 주세요. 저는 평생 낭군만을 받들고 살겠어요."

홍립은 소씨의 마음을 가여워하는 한편 훌륭한 배필을 얻게 된 것을 기뻐하여 밤낮으로 아내와 함께하며 잠시도 떨어지지 않았다. 더욱이 누르하치가 비단이며 진주며 악대[57]며 노리개를 보내 각별하게 총애하여 홍립의 마음을 흡족하게 해 주었다. 홍립은 밤낮으로 아내와 술잔을 주고받으며 술에 취해 노래를 부르고는 이렇게 말했다.

"주군의 환심을 산 데다 좋은 아내까지 얻었으니, 세상에 함께 갖추기 어려운 것을 나는 하루아침에 가지게 되었다. 인생은 즐겁게 살 일이니, 고국으로 가야 할 이유가 뭐 있겠나?"

이로부터 조선으로 돌아갈 마음을 완전히 끊어 버렸다.

세월은 흘러 갑자년(1624)이 되었다. 조선에서 달아난 반역자

---

57. **악대樂隊** 노래 부르거나 악기를 연주하는 이들을 말한다.

한윤[58]이 오랑캐 땅으로 들어와 홍립을 통해 누르하치를 만나고자 하였다. 한윤은 홍립에게 이렇게 말했다.

"대감의 가문이 예전에는 아무 탈 없었지만, 반정[59] 이후로 여론이 들끓어 장차 집안 9족이 남김없이 죽임을 당하게 되었습니다. 대감께서는 어찌 복수할 마음이 없으십니까?"

홍립이 눈물을 흘리며 말했다.

"조선이 내게 불구대천의 원수가 되었구나. 옛날 오자서가 오나라 군대를 이끌고 조국인 초나라의 수도를 침략한 일[60]을 나라고 못할 게 무언가? 주군께 군사를 달라고 요청하겠다!"

소씨가 말했다.

"제가 만 번 죽을 고비를 넘긴 뒤 낭군을 만났으니 그 기쁜 마음과 돈독한 정은 천지신명이 환히 아실 것입니다. 지금 저를 버리고 조선으로 가신다면 저는 사나운 무리들 사이에 홀로 떨어져 장차 어디에 의지하겠어요? 따라가고 싶지만 아녀자가 군중에 있는 건 법에서 금하는 바이지요. 여기서 혼자 살기도 어렵고 낭

---

58. **한윤韓潤** 조선 인조仁祖 때의 반역자. 아버지 한명련韓明璉이 이괄李适과 함께 1624년(인조 2)에 반란을 일으켰다가 살해되자 후금에 망명하였다. 1629년 후금 군대에 편입되어 조선을 침공했고, 화의가 성립된 후에도 조선의 위법 사실을 들어 재침공을 주장하였다.
59. **반정反正** 1623년의 인조반정仁祖反正을 말한다.
60. **옛날 오자서가~침략한 일** 춘추시대 초나라의 오자서伍子胥가 참언으로 인해 부친과 형이 사형당하자 그 원수를 갚기 위해 오나라에 망명해 그 군대를 이끌고 조국인 초나라의 수도 영郢을 침공했던 일을 말한다.

군을 따라가는 것도 어려우니 죽음으로 이별하렵니다. 다만 한윤은 조선에서 죄를 짓고 온 터라 그 말을 믿기 어려우니, 낭군께서 잘 살피시기 바랍니다."

말을 마치자 옥 구슬 같은 두 눈에 원망을 가득 담은 채 눈물을 샘솟듯 흘렸다. 홍립은 소씨의 허리를 껴안고 소매로 눈물을 닦아 주며 말했다.

"너무 걱정 마오! 당신 말도 일리가 있으니 내 잘 살펴보리다."

홍립이 스스로 생각건대 자신의 일족을 멸한 복수를 하지 않을 수 없고, 아내를 아끼는 마음 또한 저버릴 수 없었다. 가슴속에서 두 가지 생각이 엎치락뒤치락하는 사이에 몇 달이 흘렀다.

한윤은 홍립이 주저하는 것을 보고는 정색을 하고 이렇게 힐난했다.

"대감께서 어버이를 저버리고 오랑캐에게 항복해 목숨을 구걸한 까닭에 온 집안 사람이 벌을 받아 유혈이 낭자하건만, 대감께서는 부귀에 젖고 아녀자에게 빠져 눈앞의 즐거움만을 마음껏 누리고 있으니 무슨 면목으로 천하의 의사義士들을 대하시렵니까? 지금 조선은 나라가 망할 지경에 이르렀으니, 철기병을 이끌고 간다면 파죽지세로 밀고 나가 혁혁한 전공을 세우는 것이 마치 손바닥을 뒤집는 일처럼 쉬울 것입니다. 대감은 어찌 원대한 계책을 품지 않으십니까?"

홍립이 깨달은 바 있어 마침내 누르하치에게 말했다.

"조선은 천하의 훌륭한 무기가 있는 곳입니다. 좋은 활과 긴 창, 정교한 대포와 날카로운 검이 모두 조선에서 나옵니다. 이처럼 무武에 능한 나라이건만, 풍속은 교활함을 숭상하여 인재를 등용할 때 세력과 이익을 보아 사람을 씁니다. 그러므로 민심이 이반하여 일이 생기면 관망하거나 피해 버립니다. 그러나 재능 있는 인물들은 자신의 재주를 펴 보기를 고대하고 있으므로, 조선을 침략한 후 그들을 불러내 기용하는 사람이 있다면 조선 전역의 인재들이 뭇 별들이 북극성을 둘러싸듯 그 사람을 추종할 것입니다. 우虞나라에서는 어리석었지만 진秦나라에서는 지혜로웠던 이[61]도 있고, 수나라에서는 아첨이나 일삼았지만 당나라에는 충성을 다했던 이[62]도 있습니다. 지휘에 능한 이로 하여금 강병을 훈련시키고 하늘의 위엄을 받들어 말을 몰아 동쪽으로 향하게 한다면, 조선에 비록 지혜로운 자가 있다 한들 남조南朝를 위한 계책을 펼 수 없을 것입니다. 제가 어리석어 주군께 거두어진 뒤 조금의 공도 세운 바 없습니다. 지금 군사를 일으키는 때를 맞아 선봉에 세워 주신다면 조선의 가왕[63]이 되어 지혜롭고 용맹한 이를 모

---

61. **우虞나라에서는 어리석었지만~지혜로웠던 이**  백리해百里奚를 말한다. 그는 춘추시대 우虞나라의 대부였으나 왕의 신임을 받지 못했다. 하지만 우나라가 멸망한 뒤 노에 신세가 되었다가 진秦나라 목공穆公에게 발탁되어 국가 주요 정책을 수립하며 큰 공을 세웠다.
62. **수나라에서는 아첨이나~다했던 이**  배구裵矩를 말한다. 수나라 양제煬帝에게 아첨을 일삼아 총애를 받았으며 고구려 침공을 부추긴 결과 나라를 기울게 했으나, 훗날 당나라에 항복한 뒤로는 당 태종에게 직언으로 충성을 다했다.

으고 그중 가장 정예한 자들을 뽑아 10만 군대를 갖추어 보이겠습니다. 이로써 주군의 은혜에 보답할 뿐 아니라 하늘이 주신 천하 통일의 기회에 보탬이 되도록 하겠습니다."

누르하치가 웃으며 말했다.

"자네의 말은 옳지 않네. 조선 사람은 예의를 숭상하니 침공하기는 쉽지만 복종시키기는 참으로 어렵지. 옛날 원나라 세조[64]는 그 힘이 천하를 평정할 만했건만, 고려를 완전히 복종시키지 못하고 30년 전쟁 끝에 부마국駙馬國을 만드는 데 그쳤을 뿐이네. 지금 우리 병력이 강하긴 하지만 군사를 나누면 힘이 작아져, 일부 병력만으로 급히 조선 공격에 나섰다가는 군대를 돌이키지 못한 채 공연히 세월만 끌게 될 거야. 그래서는 요동을 넘어 중원을 향해 한 걸음도 나아가지 못할 테니, 작은 이익에 연연하는 것은 올바른 계책이라 할 수 없네. 그러니 지금 최선의 방책은 동쪽으로 조선과 화의를 맺고 남쪽으로 중국과 싸움을 벌여 곧장 연경燕京을 점령한 후 천하가 우리에게 돌아오는 것을 기다리는 것이네. 또 옛사람은 죽음에 이르더라도 감히 자신이 군주로 섬기던 이를 노예로 만드는 일은 도모하지 않았거늘, 자네는 왜 자기 조국을 이처럼 원수로 여기는가? 최유[65]의 일을 거울로 삼을 만하니, 자

---

63. **가왕假王** 임시로 세워진 임금.
64. **원나라 세조世祖** 몽골제국 제5대 칸이며 원나라의 시조인 쿠빌라이를 말한다.

네는 깊이 생각해 보게!"

홍립은 누르하치를 설득하기가 쉽지 않음을 알고는 여러 가지 이익을 들어 꾀어 봐야겠다고 생각해 자리에서 물러나 상소를 올렸다. 홍립은 상소에서 극단적인 말로, 조선은 방비가 매우 허술하고 민심이 이반되어 있으며 여인들이 아름다울 뿐 아니라 금은보화가 가득하다고 중언부언하며 속히 군사를 일으켜야 한다고 주장했다. 두 번 세 번 거듭 상소를 올리다가 급기야 수십 차례나 상소를 올리기에 이르렀다. 지금도 오랑캐에게는 '강홍립 상소문'이라는 것이 남아 있는데, 그 두루마리가 많으며 사람들이 모두 그 내용을 이야기한다고 한다.

누르하치는 홍립이 스스로 조선의 왕이 되고자 하는 걸 보고는 내심 화가 나서 그 말을 들어주지 않았다. 홍립은 때를 잘못 만나 자신의 뜻을 펼치지 못함을 한탄하매 분함을 못 이겨 목숨을 끊고 싶은 마음이었다.

병인년(1626) 가을, 누르하치가 영원위[66]에서 패하고 돌아와 죽

---

65. **최유崔濡** 고려 공민왕 때의 역신逆臣. 몽고 이름은 티무르부카이다. 충혜왕 때 벼슬에 불만을 품고 원나라로 가서 그 신하가 되었다. 원나라의 기황후奇皇后를 설득해 공민왕을 폐위하고 덕흥군德興君을 왕으로 세우기로 하고 1364년(공민왕 13) 압록강을 건너 고려를 공격했으나, 이성계李成桂의 군대에 패주하여 돌아갔다. 그 뒤 원나라 황제에게 고려 정벌을 재차 청하다가 도리어 탄핵을 받고 고려에 압송되어 처형당했다.
66. **영원위寧遠衛** 명나라가 산해관山海關 북쪽 200리 지점의 요녕성 영원성寧遠城 일대에 두었던 군 부대의 이름.

었다. 아들 홍타이지[67]가 군주의 자리를 이어받았다. 홍타이지는 새로 즉위하여 도움 받을 곳이 없었으므로 조선과 화의를 맺고자 하여 이 일을 홍립과 의논하였다. 홍립이 이렇게 말했다.

"조선의 군신君臣이 입술과 이처럼 남조와 찰싹 붙어 있어 사신 한 사람을 보내는 것만으로는 단기간 내에 화의를 맺기 어려울 것입니다. 철기병 수만을 보내 싸움을 벌인 뒤에 화의를 도모하는 것이 최선의 방법입니다. 동쪽으로 조선과는 화친을 맺고 남쪽으로 남조와는 전쟁을 벌인다는 계책 때문에 그동안 대사를 이루지 못한 것이 참으로 한스럽습니다. 조선과 전쟁하는 것의 이로움은 앞서 논한 바와 같으니, 지금 바로 시행하실 것을 청합니다. 일이 혹 뜻대로 이루어지지 않는다면 그때 가서 화의를 추진해도 늦지 않을 것입니다."

홍타이지가 고개를 끄덕이며 말했다.

"나는 대업을 계승하고 선왕의 뜻을 좇아 옛 신하를 기용하려 하오. 선친은 선생의 계책을 써서 전쟁에서 승리할 수 있었소. 선생이 우리나라에 충성을 다 바쳤음은 짐이 이미 가슴 깊이 새겨두고 있소. 지금 조선과 우호를 유지하는 것은 선친의 뜻인데, 조

---

67. **홍타이지** 청나라 태종太宗. 누르하치의 여덟째 아들로, 1626년 부친의 뒤를 이어 후금의 군주가 되었다. 1635년 내몽골을 점령하여 원나라의 옥새를 얻은 것을 계기로 국호를 청淸이라 고쳤다. 1637년에는 조선을 침공하였으며, 중국에도 종종 침입했으나 중국 진출의 꿈은 이루지 못한 채 죽었다. 국가조직의 정비에 힘을 기울여 청나라의 기초를 확립하는 데 공적이 컸다.

선을 침공하자는 선생의 말이 시종 이처럼 간곡하니 필시 생각이 있어서일 것이오. 조선과 우호 관계를 유지하여 서로 돕고 지내자는 것이 선친의 유지이고, 조선을 침략하여 복속시키자는 게 선생의 계책이니, 이제 이 둘을 모두 시도해 보겠소. 만일 하늘의 도움을 입어 쉽게 조선을 이긴다면 장방창의 고사[68]처럼 하리다. 그러니 선생은 사양하지 말고 군대를 거느리고 가 조선을 치도록 하시오. 선생으로서는 금의환향하는 일이고, 짐으로서는 장차 중원을 공략하는 데 큰 힘을 얻게 될 것이오. 만의 하나 조선의 왕과 하늘을 걸고 맹세하여 길이 우호 관계를 맺는다면 동쪽에 대한 근심을 덜고 남쪽으로 중국을 치는 데 전념할 수 있을 것이오. 이는 선친께서 내게 남겨 주신 만세토록 무궁한 이익을 얻는 방책이오. 조선에 출정하는 군대에 대한 모든 권한을 선생께 맡기겠소. 가서 힘써 주시오!"

마침내 두 왕자에게 명을 내려, 날랜 기병 3만을 선발하고 홍립을 장군으로 삼아 조선으로 가게 했다. 한윤은 군대의 앞에서 길을 안내하는 역할을 맡았다. 홍타이지는 군대를 출발시키기에 앞서 홍립을 침실로 부르더니 금으로 만든 인수[69] 하나를 손수 건네

---

**68. 장방창의 고사** 남송南宋 때인 1126년 금金나라가 송나라의 수도 변경汴京을 함락하여 황제인 흠종欽宗과 상제上帝인 휘종徽宗을 잡아 북으로 가자, 흠종의 신하였던 장방창張邦昌은 금나라의 책봉을 받아 초楚나라 황제가 되었다. 조선 침략에 성공한다면 장차 강홍립을 조선 왕으로 책봉하겠다는 뜻에서 한 말이다.

며 이렇게 말했다.

"선생께서는 이것을 차고 가도록 하시오."

홍립이 두 손으로 받아 인수에 적힌 글귀를 보고는 몹시 놀라며 기뻐했다. 즉시 꿇어앉아 이렇게 말했다.

"이 일은 대사大事이니 누설하지 않고 가만히 마음에만 담아 두겠습니다. 일이 성공한다면 삼가 사직社稷을 받들어 따를 것이요, 혹 뜻대로 되지 않는다면 화의만 이루어도 족하겠습니다."

홍타이지가 말했다.

"선생의 말씀이 옳소."

홍립이 집으로 돌아오자 소씨가 문을 나서 홍립의 옷자락을 잡으며 이렇게 말했다.

"낭군께서 조선으로 돌아가시고 나면 저는 앞으로 어찌해야 할까요?"

홍립이 말했다.

"마음을 편히 가지도록 하오. 내 곧 당신을 조선 왕비의 예로써 맞이하겠소. 잠시 떨어져 있는 것뿐이니 공연히 슬퍼하지 말구려."

한윤이 홍립에게 말했다.

---

69. **인수**印綬  황제 이하 고위직 관원의 관직이나 작위를 표시하는 도장 및 도장의 고리에 맨 끈. 고위직 관원은 관직에 임명될 때 인수를 받아 항상 몸에 지니고 다녔다.

"저와 대감은 모두 조선 때문에 부모님을 잃은 슬픔을 안고 있습니다. 이번에 가서 남김없이 복수하십시다!"

홍립이 말했다.

"이야말로 내가 밤낮으로 절치부심하던 일이야!"

이윽고 홍립은 오랑캐 장수에게 다짐해 말했다.

"이번 출정에서는 먼저 위엄을 보여 주는 것이 가장 중요하다. 대규모로 살육을 벌여 한양 서쪽을 초토화한 뒤에라야 화의를 이룰 수 있을 것이다."

오랑캐 장수가 말했다.

"함부로 살육하는 것이야말로 우리 군사들이 장기로 삼는 일입니다. 어찌 온 힘을 다하지 않을 까닭이 있겠습니까?"

정묘년(1627) 봄, 후금의 군대는 야밤에 의주를 습격하여 성벽을 넘어 쳐들어갔다. 불의의 습격을 받고 보니 성안의 사람들이 모두 놀라 흩어져 달아났다. 홍립이 급히 오랑캐 군사로 하여금 사면팔방을 포위하게 하고, 바람이 낙엽을 쓸듯 통발로 물고기를 잡듯 성난 눈을 부릅뜨고 어금니를 깨물며 살육을 자행하게 하니, 수만 개의 하얀 칼날이 난무하며 붉은 피가 뿜어져 날리고 사람마다 고통에 못 이겨 목 놓아 울부짖었다. 또 오랑캐 군사들이 말을 몰아 아기들을 낚아채 빈 항아리에 거꾸로 메다꽂자 컥컥 숨넘어가는 소리가 들리더니 잠시 후 소리가 끊어졌다. 항아리가 다 차자 물을 담은 솥에다 아기들을 빠뜨려 놓았는데, 그런 것이

곳곳에 가득했다. 길바닥에 거꾸러진 시체들은 모두 나무못이 등에 박혀 땅을 관통했으니, 그 잔혹한 모습은 차마 말로 다 할 수 없었다. 이날 성안의 남자들은 노소를 불문하고 살아남은 이가 없었고 부녀와 재물은 모조리 능욕당하고 약탈당했으니, 비록 탁발씨[70]가 남서[71] 땅을 유린한 일이나 홍건적이 개성을 약탈한 일도 이보다는 덜 참혹했을 것이다.

오랑캐 장수가 말했다.

"이미 많이 죽였으니 이제 그만두어도 되겠지요?"

홍립이 말했다.

"아직 멀었다. 이 다음의 안주[72]나 평양 등은 모두 많은 군사를 가진 큰 진鎭이다. 조선 정벌의 일은 오직 내가 지휘할 것이니, 틈을 주지 말고 군대를 휘몰아 진격하라!"

이윽고 능한산성[73]에 이르렀다. 성안의 군사들은 오랑캐 기병이 들판을 온통 뒤덮은 채 성을 향해 달려오는 것을 보고는 싸워 보지도 않고 달아났다. 홍립이 오랑캐 군사들을 독려하여 사방에서 포위망을 좁히며 성안의 모든 사람을 삽시간에 도륙하니, 그

---

70. **탁발씨** 후위後魏 곧 북위北魏를 말한다. 남북조 때 북조北朝의 하나로, 선비족의 탁발씨拓跋氏가 세운 나라이다.
71. **남서南徐** 남북조 때 남조南朝 송宋의 지명. 지금의 강소성 진강시鎭江市 지역.
72. **안주安州** 평안도의 지명.
73. **능한산성** 평안북도 곽산郭山의 능한산凌漢山에 있던 성.

참상은 말로 형용할 수 없는 지경이었다.

청천강 서쪽 강가에 이르러 오랑캐 장수가 말했다.

"두 곳에서 죽인 것만으로도 위엄을 세우기에 충분합니다. 안주에 사람을 보내 화의를 하는 것이 어떻겠습니까?"

홍립이 말했다.

"한번 그래 볼까."

이에 후금에 함께 투항했던 무인武人 박난영을 안주로 보냈다. 박난영이 안주 성문을 두드리고 강화하자는 뜻을 전하자, 병마절도사 남이흥[74]은 병마우후[75] 박명룡[76]으로 하여금 성 위에 올라가 이렇게 대답하게 했다.

"적에게 목이 잘릴 장군은 있어도 강화할 장군은 없다!"

박난영이 오랑캐 군영으로 돌아오자 홍립이 버럭 성을 내며 말했다.

"조선이 아직도 깨닫지 못하는구나. 더 도살해야겠다!"

병사들을 몰아 곧장 성으로 치고 들어가 동북쪽을 함락시키니, 남이흥은 안주목사安州牧使 김준[77]과 함께 망루望樓에 앉아 분신 자

---

74. **남이흥南以興** 조선 인조 때의 무신으로, 이괄의 난을 진압하는 데 공을 세워 의춘군宜春君에 봉해졌다. 정묘호란 때 후금군과 싸우다가 분신자살하였다.
75. **병마우후兵馬虞候** 병마절도사를 보좌하는 종3품의 무관 벼슬.
76. **박명룡朴命龍** 인조 때의 무신으로, 정묘호란 때 평안도 병마우후로 안주에서 격렬한 전투를 벌이다 전사했다.

결하였다. 성안의 모든 사람들은 노소를 불문하고 울부짖으며 이리저리 달아났다. 홍립과 한윤이 각각 오랑캐 병사들을 독려하여 풀 베듯 사람을 살상하게 하니, 시체가 거리를 메우고 피가 도랑에 흘러넘쳤다. 난도질이 거의 끝나 갈 무렵, 홍립과 한동네에 살던 사람 하나가 경포수[78]로서 안주성을 지키러 와 있다가 홍립이 말달리며 사람들을 뒤쫓아가 죽이는 것을 보고는 홍립의 말 앞을 막아서며 소리쳤다.

"사또께선 우리나라 사람이면서 어찌 죽이는 걸 금하지 않으십니까?"

홍립이 말했다.

"내 너와는 한동네에 살아 옛정이 없지 않으니, 내 말고삐를 잡고 나를 돕는다면 죽음은 면하게 해 주겠다. 나의 9족이 몰살당했기에 복수하러 왔거늘, 내가 무슨 이유로 죽이는 걸 금하겠느냐?"

그 사람이 깜짝 놀라며 말했다.

"이 무슨 말씀이십니까? 대부인大夫人께서는 천수天壽를 누리시고 몇 년 전에 돌아가셨고, 나머지 가족은 모두 무고하십니다. 유

---

77. **김준**金浚  인조 때의 무신으로, 이괄의 난 때 임진강 상류의 영평산성永平山城을 수비했고, 난이 평정된 뒤 의주부윤을 거쳐 안주목사가 되었다. 정묘호란 때 안주성을 사수하다 성이 함락되자 처자와 함께 분신 순국하였다.
78. **경포수**京砲手  서울의 각 군영에 소속된 포수砲手.

언비어를 믿지 마십시오!"

홍립이 발을 구르며 말했다.

"뭐라고? 그럴 리가 있나?"

그 사람이 말했다.

"진창군[79]께서는 지금 조정에서 벼슬하고 계시고 사또의 아드님도 여전히 옛집에 계시니, 다른 분들이야 말할 나위가 있겠습니까?"

홍립이 그제야 깨닫고 이렇게 말했다.

"한윤이란 놈에게 속아 이 지경에 이르렀구나!"

마침내 오랑캐 장수를 급히 불러 당장 면사기[80]를 세우고 살육을 그치게 한 뒤, 한윤을 매우 꾸짖고는 그와의 관계를 끊었다.

얼마 뒤 평양과 황강[81] 등에 있던 조선의 병력이 지레 겁을 먹고 흩어져 천 리 길이 무인지경이라는 소식을 듣고는 기뻐하며 말했다.

"이번 행군에서는 조선 팔로八路를 마음껏 휘젓고 다녀도 근심할 일이 없겠구나!"

---

79. **진창군晉昌君** 강홍립의 숙부인 강인姜絪을 말한다. 선조~인조 때의 문신으로, 임진왜란 때 임금을 호종한 공으로 진창군에 봉해졌고, 정묘호란 때에는 회답사回答使로 적진을 왕래하며 협상을 벌였다.
80. **면사기免死旗** 투항하는 자는 죽이지 않는다는 표시의 깃발.
81. **황강黃岡** 황해도 황주.

급히 평양에 이르러 4대문에 방문榜文을 붙였는데, 그 내용은 다음과 같았다.

팔도 도원수 후금 대장군 강홍립은 이곳의 부형父兄들과 병졸, 백성 및 그 밖의 문무 관리들에게 알린다. 우리가 대군을 일으킨 것은 도탄에 빠진 조선 백성을 구하고 편안한 삶을 살게 하기 위해서이니, 다른 마음을 품지 말고 두려워 말며 각자 편안히 생업에 종사하도록 하라. 산림 속에, 그리고 도시에 재주를 품고 있으면서도 펼쳐 보이지 못한 자가 반드시 있을 것이며, 공명功名에 뜻을 둔 자 또한 반드시 있을 것이다. 지금 스스로 떨쳐 일어나 씩씩하고 용감한 자를 규합하여 우리 군대로 오라! 우리 함께 세상에 다시없는 큰 공훈을 세우고 영원히 빛나는 명성을 얻도록 하자. 원근에 이 소식을 알려 일제히 한목소리로 호응하라!

홍립은 애당초 방문을 붙이는 곳마다 인재들이 다투어 모여들 것이라 생각했지만, 며칠이 지나도록 쥐 죽은 듯 조용하여 아무도 응하는 자가 없었다. 홍립은 이렇게 탄식했다.

"조선 사람들은 내가 여기 있는 줄 알지 못하는가? 호걸이 이리로 오지 않으니 참으로 한스럽구나!"

곁에 있던 한윤이 손뼉을 치며 말했다.

"어리석구나, 홍립이여! 그토록 많은 사람을 죽였거늘 대체 누가 너를 따르려 하겠느냐? 나는 네가 장차 뭘 하려고 하는지 모르겠다."

홍립이 노하여 말했다.

"살인한 것은 내 본심이 아니라 모두 네가 그렇게 만든 것이다. 하지만 한강까지 진격해 말에게 한강 물을 먹이니, 그렇게 되면 대사는 정해진다."

그러고는 박난영의 아우 규영葵英을 평양성을 지키는 장수로 삼아 병력을 일부 남겨 두고, 마침내 진군하여 황해도 평산平山에 이르렀다. 하지만 오랜 비로 땅이 진창이 되어 한동안 그곳에 머물며 출발하지 못했다.

조정에서는 홍립이 오랑캐 군대의 전권을 쥐고 있다는 소식을 듣고 홍립의 숙부 강인姜絪을 오랑캐 진영에 보내 화의를 추진하는 회유책을 폈다. 원수元帥 장만[82] 또한 홍립에게 편지를 보내 이런 말을 전했다.

"인경[83] 형제의 벼슬은 예전 그대로이고, 오직 대부인께서만 불행히 돌아가셨을 뿐일세."

---

82. 장만張晩  선조~인조 때의 문신으로, 도승지·함경도 관찰사 등을 역임한 뒤 이괄의 난을 진압한 공로로 옥성부원군玉城府院君이 되었다. 정묘호란 때 병조판서로 있으면서 적을 막지 못한 죄로 유배되었다가 후에 관직을 회복하였다.
83. 인경仁卿  강인의 자字.

얼마 뒤 강인이 오랑캐 군영에 이르러 홍립을 만났다. 강인은 온 집안이 무고하다는 소식을 알리고 홍립이 조선 사람을 함부로 살육한 일을 꾸짖더니, 눈물을 흘리며 이렇게 말했다.

"부모의 나라를 등져서는 안 된다. 하늘이 내려다보시는 것 또한 지엄하다. 조정에 들어가 앞서 지은 잘못을 속죄하는 수밖에 방법이 없다."

홍립은 잘못을 깊이 뉘우치고, 밤에 사람을 시켜 인수印綬를 강물에 던져 버리게 한 뒤 탄식했다.

"대사는 한낱 꿈으로 돌아가고 내 한 몸에 재앙만 쌓였구나!"

마침내 오랑캐 장수에게 주선하여 행재소[84]를 왕복하며 강화조약을 맺은 뒤 오랑캐 병력을 후퇴시켰다. 실로 모든 일이 홍타이지의 당초 뜻대로 이루어진 것이었다. 홍립은 오랑캐 장수와 헤어지며 이렇게 말했다.

"내가 후금으로 돌아가면 조선으로 하여금 후금을 중시하게 할 수 없지만, 조선에 남아 있으면 그 일을 할 수 있소."

한윤을 돌아보니 온갖 금은보석을 쌓아 놓고 미모의 젊은 여인들과 노래와 춤에 능한 여인들, 음률에 정통한 자들을 두루 모아 곁에 둔 채 오랑캐 땅으로 돌아가 즐길 계획을 세우고 있었다. 홍립이 부러운 마음이 들어 한윤에게 말했다.

---

84. **행재소**行在所  임금이 임시로 머무는 별궁別宮. 당시 인조仁祖는 강화도에 피신해 있었다.

"당초 조선으로 떠나오던 날, 아녀자들을 얻게 되면 똑같이 나누기로 약속하지 않았나? 내 잠시 조선에 머물러 있을 예정이지만 결국은 후금으로 돌아갈 거야. 지금 내 아내는 혼자 외로이 지내고 있으니, 자네가 내 처에게 그 반을 나누어 주면 외로운 생활에 반려가 될 것이요 이로써 내가 돌아오기를 기다릴 수 있을 거야. 지난날 우리가 진실한 마음으로 약속했던 일이니, 나를 배신하지 말게."

그러자 한윤이 눈을 치켜뜨고 꾸짖었다.

"네가 먼저 약속을 저버리고 나와의 관계를 끊었으면서 나더러 약속을 지키라고? 가족에 연연해 스스로 낙원을 버리다니, 너는 어쩌면 그리도 어리석단 말이냐? 나는 후금으로 돌아가 음악을 들으며 붉은 치마폭에 취해 살다 편안히 죽을 테니, 그것으로 족하다. 지금 너는 미망에 사로잡혀 깨닫지 못하지만, 언젠가 내 말을 떠올리며 조선에 남은 것을 후회할 날이 올 거다."

홍립이 놀라 이리저리 생각하는 중에 다시 돌아가고자 하는 마음이 일어났으나, 숙부가 만류하는 데다 오랑캐 장수가 조선에 남을 것을 허락하므로 다시 돌아가겠다고 하기도 어려운 상황이라 가슴만 답답할 따름이었다.

홍립은 행재소로 와 화의를 맺어 전쟁을 종식시키고 그 공을 자랑했다. 주상께서 홍립을 위로하고 칭찬하더니, 이렇게 물으셨다.

"경卿이 오랑캐 땅에 머문 지가 오래인데, 홀로 살았는가?"

홍립이 일어나 절하고 말했다.

"신臣은 굴욕을 참고 오랑캐 조정에 머물며 스스로 목숨을 끊지 못했거늘, 어찌 감히 방종하여 거듭 잘못을 범하겠습니까?"

이때 생원生員 윤형지[85]라는 이가 격렬한 상소를 올렸는데, 그 내용은 대략 다음과 같다.

> 투항한 죄는 끝까지 추궁할 수 없다 해도, 살육한 죄는 결단코 용서할 수 없습니다. 강홍립을 극형에 처해 온 나라의 분을 조금이나마 씻게 하기를 청합니다.

그 말이 몹시 격렬하여 사람들이 매우 통쾌하게 여겼다.

홍립이 10년 만에 귀국하여 옛집을 찾아가니, 눈길 닿는 것마다 기쁨이 되고 슬픔이 되어 가슴이 먹먹하였다. 하지만 조정 사람들 중 홍립에게 안부를 묻는 이는 아무도 없었고, 친척과 벗들도 서로 경계하며 일절 홍립의 집에 출입하지 않으니, 홍립은 몹시 부끄럽고 한스러웠다. 부모님의 묘에 가 절하고자 했더니, 숙부 강인이 큰 소리로 꾸짖었다.

---

85. 윤형지尹衡志  인조 때의 문신. 정묘호란 때 왕을 강화도에 호종하고 후금과 화의를 맺어서는 안 된다는 내용의 상소를 올렸다. 1629년에 문과에 급제했다.

"너는 인륜을 저버리고 조상을 욕되게 했다. 오랑캐에게 투항한 놈이 무슨 면목으로 부모의 묘에 간단 말이냐? 형수님은 여자이건만 임종 때 무슨 말씀을 하셨는 줄 아느냐? '너는 옛 책을 읽어 의리를 알진대, 왜 어미가 지하에서 눈을 감지 못하리라는 걸 생각지 못하는지'라고 하셨다."

홍립은 가슴속에서 문득 한 가닥 양심이 꿈틀거렸다. 지난 잘못을 뉘우치며 부끄러움에 죽고 싶은 마음뿐이었다.

한편 어느 날 『충렬록』[86]이란 책을 가져와 보여 주는 이가 있었다. 홍립은 그 책에 실린 「김장군전」의 뒤에 붙인 서敍[87]라는 글을 읽다가, "한연년은 전사했지만 이릉은 목숨을 구걸했고,[88] 채도공이 지키던 성이 함락되었건만 조경종은 수수방관하였네"[89]라는 대목에 이르러 책을 덮고 크게 탄식하며 말했다.

---

86. **『충렬록』**忠烈錄　김응하의 장렬한 전사戰死를 기리기 위해 편찬된 책. 영의정 박승종朴承宗이 엮어 광해군 13년(1621)에 간행하였다.
87. **'「김장군전」의 뒤에 붙인 서**敍　「김장군전」金將軍傳은 박희현朴希賢이 김응하를 기리기 위해 지은 전傳이다. 『충렬록』의 가장 핵심적인 글로, 김응하를 나라에 충성을 다한 영웅으로 미화하고, 강홍립은 오랑캐와 내통해 항복한 비겁한 인물로 폄하해 그렸다. '「김장군전」의 뒤에 붙인 서'는 이재영李再榮이 지은 글로, 「김장군전」의 뒤에 첨부되어 있다.
88. **한연년은 전사했지만~목숨을 구걸했고**　한연년韓延年과 이릉李陵은 모두 한나라 무제武帝 때의 무장으로, 함께 흉노와 싸웠으나 한연년은 전사하고 이릉은 흉노에게 투항하였다. 이릉은 그 뒤 흉노 왕의 딸을 아내로 맞아들이고 우교왕右校王이 되어 흉노의 군사 및 정치 고문 역할을 했다.
89. **채도공이 지키던~조경종은 수수방관하였네**　채도공蔡道恭과 조경종曹景宗은 모두 양梁나라 무제武帝 때의 무장이다. 채도공이 사주자사司州刺史로 있을 때 위魏나라 군사의 공격을 받아 사주성司州城이 포위되기에 이르렀다. 이웃 영주郢州의 자사刺史로 있던 조경종이 영주 성문을 굳게 잠근 채 도와주지 않고 성안에서 사냥을 즐겼던 탓에 결국 사주성은 함락되고 말았다.

"아아, 너무 심하구나!"

또 책에 삽입된 그림[90]을 보니, 김응하는 홀로 혈전血戰을 벌이다 힘이 다하자 절개를 지켜 죽는 모습이 그려져 있었다. 반면 강홍립과 김경서는 무릎을 꿇고 오랑캐 장수 앞에 엎드려 절하는 모습이었고 그 곁에는 갑옷과 무기가 산처럼 쌓여 있었는데, 그 모습이 마치 눈앞의 장면처럼 또렷하게 그려져 있었다. 이 그림을 본 홍립은 안색이 흙빛으로 변하며 몹시 마음 아파했다. 또 그 책의 끝에는 7언 율시律詩 두 수가 쓰여 있었는데, 제목은 「오랑캐에게 투항한 원수元帥를 조롱함」이었다. 그 시는 다음과 같다.

임금이 원수로 임명한 건 승리하라는 뜻인데
적 앞에서 어찌 그리 몸을 사리나.
사는 게 급하니 임금의 은혜 대수롭잖고
목숨을 구걸하니 오랑캐의 기운 높아만 가네.
절개와 의리 하루아침에 허물어지고
만고의 인륜도 무너지고 말았네.

❦❦❦

90. **삽입된 그림** 『충렬록』은 광해군 때인 1621년에 처음 간행되어 인조반정 이후 개정·증보되었는데, 후대본에는 4개의 그림이 첨부되어 있다. 적을 만나 진을 벌인 모습을 그린 〈우적파진도〉遇賊擺陣圖, 버드나무에 기대 적에게 활을 쏘는 모습을 그린 〈의류사적도〉倚柳射賊圖, 죽은 뒤에도 칼을 쥐고 있는 모습을 그린 〈사후악검도〉死後握劒圖, 두 장수가 투항하는 모습을 그린 〈양수투항도〉兩帥投降圖가 그것이다.

산에 뼈를 묻어도 치욕은 묻히지 않나니
저승에 가 무슨 낯으로 선조宣祖 임금 뵈려나?[91]

성현聖賢의 글 읽은 사람 대체 누군가
고관대작高官大爵 잘도 해 먹었구나.
말 타길 우습게 알더니 집안 망하게 했고
오랑캐에 투항해 신하가 되었네.
예전엔 요순堯舜의 신하 되길 꿈꾸더니만
지금은 오랑캐 옷 입어 짐승이 되었네.
기개 있는 선비[92]를 순절하게 했으니
홀로 조선 만대에 비웃음 받으리.

홍립은 시를 읽다 머리를 긁적이며 이렇게 자책했다.
"남들이 하는 말이 이 지경에 이르렀으니 부끄러워 죽겠구나!"
마침내 고향 집에 틀어박혀 문을 닫아걸고 일절 바깥출입을 끊은 채 허공을 향해 탄식하며 눈물을 흘렸는데, 미치광이가 된 듯 실성한 듯 했다. 홍립은 이렇게 중얼거렸다.
"천 칸 대궐 같은 집에 만금의 재물과 꽃 같은 미인이 있었건

---

91. **저승에 가~임금 뵈려나** 강홍립이 선조 때 처음 벼슬에 나아갔기에 한 말이다.
92. **기개 있는 선비** 김응하를 말한다.

만, 주군의 은혜와 아내의 사랑을 포기하고 인수印綬를 강물에 던져 버렸다. 숙부의 말씀만 아니었다면 어찌 이 지경에 이르렀겠나? 한윤의 말이 옳았어."

이때 오랑캐 땅에 있던 소씨는 홍립이 조선에 머무르며 돌아오지 않는다는 말을 전해 듣고는 울면서 홍타이지에게 간청하여 조선으로 달려왔다. 소씨는 곧장 서울에 이르렀는데, 조정에서는 소씨를 붙잡아 서울 근교에 머물게 한 뒤 명나라 장수의 처분을 기다렸다. 소씨는 손수 편지를 한 통 써 정성스럽게 봉하고는 100냥으로 사람을 사서 홍립에게 전하게 했다. 홍립이 편지를 받아 보니 분 향내가 나고 눈물 자국이 역력하여 아내의 슬퍼하고 원망하는 모습이 눈에 선했다. 편지 내용은 대략 이러했다.

> 저는 깊은 규방에서 자라 일찍부터 여인이 지켜야 할 정절을 배웠습니다. 그러나 팔자가 기구한 탓에 졸지에 난리를 만나 오랑캐 땅에 잡혀 오게 되었지요. 오랑캐에게 욕을 당할까 눈물이 마를 날이 없었는데, 뜻하지 않게 낭군을 만났습니다. 고국을 떠나온 우리 두 사람의 마음이 서로 통해 평생 고락을 같이하며 해로할 것을 하늘과 바다에 맹세했었지요. 굳은 언약을 했건만, 예기치 못한 큰일이 생겨 우리의 행복은 깨어지고 말았어요. 일이 마음처럼 되지 않아 한번 이별한 뒤 돌아오지 않으시니, 낭군의 다정한 목소리가 자

나 깨나 귓가에 맴돕니다. 낭군을 그리는 마음은 흐르는 강물처럼 언제나 동쪽을 향하고, 해 질 녘 서쪽에 비가 내리면 꿈결에 당신을 찾아갑니다. 어떡하나요? 약수[93]는 아득히 건널 수 없는 저 먼 곳에 있으니. 사랑하는 마음 가없건만 하늘에 하소연할 수도 없네요. 낭군의 약속은 무쇠처럼 단단하고, 제 마음은 바위처럼 흔들리지 않을 거예요. 다시 뵙기 어렵고, 꿈길에서도 좀처럼 만나 뵐 수 없네요. 속절없이 시간은 흐르는데 저는 홀로 외로이 지냅니다. 죽으면 의당 혼이 산에 흩어져 피 얼룩이 진 상수의 대나무[94]가 되겠지요. 황천에 가기 전엔 다시 만날 길이 없을 듯하니, 편지를 앞에 두고 오열합니다. 글로 마음을 다 전하지 못합니다.

홍립은 편지를 다 읽자 눈물을 펑펑 쏟았다. 그러고는 미친 듯이 울부짖으며 소씨가 있는 곳으로 달려가고자 뛰쳐 일어났으나, 집안의 아이종 하나가 홍립을 가로막았다. 그러자 홍립이 말했다.

"내가 임금 앞에서 10년 동안 오랑캐 땅에서 혼자 살았다고 했으니, 온 세상 사람들이 나를 어찌 보겠느냐? 필시 임금을 속였

---

93. **약수弱水** 전설상의 강 이름. 험난하여 건널 수가 없다고 한다.
94. **상수의 대나무** 순舜임금이 죽자 그 두 비妃인 아황娥皇과 여영女英이 상수湘水에 빠져 죽었는데, 그들이 죽은 뒤 물가에 피눈물 자국이 있는 대나무가 자라났다는 전설이 있다. '상수'는 중국 호남성에 있는 강 이름.

다며 중죄를 내릴 것이다. 더구나 이 편지에는 죽음을 기약하는 말이 있으니, 내 어찌 세상에 얼굴을 들고 천하의 조롱을 받을 것이며 어찌 지하의 외로운 혼을 저버릴 수 있단 말이냐! 저승으로 따라갈 뿐이다."

마침내 식음을 전폐하더니 병들어 누운 지 열흘 만에 세상을 떴다. 임종할 때 홍립은 아이종에게 이렇게 말했다.

"내 일찍 과거에 급제하여 조정의 요직을 두루 거쳤건만, 만년이 기구하여 세상 사람들이 딱하게 여기는 처지가 되었다. 착한 사람에게 복이 돌아가고 악한 자에게 재앙이 돌아가는 것은 하늘의 이치다. 내가 평생 한 일을 모두 기억하기는 어렵지만, 유독 생각나는 것은 내가 나이 어려 한창 혈기 방장할 때 사헌부와 사간원을 드나들며 누가 나를 조금만 언짢게 해도 반드시 그를 해코지한 일이 한두 번이 아니었다는 사실이다. 하늘이 그 일 때문에 내게 이런 앙갚음을 하는 것일까? 저 높은 곳에서 하늘이 굽어보시니, 사람은 속일 수 있을지언정 하늘은 속이지 못하겠구나."

말을 마치자 두 눈 가득 눈물이 고이더니 돌연 숨을 거두었다.

진창군 강인이 곡하고 선영에 장례 지내는 것을 허락하였다. 지금도 무덤 앞을 지나는 이들은 손가락질하며 '강로姜虜의 무덤'이라고들 한다.

나는 일찍이 강홍립이 선왕[95]의 구신舊臣이면서도 그 은의를 돌아보지 않은 점을 애통히 여겼다. 전군을 이끌고 오랑캐에게 투항한 것이 그의 첫째 잘못이요, 백성을 도살한 것이 둘째 잘못이요, 반역하여 왕위를 찬탈할 마음을 품고 분수에 맞지 않는 일을 바랐던 것이 셋째 잘못이었다. 그러나 나는 그의 행적을 대략 들었을 뿐 자세히 알지는 못했었다. 내가 서쪽으로 묘향산에 갔다가 노승老僧 한 사람을 만났는데, 자못 총명하여 글을 잘 알았다. 얼굴에 화살 맞은 흉터가 있기에 이상해서 그 연유를 물으니 노승은 얼굴을 찡그리며 대답하지 않았다. 계속 물었더니 노승은 이렇게 말했다.

"제가 어렸을 때 산과 물을 좋아하여 진기한 풍경을 두루 찾아다니던 중에 금강산의 한 절에서 강홍립을 만났습니다. 처음 보자마자 서로 친해져서 강홍립의 서기書記 일을 맡아 잠시도 그 곁을 떠난 적이 없었지요. 무오년(1618) 이후 저는 후금을 치러 가는 군대에 끼어 온갖 고생과 위험을 두루 맛보았습니다. 강홍립이 죽자 저는 머리를 깎고 중이 되어 지금에 이른 것입니다."

그러고는 얼굴의 흉터를 가리키며 말했다.

"만약 강홍립이 오랑캐를 끌어들여 조선을 침범하지 않았더라면 부모님이 주신 제 신체가 훼손되었겠습니까?"

---

95. **선왕先王** 선조宣祖를 가리킨다. 강홍립은 선조 때 처음 벼슬하였다.

그렇게 말하고는 눈물을 흘리며 말을 잇지 못했다. 노승은 안주성安州城 아래에서 화살을 맞았던 것이다. 이윽고 무오년(1618)부터 정묘년(1627)까지 일어났던 일의 전말을 하나하나 자세히 이야기해 주었으니, 내가 지금까지 강홍립에 관해 기록한 내용이 바로 그것이다. 노승은 또 이렇게 말했다.

"저와 강홍립은 친형제나 다름없는 사이였으므로 이 일의 전말을 저는 지금껏 비밀로 해 왔습니다. 이제 캐물으시기에 저도 모르게 실토하여 이 일이 제 입에서 나와 그대의 귀로 들어가고 말았군요. 부디 가벼이 퍼뜨리지 말아 주십시오!"

아아! 승려의 무리도 자신의 주인을 저버리지 않거늘, 명문가에서 강홍립 같은 역적이 나온 것은 어째서일까? 온 하늘을 뒤덮을 만한 죄를 지은 자요 천고에 없는 흉악한 자이므로, 말할 게 많아 글이 길어졌다.

숭정[96] 경오년(1630) 가을, 무언자[97]가 쓰다.

---

96. **숭정崇禎** 명나라 의종毅宗의 연호. 1628~1644년.
97. **무언자無言子** 작자인 권칙 스스로를 가리킨다.

• 정생기우기

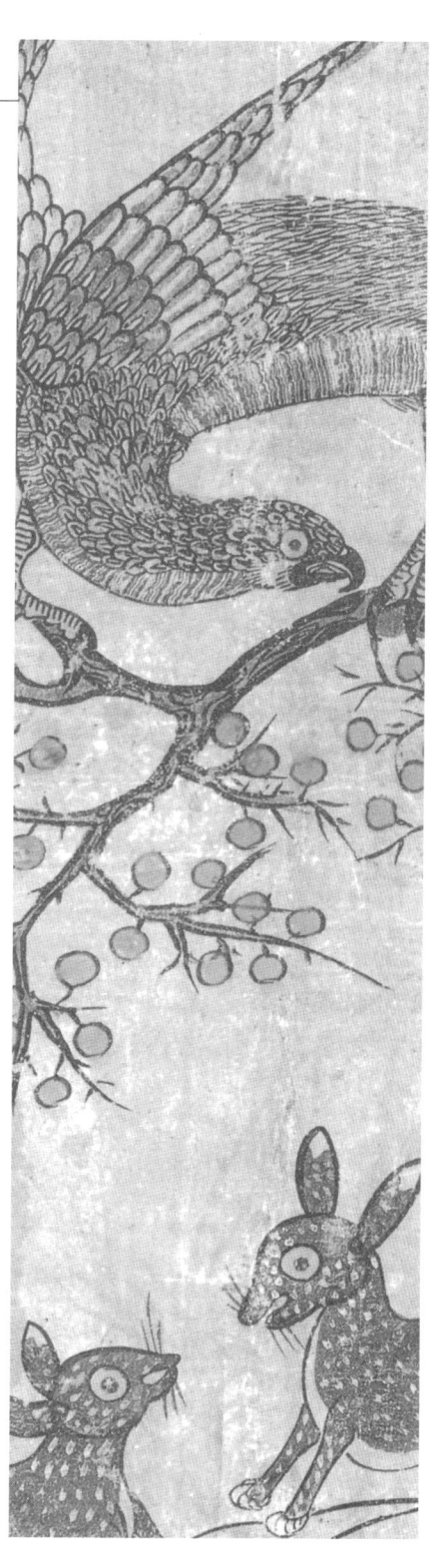

서울에 정생鄭生이란 사람이 있었는데, 본래 높은 벼슬을 지낸 집안 출신으로 낙동[1]에 살았다. 타고난 성품과 기질이 준수하고 고아했으며 재주가 매우 빼어나, 사람들이 기이한 준재로 여겨 '정씨 댁 도련님'이라고들 불렀다.

숭덕[2] 병자년(1636)에 17세의 나이로 광주廣州 이씨李氏와 혼인했다. 처가 역시 명문가였는데, 두 집의 거리는 30리가 채 못 되었다. 혼례 때의 폐백이며 상차림이 극히 화려했다.

정생은 처가에서 며칠 머물며 노닐었다. 때는 12월이었는데, 방 안의 창 옆에 있는 옥매[3]가 막 꽃봉오리를 틔워 가지 가득 눈이 내린 듯했다. 정생은 젊은 기운과 운치가 있었기에 여인을 탐하

---

1. **낙동駱洞** 타락동駝駱洞을 가리킨다. 지금의 서울 중구 충무로 1가 일대에 해당한다.
2. **숭덕崇德** 청나라 태종太宗의 연호. 1636~1643년.
3. **옥매玉梅** 감실龕室에서 기르는 매화. 대개 주위에 휘장을 둘러친다.

는 마음이 일어나 꽃가지를 하나 꺾어 소매 안에 넣어 두었다. 이 날 밤 아내와 나란히 앉아서 꺾은 꽃가지로 장난하며 온갖 즐거움을 다 맛보니, 비록 비취새가 짝 지어 하늘을 날고 원앙새가 쌍쌍이 푸른 물에 노닌다 한들 이보다 정다워 보일 수는 없었다.

이윽고 정생이 혼서⁴를 가져다 읽던 중, 등잔 심지를 자르다 잘못하여 불똥이 혼서에 떨어지는 바람에 글자의 몇몇 자획이 불에 타고 말았다. 정생은 기분이 나빠져 빨리 혼서를 상자 안에 넣어 두라고 하고는 잠자리에 들었다.

새벽에 홀연 들으니, 오랑캐가 서울 가까이 쳐들어와 나라가 위기에 처해 있다는 것이었다. 정생은 깜짝 놀라 급히 일어나서 곧장 성안으로 달려갔다. 그러나 본가에 도착하기도 전에 오랑캐에게 사로잡혀 군중軍中에 있다가 결국 중국으로 들어가게 되었다. 고국으로 돌아오지 못하고 오랫동안 북경北京에 머물러 있어야 했는데, 당시 북경에 억류되어 있던 임경업 장군⁵과도 소식을 주고받을 수 없었다. 오랜 세월이 흐르자 마침내 청나라 조정에서 벼슬하여 관각⁶을 두루 거친 뒤 이부상서吏部尙書에 이르렀으니,

---

4. **혼서婚書** 혼인 때 신랑 집에서 예단과 함께 신부 집으로 보내는 편지.
5. **북경에 억류되어~임경업 장군** 임경업林慶業은 1640년 청나라의 요청에 따라 명나라를 공격하기 위해 출정했는데, 명나라 군대와 내통했다는 혐의로 붙잡혀 청나라로 압송되던 도중 탈출하여 1643년 명나라로 망명했다. 이후 명나라 군대의 총병이 되었으나 남경南京이 함락될 때 청나라 군대에 사로잡혀 북경으로 압송되었다.
6. **관각館閣** 황제의 조칙詔勅 등 조정의 각종 문서를 작성하던 관서를 통칭하는 말.

현명한 사람이라 할 만했다.

　정생의 아내 이씨 부인은 난리가 평정되어 길이 통하자마자 시집으로 달려갔다. 임신하여 아들을 낳았을 뿐 아니라 기운이 온화하고 재주가 총명하므로 며느리에 대한 시부모의 대우가 각별했다. 그러나 깊은 규방에서 홀로 지내노라니 가을 달이 뜨고 봄바람이 불 때마다 헛되이 세월 보내는 것이 늘 마음 아팠고, 이성을 향한 그리움에 마음이 흔들리기도 했다.

　이씨의 아들이 자라 스무 살이 되었다. 경사자집[7]을 죄다 섭렵하고 이른 나이에 과거에 급제해 세상에 이름을 떨치며 높은 벼슬을 두루 역임한 뒤 평안감사에 임명되었으니, 그 존귀함이 대단했다.

　정생은 나이 예순이 넘자 황제에게 상소를 올려 고향으로 돌아갈 것을 청하였다. 황제의 허락을 받아 조선으로 돌아오게 된 정생은 험한 산을 넘고 바닷길을 건너 의주義州를 거쳐 고생 끝에 서울에 도착했다. 하지만 마을 사람들은 모두 예전 사람이 아니었다. 살던 집을 찾아가니 정자와 뒤뜰은 예전 그대로였지만, 살고 있는 사람 가운데 친지는 한 사람도 없었다. 떠돌이 행색으로 의지할 데가 없어 문밖에서 방황하다가 그 집에 사는 사람들에게 물어보니 모두들 이렇게 대답하는 것이었다.

---

7. **경사자집經史子集**　유교 경전, 역사책, 제자백가서諸子百家書, 문집文集의 넷을 일컫는 말.

"정대감 댁은 옛날 그대롭니다. 그 손자 되는 분이 지금 평안감사로 계셔서 가세家勢도 대단하지요."

정생은 매우 기쁘고 자랑스러웠지만, 오랑캐 옷을 입고 있으니 그저 한 사람의 늙은 중으로 보일 뿐이었다. 정생은 당장 가족을 만날 길이 없어 한참을 탄식하였다.

정생이 다시 길을 떠나 평양에 이르니, 평안감사가 있는 곳은 과연 위세가 대단하고 건물도 으리으리해 감히 접근할 수가 없었다. 문밖에 엎드린 채 집 안으로 들어가고자 했으나 발이 떨어지지 않았고, 뭐라고 말을 하고 싶었지만 입이 떨어지지 않았다. 문지기가 이상하게 여겨 물었다.

"너는 뭐 하는 사람이냐? 여기 와서 뭘 하려는 거지?"

정생이 허리를 숙여 인사하고 이렇게 대답했다.

"소승小僧은 묘향산에 오래 살았는데, 마침 억울한 일이 있어 현명하신 사또님께 판결을 받는 것이 소원이기에 천 리를 멀다 않고 이곳을 찾아왔습니다."

문지기가 즉시 뛰어 들어가 사정을 아뢰었다. 잠시 후에 문지기가 다시 나오더니 정생을 데리고 들어가 넓은 뜰에 엎드리게 했다. 예방禮房이 큰 소리로 평안감사의 말을 전했다.

"뜻을 이뤘으니, 무슨 말을 하고 싶은지 아뢰도록 하여라!"

정생이 말했다.

"진정서를 이미 올렸으니 한번 보아 주시기 바라옵니다."

감사가 좌우의 사람들을 물리치고 조용히 진정서를 읽고는 깜짝 놀랐다. 그러나 어떻게 해야 할지 난처하여 한참 동안 아무 말도 못한 채 눈물을 머금고 가슴앓이만 하고 있을 따름이었다. 이윽고 비장[8]과 상의하니 비장은 이렇게 대답했다.

"이 일은 아무런 증거가 없습니다. 이미 40여 년이 지나는 동안 생사를 알 수 없던 사람이 지금 살아 돌아오다니, 믿을 수 없는 일이지요. 근래의 인심이 교활하기 그지없어 어떤 모략을 꾸몄는지 알 수 없으니 입을 막아 버리는 게 좋겠습니다."

감사는 그 말을 옳게 여기고, 정생의 목에 칼을 씌워 옥에 가두었다. 나졸들은 무슨 영문인지 알지 못한 채 정생을 급히 몰아 옥으로 끌고 갔다. 다만 관아 안채의 여종 하나가 이를 보고는 이상한 일이다 싶어 대부인[9]에게 사정을 자세히 전했다.

대부인은 이야기를 전해 듣고 몹시 놀라서 감사를 불러 물었다. 감사는 숨기며 선뜻 말하려 하지 않고 어머니를 마주 보며 눈물을 글썽일 따름이었다. 대부인이 곡진하게 물었다.

"차근차근 말해 내 궁금증을 풀어 다오."

감사가 어쩔 수 없어 그간의 일을 자세히 설명하자 대부인은 놀라움에 가슴이 꽉 막혀 아들을 보며 슬피 오열하였다. 즉시 노

---

8. **비장裨將** 감사監司의 수행원 역할을 하던 무관.
9. **대부인大夫人** 평안감사의 어머니를 가리킨다.

승을 관아 안채로 불러오게 하니 나졸들이 모두 영문을 몰라 괴이하게 여겼다.

정생은 명을 받고 빠른 걸음으로 들어와 섬돌 아래 꿇어앉았다. 대부인이 대청 위에 발을 치고 앉아 물었다.

"난리가 났던 때의 전후 사정을 기억해서 자세히 말해 보시오."

노승이 땅에 엎드려 당시의 사정을 고하는데, 처음부터 끝까지 하나도 틀림이 없었다. 혼서에 불똥이 튀었던 일이며 매화 가지로 장난치던 일까지 두 사람의 기억이 꼭 들어맞았다. 두 사람은 매우 놀라 서로의 손을 잡고 통곡했다. 대부인이 상자 안에 간직해 두었던 혼서와 매화 가지를 꺼내 보여 주자 온 집안 사람이 깜짝 놀랐다. 마침내 정생 부부는 해로偕老하다가 생을 마쳤다.

● 작품 해설

16세기 말과 17세기 초의 동아시아, 특히 한반도와 그 주변은 전란의 소용돌이 속에 휩싸여 있었다. 먼저, 1592년에 임진왜란이 일어났으며, 1597년에 정유재란이 발발하였다. 이 두 전쟁에 이어 1619년에는 명청明淸 교체의 일대 분기점이 된 요동 심하深河의 부차富車 전투가 있었던바, 당시 조선은 명의 요청에 따라 후금後金(훗날의 청나라)의 군대를 격파하기 위해 약 2만 명의 군대를 요동에 파병했었다. 이 전투에서 명의 대군은 괴멸되고, 조선 군사는 대부분 포로가 되고 말았다. 그리고 1627년 정묘호란이 일어났고, 1636년에는 청 태종의 조선 침략, 즉 병자호란이 발발하였다. 병자호란 때 청에 항복한 이래 조선은 청의 강압적인 요구에 따라 명나라를 치는 데 군사를 파견하지 않으면 안 되었다.

이렇듯 16세기 말에서 17세기 초의 시기는 우리 민족이 스스로의 의지와는 무관하게 전쟁의 격랑激浪에 휩싸인 시대였다. 수많은 사람이 전쟁의 희생물이 되어 죽어 갔으며, 설사 살아남은 사람이라 할지라도 피눈물 나는 가족 이산을 겪거나, 가족을 저세상으로 떠나보낸 채 슬픈 삶을 살아가기 일쑤였다.

이 책에 실린 네 편의 작품은 모두 이 시대를 배경으로 삼고 있다. 작품에 따라, 혹은 허구화가 좀 더 진전된 경우도 있고, 혹은 사실에 좀 더 충실한 경우도 있지만, 모두 당대의 민족사적 현실을 바탕으로 창작되었다는 점에서는 차이가 없다. 이들 작품은 전쟁이 얼마나 인간을 불행하고 비참하게 만드는지, 그래서 인간의 행복한 삶을 위해 평화가 얼마나 중차대한 것인지, 그리고 전란이라는 저 극한상황 속에서도 인간이 끝끝내 포기할 수 없는 가치가 무엇인지를 알게 해 준다. 요컨대 우리는 이들 작품을 통해 인간 및 인간 삶의 조건에 대한 이해를 보다 심화시킬 수 있다고 여겨진다.

이 책에 실린 네 편의 작품은 모두 17, 18세기에 창작된 한문 중단편소설로서, 임진왜란과 병자호란이 남긴 상흔을 고스란히 담고 있다. 전란의 소용돌이 속에 내던져진 사람들의 고통과 슬픔, 삶에 대한 회의와 환멸이 그려져 있는가 하면, 그럼에도 포기할 수 없는 희망, 새로운 세계를 위한 비판과 반성이 담겨 있다는 점을 눈여겨볼 필요가 있다.

▪▪▪ 「최척전」崔陟傳은 조위한趙緯韓(1567~1649)이 창작한 작품이다. 조위한은 광해군과 인조 때의 문신으로, 호는 현곡玄谷 혹은 소옹素翁이며, 직제학·공조참판 등의 벼슬을 지냈다. 저서로 『현곡집』玄谷集이 있다. 허균, 권필 등과 절친했는데, 세 사람이 모두 빼어난 소설을 남기고 있다는 점이 흥미롭다. 「최척전」은 『현곡집』에는 실려 있지 않고, 독립된 필사본으로 전한다.

「최척전」은 조선, 중국, 일본, 베트남 등 동아시아의 네 나라를 작품의 무대로 삼고 있는 매우 이채로운 작품이다. 이 작품은 30년 가까운 기간 동안 한 가족이 두 차례의 전란을 겪으며 여러 나라에 흩어져 있다가 천신만고 끝에 재회하는 과정을 대단히 흥미롭게 그려 내고 있다. 전반부에서 최척과 옥영이 혼인에 이르는 과정은 그 자체 한 편의 훌륭한 애정소설이고, 옥영의 활약이 돋보이는 작품의 후반부는 이 작품의 제목을 「옥영전」이라 해도 되겠다는 생각을 갖게 만든다. 박진감 있는 전개 속에, 각각 중국과 일본에 떨어져 있던 부부가 베트남에서 상봉하는 대목, 20년 가까이 서로의 생사를 모르던 아버지와 아들이 이국땅에서 서로의 존재를 확인하는 대목, 옥영이 기지를 발휘해 온갖 위기를 넘기고 중국에서 조선으로 돌아오는 대목 등 극적이자 감동적인 장면이 가득하며, 인물이나 주변 정경의 묘사도 대단히 빼어나다. 이와 같은 빼어난 성취 때문에 「최척전」은 17세기의 수많은 중단편소설 중에서도 손꼽히는 명작으로 평가된다.

만일 뛰어난 영화감독이 있다면, 한반도에서 일어난 전쟁이 한 가족의 삶에 끼친 영향을 동아시아적 스케일 속에서 진지하면서도 흥미로운 방식으로 탐구해 놓고 있는 이 소설을 영화화해도 좋지 않을까.

■■■■ 「김영철전」金英哲傳은 홍세태洪世泰(1653~1725)가 창작한 작품이다. 홍세태는 숙종 때의 문인으로, 유하柳下 혹은 창랑滄浪이라는 호를 사용하였다. 본래 노비 출신인데, 글에 능했으므로 명문가 사대부인 김석주金錫胄가 그 재능을 아깝게 여겨 면천免賤시켜 역관이

되게 하였다. 특히 시에 능했으며, 1682년 통신사通信使를 수행해 일본에 다녀오기도 했다. 문집으로 『유하집』柳下集이 있으며, 중인들의 시를 모아 『해동유주』海東遺珠라는 시선집詩選集을 엮은 바 있다. 「김영철전」은 『유하집』에 실려 있다.

「김영철전」은, 1618년 후금後金을 치기 위해 출정한 도원수 강홍립 부대의 일원으로서 만주에서 후금의 포로가 되었다가 사선死線을 넘어 명나라로 망명한 뒤 다시 천신만고 끝에 조선으로 돌아온 김영철이라는 한 평범한 조선인 병사의 기구한 인생역정을 그린 작품이다. 김영철이 어쩌다가 후금과 명나라에 각각 처자식을 두게 되었지만 그럼에도 끝내 고향 땅을 잊지 못해 돌아오게 되었다는 것, 하지만 고국에 돌아오자 기다리고 있는 건 가난과 한숨뿐이었다는 것에서 작가의 비판적 사회의식을 읽어 낼 수 있다. 디테일이 그리 풍부한 것은 아니나, 흥미로운 사건을 간결한 필치로 비교적 잘 그려 냈다 할 만하다.

••• 「강로전」姜虜傳은 권칙權侙(1599~1667)이 정묘호란 직후인 1630년에 창작한 작품이다. 권칙은 「주생전」周生傳을 지은 권필權韠의 서질庶姪(서얼 조카)이며, 인조·효종·현종 때에 영평현령永平縣令 등의 말단 벼슬을 지낸 바 있다. 외교사절을 따라 명나라와 일본에 다녀온 적도 있다. 문학적 재능이 있었으며, 이 작품 외에도 「안상서전」安尙書傳이라는 소설을 창작한 바 있다. 「강로전」은 국사편찬위원회 소장본, 『동사잡록』東事雜錄 수록본 등이 전한다.

「강로전」은 강홍립을 부정적 주인공으로 내세워 명나라를 숭배하고 청나라를 배척하는 이데올로기를 구현해 놓은 작품이다. 그러나 작품의 이면에는 문벌세족門閥世族의 무능과 전횡, 인재등용의 문제 등 조선의 현실에 대한 통절한 비판이 담겨 있다. 이러한 비판은 서얼이라는 작자의 신분적 처지와 무관하지 않다. 당시 광해군은 명이 쇠망해 가고 있다는 점과 만주의 신흥 세력인 후금의 강성함을 정확하게 간파하고 있었던바, 명과 후금 사이에서 일종의 현실 외교를 펼치고 있었다. 그리하여 강홍립에게 밀지密旨를 내려, 명과 후금이 싸울 때 적당히 관망하다가 후금에 투항하라고 했다고 한다. 이 작품에 서술된 강홍립의 언행은 거의 대부분 허구에 바탕해 있으며, 실제 사실과는 거리가 있다. 이 작품에서 강홍립은 대체로 용렬하고 부정적으로 그려져 있는데, 이는 서인西人의 시각을 반영하고 있다. 강홍립은 대북大北에 속한 인물이며, 대북은 인조반정 때 서인에 의해 전멸되다시피 하였다. 인조반정으로 새로 권력을 장악한 서인이 광해군 때의 집권 세력인 대북의 현실적인 외교 노선을 잘못된 것으로 비판하면서 명나라를 추종하는 노선을 취했다는 사실을 아는 것이 이 작품을 비판적으로 읽는 데 도움이 될 것이다.

▪▪▪▪ 「정생기우기」鄭生奇遇記는 『기설』奇說이라는 이야기책에 실려 전하는, 작자 미상의 작품이다. 「최척전」이 임진왜란으로 인한 가족의 이산과 재회를 그리고 있다면, 이 작품은 병자호란으로 인한 부부의 이별과 재회를 그리고 있다. 이 작품은 「최척전」 같은 명작에 비해 서사 수법이 거칠고 필치도 성글다. 그렇긴 하지만 정생이

평안감사가 된 아들을 찾아와 가족을 되찾기까지의 과정, 매화 가지 하나와 불똥이 튄 혼서가 작품의 앞뒤에서 소설적 통일성을 부여하고 있는 점 등이 흥미롭다.

이 작품은 '숭정'崇禎이라는 명나라 연호 대신 '숭덕'崇德이라는 청나라 태종太宗의 연호를 쓴 점이 특이하다. 정생이 청나라에서 이부상서에까지 올랐다는 설정이나 서술자가 이를 두고 "현명한 사람"이라고 평가한 대목 역시 이와 연관된다고 보이는바, 이런 면모를 통해 이 작품이 조선 후기 사회를 압도하던 '숭명배청'崇明排淸의 이데올로기로부터 어느 정도 벗어난 자리에서 창작되었음을 알 수 있다.

영웅소설을 비롯한 한국 고전소설에서 전쟁은 그 자체로서 탐구의 대상이라기보다 대개 출장입상出將入相하는 주인공이 자신의 능력을 인정받는 계기로서만 의미를 가질 뿐이다. 영웅은 전쟁을 통해 자신의 능력을 만천하에 과시하고 결국 혁혁한 전과를 올리며 승리의 영예를 독차지한다. 따라서 전쟁은 기껏 영웅이 자기를 실현하는 하나의 중요한 기회일 뿐이다. 이런 소설에서 전쟁의 비참함이라든가 전쟁이 인간에게 주는 크나큰 고통과 슬픔 등이 전연 관심의 대상이 되지 못함은 당연한 일이다.

그러나 전쟁이 어디 그런 것인가. 보통 사람들의 시각에서 본 전쟁이 어떠한 것인지는 이 책에 실린 「최척전」이나 「김영철전」 같은 작품에 잘 드러나 있다. 이들 작품의 작자는 전쟁을 '구체적' 맥락 속에, 다시 말해 사회역사적 맥락 속에 위치지우고 있으며, 전쟁이 평범한 인간의 삶과 운명에 어떤 영향을 드리우고 있는지를 진지하면서도 깊이 있게 그리고 있다. 전쟁은 평화의 반대 개념이다. 세계는 현재 그리 평화롭지 않으며, 세계의 곳곳에서 지금 전쟁이 벌어지고 있다. 이들 작품은 우리로 하여금 '평화'에 대해 생각해 보는 기회를 준다는 점에서 적지 않은 의의가 있다고 여겨진다.

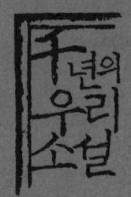

『이상시의 문체 연구』

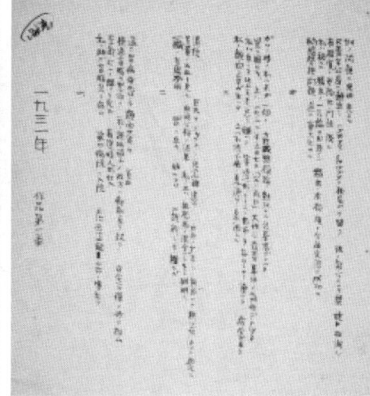
『일문 유고 노트』

『개정 정본 이상문학전집(2)』
(개정판)

| 연도 | 2023년 (86년) | 2024년 (87년) | 2025년 (88년) | |
|---|---|---|---|---|
| 경력 및 활동 관련 | • 조해옥 저술 『이상시의 문체 연구』(소명출판) 발간. | • 조연현 소장 일문 유고 노트 국립한국문학관 기증. | • 김주현에 의해 『개정 정본 이상문학전집』(전3권)이 소명출판에서 발간. | |
| 발표 작품 | | | • 「무제3」, 「무제4」가 『개정 정본 이상문학전집3』(소명출판)에 실림. | |

 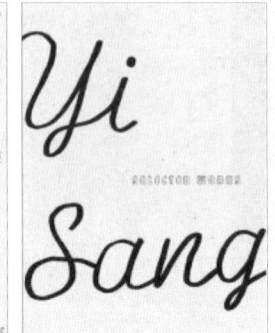 

『이상 문학의 환상성』　　『僕は李箱から文学を学んだ』　　『Yi Sang : Selected Works』　　『이상 시문학의 미적 근대성과 한국 근대문학의 자장들』

| 연도 | 2019년<br>(82년) | 2020년<br>(83년) | 2021년<br>(84년) | 2022년<br>(85년) |
|---|---|---|---|---|
| 경력 및 활동 관련 | • 배현자 저술 『이상문학의 환상성－세계 통찰의 문학적 발현』(소명출판) 발간. | • 윤이형 외, 古川綾子 외역, 『僕は李箱から文学を学んだ』(クオン) 발간. | • 이상 선집 번역서 『Yi Sang : Selected Works』(2020)이 현대언어학회(MLA) 주관 '알도 앤 잔 스칼리오네상' 번역문학 부문에 수상. | • 이성혁 저술 『이상 시문학의 미적 근대성과 한국 근대문학의 자장들』(국학자료원) 발간. |
| 발표 작품 | | | | |

   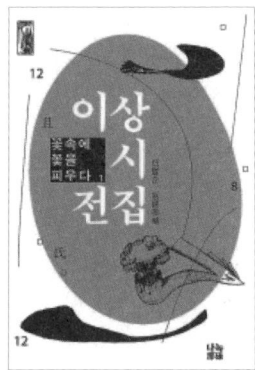

『이상 문학의 방법론적 독해』　『이상평전』　『이상 문학의 재인식』　『이상 시 전집: 꽃속에 꽃을 피우다 1』

| 연도 | 2015년 (78년) | 2016년 (79년) | 2017년 (80년) | 2018년 (81년) |
|---|---|---|---|---|
| 경력 및 활동 관련 | • 방민호 저술 『이상문학의 방법론적 독해』(예옥) 발간. | • 이보영 저술 『이상평전』(전북대출판문화원) 발간. | • 권영민 저술 『이상문학대사전』(문학사상) 발간.<br>• 문학과사상연구회 편 『이상문학의 재인식』(소명출판) 발간.<br>• 신범순 원본주해 『이상 시 전집: 꽃속에 꽃을 피우다 1』(나녹) 발간. | • 박소영 저술 『이상 시의 비극적 에로티시즘』(보고사) 발간.<br>• 박상준 저술 『한국 모더니즘과 이상, 최재서』(소명출판) 발간. |
| 발표 작품 | | | | |

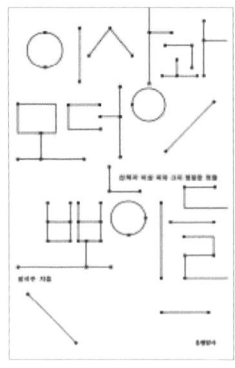
『이상과 모던뽀이들』

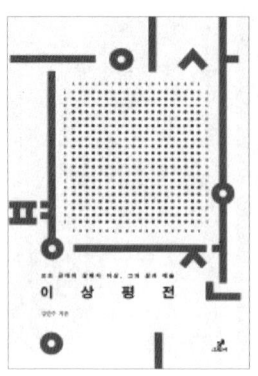
『이상평전』

『13인의 아해가 도로로 질주하오』

『실험과 해체 – 이상문학연구』

| 연도 | 2011년 (74년) | 2012년 (75년) | 2013년 (76년) | 2014년 (77년) |
|---|---|---|---|---|
| 경력 및 활동 관련 | • 장석주 저술 『이상과 모던 뽀이들』(현암사) 발간. | • 권영민 저술 『이상문학의 비밀 13』(민음사) 발간.<br>• 김민수 저술 『이상평전』(그린비) 출간. | • 신범순 저술 『이상문학연구』(지식과교양) 발간.<br>• 권영민 편저 『이상전집』(전4권)이 태학사에서 출간.<br>• 이상문학회에 의해 『13인의 아해가 도로로 질주하오』(수류산방) 발간. | • 김주현 저술 『실험과 해체 – 이상문학연구』(지식산업사) 발간.<br>• 송민호 저술 『이상이라는 현상』(예옥) 발간. |
| 발표 작품 | | | • 『이상전집』 총 4권 간행. | |

   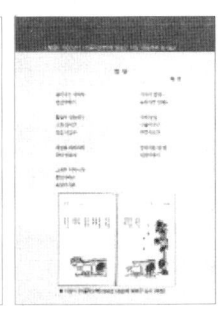 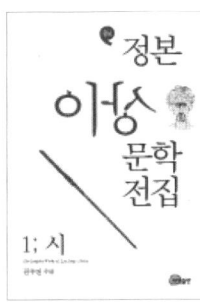

『이상의 무한정원 삼차각 나비』 　　『이상 전집(1)』　　『이상텍스트연구』　　「목장」　　증보『정본 이상문학전집(1)』

| 연도 | 2007년 (70년) | 2008년 (71년) | 2009년 (72년) | 2010년 (73년) |
|---|---|---|---|---|
| 경력 및 활동 관련 | • 신범순 저술 『이상의 무한정원 삼차각 나비』(현암사) 출간.<br>• 신범순 편 『이상의 사상과 예술』(신구문화사) 발간. | • 이상문학회에 의해 『이상 소설 작품론』(역락) 발간. | • 이상문학회에 의해 『이상 시 작품론』(역락) 발간.<br>• 권영민 편저 『이상전집』(전4권)이 뿔(웅진)에서 출간.<br>• 권영민 저 『이상텍스트연구』(뿔) 발간.<br>• 김주현에 의해 『증보 정본 이상문학전집』(전3권)이 소명출판에서 출간.<br>• 신범순 편 『이상문학연구의 새로운 지평』(역락) 발간. | • 김윤식 저술 『이상의 글쓰기론』(역락) 발간.<br>• 조수호 저술 『이상 읽기』(지식산업사) 발간.<br>• 조영남 저술 『이상은 이상 이상이었다』(한길사) 발간<br>• 이상문학회에 의해 『이상수필작품론』(역락) 발간.<br>• 일본 동경 무사시(武藏)대학에서 이상 탄생 100주년 기념 국제학술심포지엄 개최(2010.7.16~17). |
| 발표 작품 | | | • 『이상전집』 총 4권 간행.<br>• 「목장」(『가톨릭少年』, 1936.5)이 『문학사상』(2009.11)에 발굴 소개됨. | |

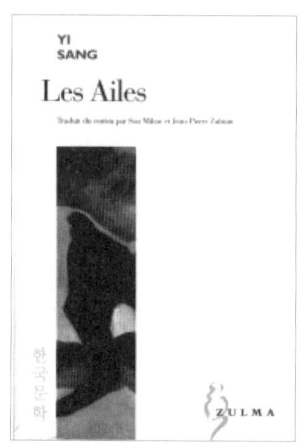

Les Ailes　　　　Perspective  vol de corneille　　　　『정본 이상문학전집(1)』

| 연도 | 2003년<br>(66년) | 2004년<br>(67년) | 2005년<br>(68년) | 2006년<br>(69년) |
|---|---|---|---|---|
| 경력<br>및<br>활동<br>관련 | • 3월 2일 혜화동 대학로 극장에서 「이상의 날개」 연출.<br>• 박황배에 의해 이상 시 「오감도」 등 98편을 스페인어로 번역한 『오감도와 다른 시들』이 베르붐 출판사에서 간행. | • 김종년에 의해 가람기획에서 『이상전집』 전2권이 발행.<br>• 손미혜와 Jean-Pierre Zubiate에 의해 『날개』(「날개」,「봉별기」,「실화」)가 불역되어 프랑스 쥘마 출판사에서 발행.<br>• 김유중 김주현 공편으로 이상 지인들의 이상 회고담을 담은 『그리운 그 이름, 이상』이 발행.<br>• 이상의 부인이던 변동림(수필가 김향안) 별세(2월 29일). | • 손미혜와 Jean-Pierre Zubiate에 의해 이상시전집 『오감도』가 불역되어 프랑스 쥘마 출판사에서 발행.<br>• 김주현에 의해 『정본 이상문학전집』(전3권)이 간행. | • 일본어 이상선집인 『李箱作品集成』이 도쿄 작품사(作品社)에서 발간.<br>• 신범순 편 『이상문학 연구의 새로운 지평』(역락) 발간. |
| 발표<br>작품 | • A vista de cuervo y otros poems | •『이상전집1』,『이상전집2』<br>• Les Ailes | • Perspective  vol de corneille<br>•『정본 이상문학전집』총 3권. | •『李箱作品集成』 |

 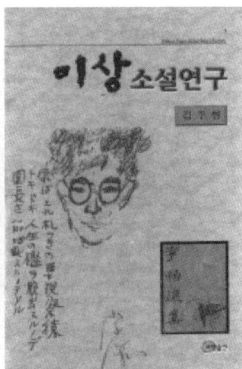 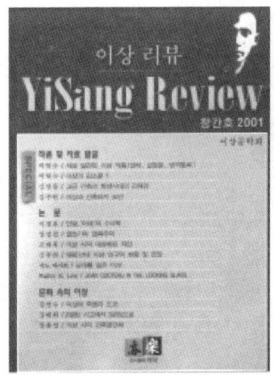 

『이상문학연구60년』　　『이상소설연구』　　『이상 리뷰』 창간호　　『꾿빠이 이상』

| 연도 | 1998년<br>(61년) | 1999년<br>(62년) | 2001년<br>(64년) | 2002년<br>(65년) |
|---|---|---|---|---|
| 경력 및 활동 관련 | • 권영민 편저 『이상문학연구 60년』 이문학사상사에서 간행. | • 이상(李箱)의 시에 얽힌 살인사건을 추적하다가 일제의 음모를 밝혀내는 과정을 그린 영화(건축무한육면각체의 비밀)을 지맥필름에서 제작.<br>• 김주현의 『이상소설연구』 발간. | • 이상문학회에서 연간지 『이상리뷰』 창간. 박현수에 의해 『배의 역사』 및 번역동화 7편 소개.<br>• 김연수에 의해 이상의 유실된 데드마스크와 가상의 시를 토대로 한 『꾿빠이, 이상』이 창작. | • 이상이 살았던 집이 매물로 나와 팔릴 위기에 처하자 김수근 문화재단에서 매입하여 이상의 기념관으로 꾸밀 계획.<br>• 김보나에 의해 이상 대표작 선집(50편의 시와 『날개』)이 불역되어 윌리엄 블레이크사에서 발행.<br>• 김태화의 『이상의 줌과 이미지』 발간. |
| 발표 작품 | | | 배의 역사 | |

이진우의 『오감도』

「날개」 영역

「오감도」 영역

| 연도 | 1993년<br>(58년) | 1994년<br>(59년) | 1995년<br>(58년) | 1997년<br>(60년) |
|---|---|---|---|---|
| 경력 및 활동 관련 | • 이진우가 이상의 삶을 소재로 한 장편 『오감도』를 발표. | • Walter K.Lew에 의해 Lingo에 「오감도」의 시 제1호, 3호, 4호, 5호, 7호 및 「지비」, 「소영위제」가 영역되어 소개. | • Walter K.Lew에 의해 Muae에 「오감도」 시 제2호, 4호, 5호, 13호, 15호, 「거울」, 「명경」, 「지비」, 「꽃나무」, 「매춘」, 「절벽」, 「소영위제」 등의 시와 소설 「봉별기」, 「날개」(서두), 수필 「혈서삼태」(일부)가 영역되어 소개.<br>• 천재 시인 이상과 야수파 꼽추 화가 구본웅, 그리고 기생 금홍의 삼각관계의 로맨스를 그린 시대극 「금홍아 금홍아」를 태흥영화사에서 제작. | • 『문학사상』(10월)이 지령 300호 기념으로 이상 60주기를 맞아 이상 문학을 집중 재조명함. |
| 발표 작품 | • 『이상문학전집－수필』 | | | |

「이상문학전집 – 시」

보성고등학교에 세워진 이상의 문학비

| 연도 | 1989년 (52년) | 1990년 (53년) | 1991년 (54년) | 1992년 (55년) |
|---|---|---|---|---|
| 경력 및 활동 관련 | • 이승훈에 의해 문학사상사에서 이상문학전집(시)이 발간.<br>• 이영지 저술 『이상 시 연구』(양문각) 발간. | • 5월 26일 보성고등학교 교정에 이상의 시비 및 기념비가 건립. | • 김윤식에 의해 문학사상사에서 이상문학전집(소설)이 발간.<br>• 『조선학보』(10월)에 이상의 글 「낙랑파라의 새로움」이 소개됨. | • LA문화원에서 문예특별호로 발간한 *KoreanCulture*에 Walter K.Lew에 의해 「오감도」 10편(오감도 시제 6호, 8호, 11호, 12호, 14호 제외)이 영역되어 실림. |
| 발표 작품 | • 『이상문학전집 – 시』 | | • 『이상문학전집 – 소설』<br>• 樂浪パーラの新らしさ | |

『이상시연구』

『이상연구』

『제13의 아해도 위독하오』

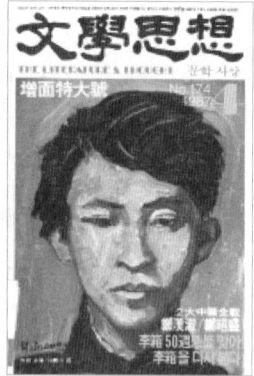
이상 50주기 특집호
(『문학사상』 174호, 1987.4)

| 연도 | 1981년<br>(44년) | 1982년<br>(45년) | 1986년<br>(49년) | 1987년<br>(50년) |
|---|---|---|---|---|
| 경력 및 활동 관련 | | • 김승희에 의해 『제13의 아해도위독하오-이상시전집』이 문학세계사에서 발간. | • 『문학사상』(10월)에서 조연현 선생이 보관중이던 이상 미발표 유고를 부인 최상남이 번역 공개. | • 『문학사상』(4월)에서 이상 50주기 기획특집호를 마련하고, 김옥희 대담과 조용만의 「이상 시대, 젊은 예술가들의 초상」을 실음.<br>• 김윤식의 『이상연구』가 문학사상사에서 출간.<br>• 이승훈의 『이상시연구』가 고려원에서 출간. |
| 발표 작품 | • 『거울속의 나는 외출중-이상 시전집』 | | • 시 : 단상<br>• 수필 : 공포의 기록, 공포의 성채, 야색 | |

『李箱小說全作集』1(문학사상자료연구실 편, 이어령 교주, 갑인출판사, 1977) 표지

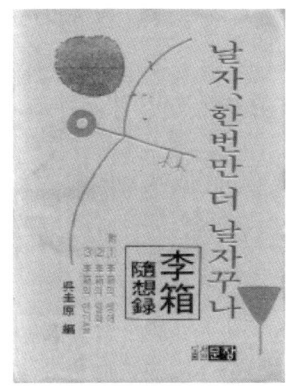

『날자, 한번만 더 날자꾸나』

| 연도 | 1976년<br>(39년) | 1977년<br>(40년) | 1978년<br>(41년) | 1980년<br>(43년) |
|---|---|---|---|---|
| 경력 및 활동 관련 | • 조연현에 의해 이상의 일문 원고 노트가 『문학사상』에 소개되기 시작.<br>• 『문학사상』(3월)에 이상의 유품 파이프 소개.<br>• 『독서생활』(11월)에 이상의 자화상(원래는 쥘 르나르의 『전원수첩』(동경 : 금성당, 1934)의 속표지에 그려졌던 것)과 낙서가 번역 소개 | • 이어령에 의해 갑인출판사에서 이상문학전작집이 간행되기 시작.<br>• 이상(李箱)이 남긴 문학적 업적을 기리며, 이상(李箱)의 작가정신을 계승하고 한국 소설계의 발전을 위해 문학사상사(文學思想社)가 이상문학상을 제정하여 제1회는 김승옥(金承鈺)의 『서울의 달빛 0장』이 선정. | | • 오규원에 의해 이상 문학집이 문장에서 간행되기 시작. |
| 발표 작품 | • 소설 : 불행한 계승<br>• 시 : 단장, 회한의 장, 황의 기, 작품 제3번, 여전준일, 월원등일랑, 각혈의 아침<br>• 수필 : 첫번째 방랑, | • 『이상소설전작집』, 2권 및 『이상수필전작집』 간행. | • 『이상시전작집』 | • 『날자, 한번만 더 날자꾸나 : 이상수상록』 |

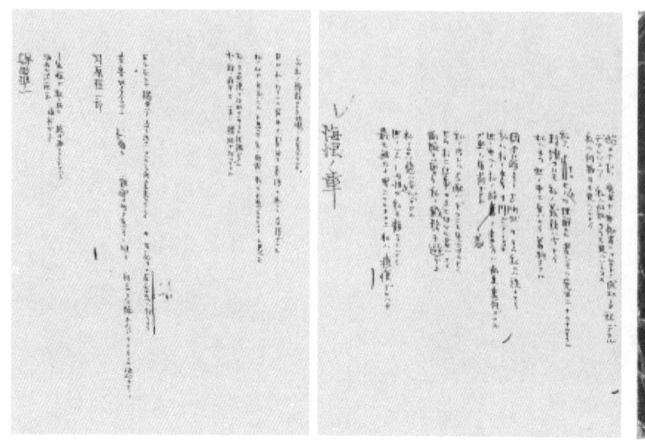

일문 유고시 　　　　『문학사상』 창간호(1972.10.1)

| 연도 | 1961년<br>(24년) | 1966년<br>(29년) | 1972년<br>(35년) | 1974년<br>(37년) |
|---|---|---|---|---|
| 경력<br>및<br>활동<br>관련 | | | • 구본웅이 그린 이상의 초상화가 『문학사상』 창간호(10월)에 실림. | • 고은이 『이상평전』을 민음사에서 상재. |
| 발표<br>작품 | • 시 : 구두, 습작 쇼윈도우 수점<br>• 수필 : 어리석은 석반 | • 시 : 悔恨の章, 애야, 무제, 황 | | |

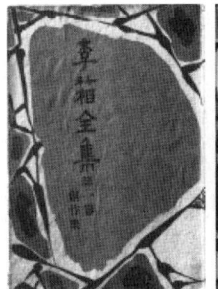  『이상전집』 제1권    『이상전집』 제2권

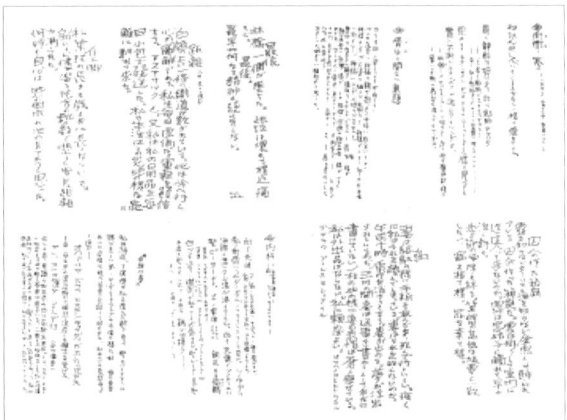
이상 유고시

| 연도 | 1949년<br>(12년) | 1956년<br>(19년) | 1957년<br>(20년) | 1960년<br>(23년) |
|---|---|---|---|---|
| 경력 및 활동 관련 | • 김기림에 의해 『이상선집』이 백양당에서 간행. | • 임종국의 의해 『이상전집』이 태성사에서 간행. 전집에는 『조선과 건축』에 실린 일문시들이 번역 소개되었고, 이상의 사진첩에서 발견된 유고 9편과 넘겨 받은 사신 9편(김기림에게 보낸 편지 7편, 안회남에게 보낸 편지 1편, 동생 운경에게 보낸 편지 1편)도 수록. | • 『국제신문』, 『경향신문』, 『서울신문』, 『연합신문』, 『평화신문』 등에 이상 20주기 글이 실림.<br>• 『평화신문』에는 이상의 자화상이 실림. | • 조연현에 의해 이상의 일문 원고 노트가 발굴되어 『현대문학』에 소개되기 시작. |
| 발표 작품 | • 『이상선집』 | • 시 : 척각, 거리, 수인이 만들은 소정원, 육친의 장, 내과, 골편에 관한 무제, 가구의 추위, 아침, 최후<br>• 수필 : 사신 9편(2~10)<br>• 『이상전집』 총 3권 발행. | | • 시 : 유고, 무제, 1931년<br>• 수필 : 얼마 안 되는 변해, 무제, 이 아해들에게 장난감을 주라, 모색, 무제 |

「종생기」(『조광』, 1937)   「蜻蛉」

| 연도 | 1937년<br>(28세) | 1938년<br>(사후 1년) | 1939년<br>(2년) | 1940년<br>(3년) |
|---|---|---|---|---|
| 경력 및 활동 관련 | • 고국에 있는 문우인 김기림, 안회남, 동생인 김운경에게 서신 보냄.<br>• 2월 중순 일본 경찰에게 '불령선인'으로 체포되어 니시간다서(西神田署)에 수감되었다가 건강악화로 보석(3월 중순)되었으나 4월 17일 동경제대 부속병원에서 생을 마감.<br>• 이상이 죽기 전날(4월 16일)에 그의 조모와 친부가 별세.<br>• 길진섭이 이상의 데드마스크를 만든 것으로 알려져 있으며, 시신은 화장되어 아내 변동림이 그 유해를 가지고 귀국(5월 4일).<br>• 김유정(3월 29일 사망)과 함께 부민관 소집회실에서 합동 추도식(5월15일)이 열렸고, 유해는 6월 10일 미아리 공동묘지에 안장됨. | | • 『청색지』(5월호)에 정인택의 「축방」과 함께 이상의 「자화상」이 소개. | • 김소운이 『젖빛구름』에 이상의 작품 「오감도 시 제1호」「파첩」 등을 일역하여 소개. 특히 여기에는 이상의 산문을 줄여서 시로 만든 「한 개의 밤」, 「청령」도 포함. |
| 발표 작품 | • 소설 : 동해, 황소와 도깨비, 공포의 기록, 종생기<br>• 시 : 파첩<br>• 수필 : 19세기식, 권태, 슬픈 이야기, 오감도 작자의 말 | • 소설 : 환시기<br>• 시 : 무제<br>• 수필 : 문학과 정치 | • 소설 : 실화, 단발, 김유정<br>• 시 : 무제, 실낙원(연작), 최저낙원<br>• 수필 : 병상 이후, 동경 | • 시 : 一つの夜, 蜻蛉 |

연보로 보는 이상 279

「혈서삼태」

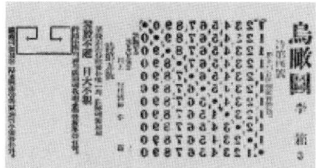
「오감도 시제4호」

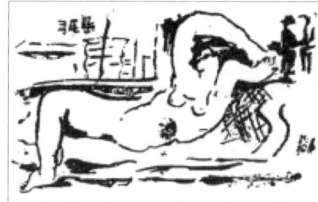
「소설가 구보씨의 1일」의 삽화

「날개」의 삽화

| 연도 | 1933년<br>(24세) | 1934년<br>(25세) | 1935년<br>(26세) | 1936년<br>(27세) |
|---|---|---|---|---|
| 경력 및 활동 관련 | • 총독부 기수직을 사임(3월)<br>• 각혈로 한때 배천온천에 요양하였으며, 이때 금홍을 만나 상경하여 다방 〈제비〉를 개업.<br>• 가톨릭청년지에 「꽃나무」, 「이런시」 등 한글시를 발표. | • 〈구인회〉에 가입하였으며, 박태원, 이태준, 정지용, 김기림 등과 친교가 이뤄짐.<br>• 『조선중앙일보』에 「오감도」를 발표하였으나 독자의 항의로 15회로 연재가 중단됨.<br>• 박태원의 소설 「소설가 구보씨의 일일」에 삽화를 그림. | • 금홍과 3년 동거 생활을 접고 마침내 결별.<br>• 〈제비〉를 폐업하고, 연이어 카페 〈쓰루(鶴)〉, 〈69〉, 〈무기(麥)〉 등의 사업 실패로 경제적 어려움이 가중됨.<br>• 인천 성천 등지를 기행.<br>• 김소운이 발행하던 아동잡지 「신아동」에 「배의 역사」를 싣고, 「목마」에 표지 삽화를 그리고, 또한 송경과 더불어 세계 동화(7편)를 번역함. | • 창문사에 근무하며, 9인회 동인지 『시와 소설』 창간호를 편집하여 발간(3월)하였으며, 김기림의 시집 『기상도』의 장정을 맡아서 발간.<br>• 소설 「날개」를 발표(9월)하여 일약 문단의 총아로 떠오름. 이때 시, 소설, 수필 등 다양한 작품 활동을 함.<br>• 변동림과 결혼하였으며, 10월 중순경에 동경행. 동경에서 3·4문학 동인들과 교유.<br>• 김기림과 서신 교유. |
| 발표 작품 | • 시: 꽃나무, 이런시, 1933.6.1, 거울. | • 소설: 지팡이 역사(轢死)<br>• 시: 보통기념, 오감도(연작), 소영위제<br>• 수필: 혈서삼태, 산책의 가을 | • 시: 정식, 지비<br>• 수필: 문학을 버리고 문화를 상상할 수 없다, 배의 역사, 산촌여정 | • 소설: 지주회시, 날개, 종생기<br>• 시: 지비, 역단, 가외가전, 명경, 위독(연작), I WED A TOY BRIDE<br>• 수필: 나의 애송시, 서망율도, 편집후기, 조춘점묘, 여상4제, 내가 좋아하는 화초와 내 집의 화초, 약수, EPIGRAM, 동생 옥희 보아라, 아름다운 조선말, 행복, 가을 탐승처, 추등잡필 |

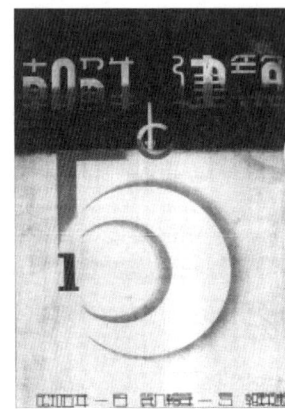  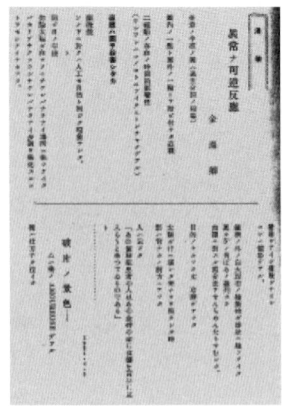

표지 도안 1등(1930.1) 당선작 　　　『12월 12일』의 첫회 (『조선』, 1930.2) 발표본 　　　일문시 「이상한 가역반응」

| 연도 | 1929년<br>(20세) | 1930년<br>(21세) | 1931년<br>(22세) | 1932년<br>(23세) |
|---|---|---|---|---|
| 경력 및 활동 관련 | • 경성고공을 졸업(3월)하고 조선총독부 내무국 건축과 기수(4월)로 일하다가 조선총독부 관방회계과 영선계 기수(11월)로 옮겨 근무. | • 장편 「12월 12일」을 『조선』에 연재.<br>• 여름에 첫 각혈을 한 것으로 알려짐.<br>• 『조선과 건축』 표지 도안 현상 모집에 1등과 3등으로 당선. | • 일문시 「이상한 가역반응」, 「조감도」 등을 『조선과 건축』에 발표.<br>• 조선미술전람회에 「자상」이 입선. | • 「지도의 암실」을 발표.<br>• 백부 김연필이 뇌일혈로 사망(5월 7일). |
| 발표 작품 |  | • 소설 : 12월 12일 | • 시 : 이상한 가역반응, 파편의 경치, ▽의 유희, 수염, BOITEUX×BOITEUSE, 공복, 조감도(연작), 삼차각설계도(연작) | • 소설: 지도의 암실, 휴업과 사정<br>• 시 : 건축무한육면각체(연작). |

연보로 보는 이상　277

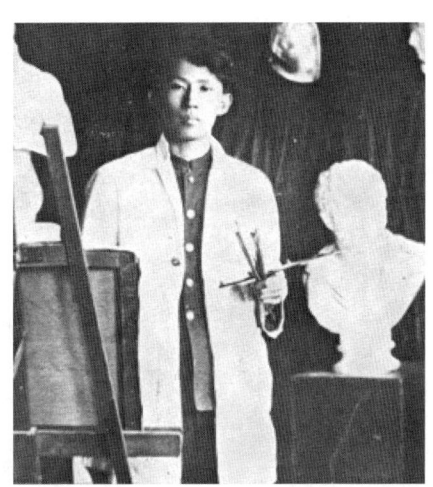

경성고등공업학교
실습실에서의 이상

| 연도 | 1922년<br>(13세) | 1924년<br>(15세) | 1926년<br>(17세) | 1927년<br>(18세) |
|---|---|---|---|---|
| 경력 및 활동 관련 | • 동광학교가 보성고등보통학교에 합병되면서 보성고보 4학년에 편입되었으며, 이헌구, 임화, 원용석 등과 동기가 됨.<br>• 현미빵을 팔며 고학을 했다고 함. | • 교내 미술전람회에 유화 「풍경」을 출품하여 입선하는 등 미술에 뛰어난 재능을 발휘. | • 보성고보를 졸업(3월 5일)하고 경성고등공업학교 건축과에 입학. 재학시 줄곧 뛰어난 성적을 유지. | • 경성고공 회람지 「난파선」의 편집을 주도하였으며 여기에 시작(詩作)을 발표함. |
| 발표 작품 | | | | |

연보로 보는 이상

백부의 집

| 연도 | 1910년<br>(1세) | 1912년<br>(3세) | 1917년<br>(8세) | 1921년<br>(12세) |
|---|---|---|---|---|
| 경력 및 활동 관련 | • 9월 23일(음력 8월 20일) 서울(경성부) 북부 순화방 반정동 4통 6호에서 아버지 김연창(이상의 누이 김옥희에 따르면, 김영창)과 어머니 박세창 사이의 장남으로 태어남. 본명 김해경(金海卿). 본관은 강릉. | • 백부인 김연필의 집에 양자로 감. 이곳에서 24세까지 생활. | • 신명학교(4년제)에 입학(4월). 그림 그리기를 좋아함. | • 신명학교를 졸업하고 동광학교에 입학함. |
| 발표 작품 | | | | |

# 無題

私ノ路ノ前方ニ 一本ノ 標杭ガ打ツテアル

私ノ不道德ガ行刑サレテイル 証據デアル

私ノ心ガ死ンデイルト思ツテ 私ノ肉体ハ動ク必要モアルマイト思ツタ

月ガ私ノ丸クナル背中ヲ 恰モ墓墳ヲ照ラス 氣持デアル

コレガ私ノ惨殺サレタ現場ノ光景デアツタ。

― 발표지면 : 『이상 문학 텍스트 연구』, 1998

シタ

ソノ死兒ノ祖先ハ往昔機関車ヲ轢イテソノ機関車ヲシテ流血淋漓逃ゲ去ラシメタ一世ノ豪傑ダッタト云フコトガ記録サレテイタ

　　　　　九
私ハ第三本目ノ脚第四本目ノ脚ノ設計中 熾ヨリノ「脚ヲ斷ツ」悲報ニ接シ愕然ス

　　　　　十
私ノ室ノ時計突然十三ヲ打ツソノ時 號外ノ鈴ガナル私ノ脱獄ノ記事
不眠症ト睡眠症トニ悶マサレテイル私ハ常ニ左右ノ岐路ニ立ツタ
私ノ内部ニ向ツテ道德ノ記念碑ガ壞レナガラ倒レタ 重傷 世ハ錯誤ヲ傳ヘル
13+1=12　翌日(卽チソノ時)カラ私ノ時計ノ針ハ三本デアッタ

　　　　　十一
三次角ノ餘角ヲ發見ス 次ニ三次角ト三次角ノ餘角トノ和ハ 三次角ト補角ヲナスコトヲ發見ス
人口問題ノ應急手当 確定サル

　　　　　十二
鏡ノ屈折反射ノ法則ハ時間方向留任問題ヲ解決ス——(軌跡ノ光年運算)
私ハ鏡ノ數量ヲ光ノ速度ニ依ツテ計算シタ ソシテ ロケツトノ設計ヲ中止シタ
別報 梨孃 R靑年公爵家傳ノ簾ニ卷カレテ慘死ス
別報 象形文字ニ依ル死都發掘探險隊ソノ機關紙ヲ以テ聲明書ヲ發表ス
鏡ノ不況ト共ニ 悲觀說 擡頭ス

—발표지면:『이상 문학 텍스트 연구』, 1998

私ハ秘カニ 精虫ノ一元論ヲ固持シ 精虫ノ有機質ノ分離實驗ニ成功ス

有機質ノ無機化問題 殘ル

R青年公爵ニ邂逅シCREAM LEBRAノ秘密ヲ聞ク 彼ノ紹介ニヨリ梨孃ト相識ル

例ノ問題ニ光明 見エル


　　　　五

混血兒Y 私トノ接吻ニ依リ毒殺サル

監禁サル


　　　　六

再ビ入院ス 私ハ斯クモ暗憺タル運命ニ直面シ自殺ヲ決意シ秘カニ 一挺ノ匕首(長三尺)ヲ 手ニ入レタ

夜陰ニ乘ジテ私ハ病室カラ脱ケ出タ 狗ガ吠ヘタ 私ハ ココゾトバカリニ 匕首ヲ私ノ臍ニ突差シタ

不幸ニモ 私ヲ逮捕ニ追驅ケテ來タ 私ノ母ガ私ノ背中ニ私ヲ抱イタマゝ 殺害サレテイタ 私ハ無事デアツタ


　　　　七

地球儀ノ上ニ逆立チ シタト云フ理由デ 私ハ 第三インタナショナル黨員タチカラ 袋叩キニサレタ

ソシテ 繰縱士ノナイ飛行機ニ乘セラレタマゝ 空中ニ放サレタ 酷刑ヲ嗤ツタ

私ハ地球儀ニ近ヅク 地球ノ財政裏面ヲ コノ時 嚴密仔細ニ 檢算スル 機会ヲ 得タ


　　　　八

娼婦ノ分娩シタ死兒ノ皮膚一面ニ刺靑ガ施サレテアツタ 私ハ ソノ暗號ヲ解題

# 一九三一年(作品第1番)[1]

　　　　一

私ノ肺ガ盲腸炎ヲ病ム 第四病院ニ入院 主治醫盗難ー亡命ノ噂立ツ
季節后レノ蝶々ヲ見ル 看護婦人形仕入
模造盲腸ヲ制作シ 一枚ノ透明硝子ノ彼方ニ對稱点ヲ設ク 自宅治療ノ妙ヲ極ム
遂ニ胃病併發シテ顔面蒼白 貧血


　　　　二

心臟ノ去處不明 胃ニ在リ 胸ニアリ 二說紛々トシテ糧ラズ
多量ノ出血ヲ見ル 血液分析ノ結果 私ノ血ハ 無機物ノ混合デアルコト 判明ス
退院 巨大ナシヤフトノ紀念碑 建ツ 白色ノ少年ソノ前面ニテ狹心症タメニ斃ル


　　　　三

私ノ顔面ニ草ガ生ヘタ 之ハ不撓不屈ノ美德ヲ象徵スル
私ハ自ラヲ此上モナイ忌ミ嫌ツテ 等邊形コースノ散步ヲ每日トナク續ケタ 疲勞ガ來タ
豈ニ図ルヤ 之ハ 一九三二年五月七日(父ノ死日) 大理石發芽事件ノ前兆デアツタ
ガソノ時ノ私ハ未ダ 一個ノ 方程式無機論ノ 熱烈ナル信奉者デアツタ


　　　　四

腦髓替換問題 遂ニ重大化サル

---

[1] 이 작품을 포함 시 3편(이하 2편)은 『이상 문학 텍스트 연구』(김윤식, 서울대 출판부, 1998)에 실린 유고를 활자화한 것이다. 이 시에 대한 정본전집의 몇 글자 오류를 한 논자(이경훈)를 통해 바로잡았음을 밝혀둔다.

# 悔恨ノ章

最モ無力ナ男ニナルタメニ私ハ痘痕デアツタ
世ノ一人ノ女性モガ私ヲ顧ルコトハナイ
私ノ怠惰ハ安心デアル

兩腕ヲ剪リ私ノ職務ヲ避ケタ
モウ私ニ仕事ヲ云ヒ付ケル者ハナイ
私ノ恐レル支配ハドコニモ見當ラナイ

歷史ハ重荷デアル
世ノ中ヘノ私ノ辭表ノ書方ハ尙更重荷デアル
私ハ私ノ文字ヲ閉ジテシマツタ
圖書館カラノ召喚狀ガモウ私ニハ讀メナイ

私ハモウ世ノ中ニ合ハナイ着物デアル
封墳ヨリモ私ノ義務ハ少ナイ
私ニハナニモノカヲ理解スル苦シミハ完全ニナクナツテイル

私ハ何物ヲモ見ハシナイ
デアレバコソ 私ハ何物カラモ見ヘハシマイ
始メテ私ハ完全ナ卑怯者ニナルコトニ成功シタ譯デアル

― 발표지면:『현대문학』, 1966.7

# 最後

林檎 一個が墜ちた。地球は壊れる程迄痛んだ。最後。
最早如何なる精神も發芽しない。

2.15 カキナホス

― 발표지면 : 『李箱全集』, 1956

# 朝

妻は駱駄の様に手紙を呑んだまゝ死んで行くらしい。疾くに私はそれを讀んでしまっている。妻はそれを知らないのか。午前十時電灯を消さうとする。妻が止める。夢が浮出されているのだ。三月の間妻は返事を書かうとして未だに書けていない。一枚の皿の様に妻の表情は蒼く痩せている。私は外出せねばならない。私に頼めばよい。オマヘノコヒビトヲヨンデヤラウ アドレスモシッテイル

― 발표지면 : 『李箱全集』, 1956

## ◈ 街衢ノ寒サ
― 一九三三年 二月十七日ノ室内ノコト ―

ねをんさいんハさつくすふをンノ様ニ痩セテイル。

青イ靜脈ヲ剪ツタラ紅(アカ)イ動脈デアツタ。
　　――ソレハ青イ動脈デアツタカラデアル――
　　――否! 紅イ動脈ダツテ アンナニ皮膚ニ一埋レテイルト………
見ヨ! ネオンサイン ダツテ アンナニ ジーツトシテイル様ニ見ヘテモ實ハ不斷ニネオンガスガ流レテイルンダヨ。
　　――肺病ミガ サツクスフオーン ヲ吹イタラ 危イ 血ガ檢溫計ノ様ニ
　　――實ハ不斷ニ壽命ガ流レテイルンダヨ。

― 발표지면 : 『李箱全集』, 1956

## ◈ 骨片ニ關スル無題

ヨクモ血ニ染マラナイデ白イマゝ

ペンキ塗リノ 林檎ヲ鋸デ割ツタラ中味ハ白(木)イマゝ

神様タッテペンキ塗リ 細工ガ お好キ ─ 林檎ガイクラ紅クテモ中味ハ白イマゝ。神様ハコレデ人間ヲゴマカサウト。

墨竹ヲ寫眞ニ撮ツテ種板ヲスカシテゴラン ─ 骨骼 様ダ

頭蓋骨ハ柘榴ノ様デイヤ 柘榴ノ陰画ガ頭蓋骨 様ダ(?)

アナタ 生キタ人ノ骨片 見タコト アル？ 手術室デ─ソレハ死ンデイルワ 生キタ骨見タコトアル？ 齒ダ─アラ マア 齒モ骨片カシラ。

ジャ爪モ骨片？

アタシ人間ダケハ植物ダト思フワ

─ 발표지면 : 『李箱全集』, 1956

## ◈ 内科

　　　　　― 自家用福音 ―
　　　　　― 或ハ　エリ　エリ　ラマ　サバクタニ ―

白イ天使　コノ鬚ノ生ヘタ天使ハキユピツトノ祖父様デアル。
　　　　　鬚ノ全然(?)生ヘナイ天使トヨク結婚シタリスル。
ノ肋骨ハ2ダーズ(ン)。一ツ一ツニノツクヲシテ見ル。ソノ中デハ海綿ニ濡レタお湯が沸イテイル。白イ天使ノペンネームハ聖ピーターダト。ゴムノ電線　チンチン　ゴロゴロ　鍵孔カラ偸聴。
　　　　　　　ヌスミ

　　(発信)ユダヤ人の王さまおやすみ?
　　(送信)ツートツートトツーツー(1)・ツートツートトツーツー(2) ツートツートトツーツー(3)

白ペンキ塗リノ磔架デ私ガグンヘお延ビヲスル。聖ピーター君が私ニ三度モ知
　　　　　　クロス
ラナイト云フヤ否ヤ 鶏が羽搏ク……
　　　　　オツト　お湯ヲ　コボシチヤ　タイヘン ―

― 발표지면:『李箱全集』, 1956

# 『肉親の章』

私は24歳。丁度母が私を産んだ齡である。聖セバスチアンの様に美しい弟・ローザルクサムブルグの木像の様な妹・母は吾等三人に孕胎分娩の苦樂を話して聞かせた。私は三人を代表して―遂に―

**オカアサマ ボクラ モスコシキョウダィガホシカッタンデス**

―遂に母は弟の次の孕胎に六個月で流産した顚末を告げた。

**アレハ オトコダッタンダ コトシデ19** (母の溜息)

三人は各々見識らぬ兄弟の幻の面貌を見た。― コノクライモ大 ― と形容する母の腕と拳固は痩せている。二回もの咯血をした私が冷淸を極めている家族のために早く娶らうと焦る氣持であった。私は24歳 私も母が私を産んだ様に ― 何か産まねばと私は思ふのであった。

― 발표지면 : 『李箱全集』, 1956

## 囚人の作つた箱庭

露を知らないダーリヤと海を知らない金魚とが飾られている。囚人の作つた箱庭だ。雲は何うして室内に迄這入つて來ないのか。露は窓硝子に觸れて早や泣く許り。

季節の順序も終る。算盤の高低は旅費と一致しない。罪を捨て様。罪を棄て様。

― 발표지면 : 『李箱全集』, 1956

# 距離 (女 去りし場合)

白紙の上に一條の鐵道が敷かれている。此は冷へ行く心の圖である。私は毎日虛僞な電報を發信する。アスアサツクと。又私は私の日用品を毎日小包で發送した。私の生活はこの災地の樣な距離に馴れて來た。

— 발표지면:『李箱全集』, 1956

# 隻脚

松葉杖の長さも歳と共に長くなっていった。

新らしい儘溜る片方の靴の數で悲しく歩いた距離が測られた。

何時も自分は地上の樹木の次のものであると思った。

― 발표지면 : 『李箱全集』, 1956

今にも星が見え出すのではないか

私はそれを見ようとはしない

そして　草の上の一點をみつめる。


底ひない色を湛へて

沸流江は　重だるく居坐るかのやうに見える。

わが身も千斤

動くよすがもない。

— 발표지면 : 『乳色の雲』, 1940

# 一つの夜

淺瀬は滔々と波の音さへ立てゝ
沸流江は流れてゐる。
その江面に　かげろふのやうな紫色の層が出來る。


十二峰の高さに遮られて
私の佇んでゐるところから遙か後方までも既に黄昏てゐる。
薄暮を縫ふ如く
地下へ地下へと沈む河流は黒く冷たい。


十二峰のあひ間から
赭く染まつた夕燒雲が覗かれる。


鐘が鳴る。


不幸よ
いま江邊に　黄昏の影
地に長く曳いて さらに長い不幸よ
しめやかに若妻の窓帷を閉づる如く
私は眼をつぶる、都落ちの一人の落魄者。


あたりはすつかり暮れた、
十二峰の　あひ間あひ間に

# 蜻 蛉

　觸(さは)れば手の先につきさうな　紅(あか)い鳳仙花

　ひらひらと　今にも舞(ま)ひ出(で)さうな　白い鳳仙花

　もう心持ち南を向いてゐる　忠義一遍の向日葵(ひまわり)——

　この花で飾られてゐるといふゴツホの墓は　どんなに美しいでせうか。


　山は　晝日中(ひるひなか)眺めても

　時雨(しぐ)れて　濡(ぬ)れて見えます。


　ポプラは村の指標のやうに

　少しの風にも　あのすつきりした長身を

　抛物線に曲げながら　眞空(しんくう)のやうに澄んだ空氣の中で

　遠景を縮小してゐます。


　身も羽も輕々と　蜻蛉が飛んでゐます

　あれは本當に飛んでゐるのでせうか

　あれは眞空の中でも飛べさうです

　誰かゐて　眼に見えない糸で操つてゐるのではないでせうか。


— 발표지면: 『乳色の雲』, 1940

## ◇ 眞　　晝 ── 或るESQUISSE ──

**ELEVATER FOR AMERICA**

○

三羽の鷄は蛇紋石の階段である。ルンペンと毛布。

○

ビルデイングの吐き出す新聞配達夫の群。都市計劃の暗示。

○

二度目の正午サイレン。

○

シヤボンの泡沫に洗はれてゐる鷄。蟻の巣に集つてコンクリヒトを食べてゐる。

○

男を轢那ぶ石頭(コイシ)。

男は石頭を屠獸人を嫌ふ様に嫌ふ。

○

三毛猫の様な格好で太陽群の隙間を歩く詩人。

コケコツコホ。

　途端 磁器の様な太陽が更(マタ)一つ昇つた。

―발표지면 : 『朝鮮と建築』, 1932.7

## ◇ 且8氏 の出發

龜裂の入つた莊稼泥地に一本の棍棒を挿す。

一本のまま大きくなる。

樹木が生える。

　　　以上 挿すことと生えることとの圓滿な融合を示す。

沙漠に生えた一本の珊瑚の木の傍で豕の様なヒトが生埋されることをされることはなく 淋しく生埋することに依つて自殺する。

滿月は飛行機より新鮮に空氣を推進することの新鮮とは珊瑚の木の陰鬱さをより以上に増すことの前のことである。

　**輪不輾地**　展開された地球儀を前にしての設問一題。

棍棒はヒトに地を離れるアクロバテイを教へるがヒトは了解することは不可能であるか。

**地球を掘鑿せよ。**

同時に

**生理作用の齎らす常識を抛棄せよ。**

一散に走り 又 一散に走り 又 一散に走り 又 一散に走る ヒト は 一散に走ることらを停止する。

沙漠よりも靜謐である絶望はヒトを呼び止める無表情である表情の無智である一本の珊瑚の木のヒトの脖頸(クビ)の背方である前方に相對する自發的の恐懼からであるがヒトの絶望は靜謐であることを保つ性格である。

**地球を掘鑿せよ。**

　同時に

**ヒトの 宿命的發狂は棍棒を推すことであれ***

　　* 事實且8氏は自發的に發狂した。そしていつの間にか且8氏の溫室には隱花植物が花を咲かしていた。涙に濡れた感光紙が太陽に出會つては白々と光つた。

僕は雪白に曝露された骨片を搔き拾ひ始めた。

「肌肉は以後(アト)からでも着くことであらう」

剝落された膏血に對して僕は斷念しなければならなかつた。

Ⅱ 或る警察探偵の秘密訊問室に於ける

嫌疑者として擧げられた男子(オトコ)は地圖の印刷された糞尿を排泄して更にそれを嚥下したことに就いて警察探偵は知る所の一つを有たない。發覺されることはない級數性消化作用　人々はこれをこそ正に妖術と呼ぶであらう。

「お前は鑛夫に違ひない」

因に男子の筋肉の斷面は黑曜石の樣に光つてゐたと云ふ。

Ⅲ 號外

**磁石收縮し始む**

原因頗る不明なれども對內經濟破綻に依る脫獄事件に關聯する所多々有りと見ゆ。斯道の要人鳩首秘かに研究調査中なり。

開放された試驗管の鍵は僕の掌皮に全等形の運河を掘鑿してゐる。軈て濾過された膏血の樣な河水が汪洋として流れ込んで來た。

Ⅳ

落葉が窗戶を滲透して僕の正裝の貝釦を掩護する。

　暗　殺　

地形明細作業の未だに完了していないこの窮僻の地に不可思議な郵遞交通が旣に施行されてゐる。僕は不安を絶望した。

日曆の反逆的に僕は方向を失つた。僕の眼睛は冷却された液體を幾切にも斷ち剪つて落葉の奔忙を懸命に帮助していなければならなかつた。

　（僕は猿猴類への進化）

診斷 0:1

26・10・1931

以上　責任醫師　李箱



◇ 二十二年


前後左右を除く唯一の痕跡に於ける

**翼段不逝 目大不覩**

胖矮小形の神の眼前に我は落傷した故事を有つ。

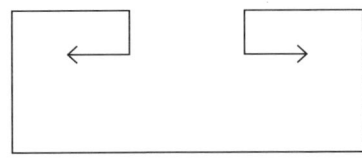

(臟腑 其者は浸水された畜舎とは異るものであらうか)



◇ 出　版　法


I

虛僞告發と云ふ罪目が僕に死刑を言渡した。樣姿を隱匿した蒸氣の中に身を構へて僕はアスフアルト釜を睥睨した。

— 直に關する典古 — 則 —

其父攘羊 其子直之

僕は知ることを知りつつあつた故に知り得なかつた僕への執行の最中に僕は更に新いものを知らなければならなかつた。

上から降りなかつた下から昇らなかつた上から降りなかつた人。

あのオンナの下半はあのオトコの上半に似てゐる。(僕は哀しき邂逅に哀しむ僕)

四角な箱棚が歩き出す。(ムキミナコトダ)
ケエス

ラヂェエタアの近くで昇天するサヨホナラ。

外は雨。發光魚類の群集移動。


◇ 熱河略圖 No.2(未定稿)


1931年の風雲を寂しく語つてゐるタンクが早晨の大霧に赭く錆びついてゐる。
　　　　　　　　　　　　　　　　　　　アサ

客棧の炕の中。(實驗用アルコホルランプが灯の代りをしてゐる)

ベルが鳴る。

小孩が二十年前に死んだ温泉の再噴出を知らせる。


◇ 診斷 0:1


或る患者の容態に關する問題。
1234567890・
123456789・0
12345678・90
1234567・890
123456・7890
12345・67890
1234・567890
123・4567890
12・34567890
1・234567890
・1234567890

# 建築無限六面角體

李　箱

◇ AU MAGASIN DE NOUVEAUTES

四角の中の四角の中の四角の中の四角 の中の四角。

四角な圓運動の四角な圓運動 の 四角 な 圓。

石鹼の通過する血管の石鹼の匂を透視する人。

地球に倣つて作られた地球儀に倣つて作られた地球。

去勢された襪子。(彼女のナマヘはワアズであつた)

貧血緬。アナタノカホイロモスヅメノアシノヨホデス。

平行四邊形對角線方向を推進する莫大な重量。

マルセイユの春を解纜したコテイの香水の迎へた東洋の秋。

快晴の空に鵬遊するZ伯號。蛔蟲良藥と書いてある。

屋上庭園。猿猴を眞似てゐるマドモアゼル。

彎曲された直線を直線に走る落體公式。

文字盤にXIIに下された二個の濡れた黄昏。

ドアアの中のドアアの中の鳥籠の中のカナリヤの中の嵌殺戶扉の中のアイサツ。

食堂の入口迄來た雌雄の樣な朋友(トモ)が分れる。

黒インクの溢(コボ)れた角砂糖が三輪車に積荷(ツマ)れる。

名刺を踏む軍用長靴。街衢を疾驅する造花金蓮。

上から降りて下から昇つて上から降りて下から昇つた人は下から昇らなかつた

視覺のナマエは人と共に永遠に生きるべき數字的である或る一點である、視覺のナマエは運動しないで運動のコヲスを持つぼかりである。

――

　視覺のナマエは光を持つ光を持たない、人は視覺のナマエのために光よりも迅く逃げる必要はない。

　視覺のナマエらを健忘せよ。

　視覺のナマエを節約せよ。

　人は光よりも迅く逃げる速度を調節し度々過去を未來において淘汰せよ。

一九三一、九、一二

― 발표지면 : 『朝鮮と建築』, 1931.10

光を樂しめよ、光を悲しめよ、光を笑へよ、光を泣けよ。

　光が人であると人は鏡である。

　光を持てよ。

　――

　視覺のナマヱを持つことは計畫の嚆矢である。視覺のナマヱを發表せよ。

□ オレノのナマヱ。

△ オレの妻のナマヱ（既に古い過去においてオレのAMOUREUSEは斯くの如く聰明である）

　視覺のナマヱの通路は設けよ、そしてそれに最大の速度を與へよ。

　――

　ソラは視覺のナマヱについてのみ存在を明かにする（代表のオレは代表の一例を擧げること）

　蒼空、秋天、蒼天、靑天、長天、一天、蒼穹（非常に窮屈な地方色ではなからうか）ソラは視覺のナマヱを發表した。

4 一千九百三十一年九月十二日生。

4 陽子核としての陽子と陽子との聯想と選擇。

　原子構造としてのあらゆる運算の研究。

　方位と構造式と質量としての數字の性狀性質に依る解答と解答の分類。

　數字を代數的であることにすることから數字を數字的であることにすることから數字を數字であることにすることから數字を數字であることにすることへ(1234567890の疾患の究明と詩的である情緒の棄場)

　(數字のあらゆる性狀　數字のあらゆる性質　このことらに依る數字の語尾の活用に依る　數字の消滅)

　算式は光と光よりも迅く逃げる人とに依り運算せらること。

　人は星—天體—星のために犧牲を惜むことは無意味である、星と星との引力圏と引力圏との相殺に依る加速度函數の變化の調査を先づ作ること。

一九三一、九、一二

◇ 線に關する覺書 7
　空氣構造の速度—音波に依る—速度らしく三百三十メートルを模倣する(何んと光に比しての甚だしき劣り方だらう)

4 ▼ 4 ▼

數字の力學

時間性(通俗思考に依る歷史性)

速度と座標と速度

4 + ▼

▼ + ▲

4 + ▶

▶ + 4

e t c

　人は靜力學の現象しないことゝ同じくあることの永遠の假設である、人は人の客觀を捨てよ。

　主觀の體系の收歛と收歛に依る凹レンズ。

4　第四世

聯想は處女にせよ、過去を現在と知れよ、人は古いものを新しいものと知る、健忘よ、永遠の忘却は忘却を皆救ふ。

　來るオレは故に無意識に人に一致し人よりも迅くオレは逃げる新しい未來は新しくある、人は迅く逃げる、人は光を通り越し未來において過去を待ち伏す、先づ人は一つのオレを迎へよ、人は全等形においてオレを殺せよ。

　人は全等形の體操の技術を習へよ、さもなければ人は過去のオレのバラバラを如何にするか。

　思考の破片を食べよ、さもなければ新しいものは不完全である、聯想を殺せよ、一つを知る人は三つを知ることを一つを知ることの次にすることを已めよ、一つを知ることの次は一つのことを知ることをなすことをあらしめよ。
　人は一度に一度逃げよ、最大に逃げよ、人は二度分娩される前に××される前に祖先の祖先の祖先の星雲の星雲の星雲の太初を未來において見る恐ろしさに人は迅く逃げることを差控へる、人は逃げる、迅く逃げて永遠に生き過去を愛撫し過去からして再びその過去に生きる、童心よ、童心よ、充たされることはない永遠の童心よ。

一九三一、九、一二

◇ 線に關する覺書 6

數字の方位學

彈丸が一圓壔を走つた(彈丸が一直線に走つたにおける誤謬らの修正)

正六砂糖(角砂糖のこと)

瀑筒の海綿質塡充(瀑布の文學的解說)　　一九三一、九、一二


◇ 線に關する覺書 5

　人は光よりも迅く逃げると人は光を見るか、人は光を見る、年齡の眞空において二度結婚する、三度結婚するか、人は光よりも迅く逃げよ。

　未來へ逃げて過去を見る、過去へ逃げて未來を見るか、未來へ逃げることは過去へ逃げることゝ同じことでもなく未來へ逃げることが過去へ逃げることである。擴大する宇宙を憂ふ人よ、過去に生きよ、光よりも迅く未來へ逃げよ。

　人は再びオレを迎へる、人はより苦いオレに少くとも相會す、人は三度オレを迎へる、人は苦いオレに少くとも相會す、人は適宜に待てよ、そしてフアウストを樂めよ、メヱフイストはオレにあるのでもなくオレである。

　速度を調節する朝人はオレを集める、オレらは語らない、過去らに傾聽する現在を過去にすることは間もない、繰返される過去、過去らに傾聽する過去ら、現在は過去をのみ印刷し過去は現在と一致することはそのことらの複數の場合においても同じである。

らしめなかつたことにあることを思ふと樂しい、幾何學は凸レンズの樣な火遊びではなからうか、ユウクリトは死んだ今日ユウクリトの焦點は到る處において人文の腦髓を枯草の樣に燒却する收歛作用を羅列することに依り最大の收歛作用を促す危險を促す、人は絶望せよ、人は誕生せよ、人は誕生せよ、人は絶望せよ）

一九三一、九、一一

◇ 線に關する覺書 3

```
       1  2  3
    1  ●  ●  ●
    2  ●  ●  ●
    3  ●  ●  ●

       3  2  1
    3  ●  ●  ●
    2  ●  ●  ●
    1  ●  ●  ●
```

∴ $nPn = n(n-1)(n-2) \cdots\cdots (n-n+1)$

（腦髓は扇子の樣に圓迄開いた、そして完全に廻轉した）

一九三一、九、一一

◇ 線に關する覺書 4

　　　　　（未定稿）

1+3

線上の一點　A

線上の一點　B

線上の一點　C


A+B+C=A

A+B+C=B

A+B+C=C


二線の交點　A

三線の交點　B

數線の交點　C


3+1

1+3

1+3　　3+1

3+1　　1+3

3+1　　3+1

1+3　　1+3

1+3

3+1


（太陽光線は、凸レンズのために收歛光線となり一點において燦々と光り燦々と燃えた、太初の僥倖は何よりも大氣の層と層とのなす層をして凸レンズた

かなら人の發明は秒毎六〇〇〇〇〇キロメートル逃げられないことはキツトない。それを何十倍何百倍何千倍何萬倍何億倍何兆倍すれば人は數十年數百年數千年數萬年數億年數兆年の太古の事實が見れるじやないか、それを又絶えず崩壞するものとするか、原子は原子であり原子であり原子である、生理作用は變移するものであるか、原子は原子でなく原子でなく原子でない、放射は崩壞であるか、人は永劫である永劫を生き得ることは生命は生でもなく命でもなく光であることであるである。

臭覺の味覺と味覺の臭覺

　(立體への絶望に依る誕生)
　(運動への絶望に依る誕生)
　(地球は空巢である時封建時代は涙ぐむ程懷かしい)
　　　　　　　　　　　　一九三一、五、三一、九、一一


◇ 線に關する覺書 2


1+3

3+1

3+1　　1+3

1+3　　3+1

1+3　　1+3

3+1　　3+1

3+1

# 三次角設計圖

金海卿

◇ 線に關する覺書 1

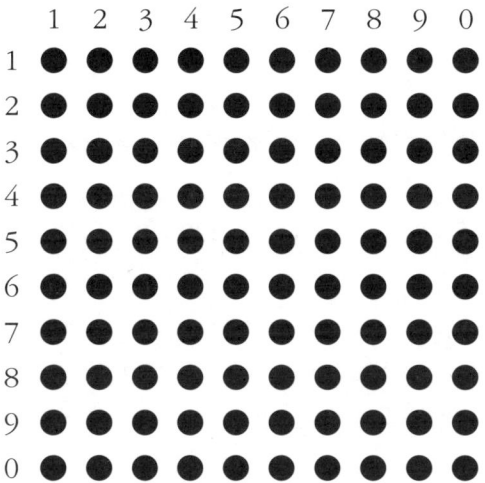

（宇宙は冪に依る冪に依る）

（人は數字を捨てよ）

（靜かにオレを電子の陽子にせよ）


スベクトル


軸X　軸Y　軸Z


速度etcの統制例へば光は秒毎三〇〇〇〇〇キロメートル逃げることが確

天使の興行は人目を惹く。

　人々は天使の貞操の面影を留めると云はれる原色寫眞版のエハガキを買ふ。

　天使は履物を落して逃走する。

　天使は一度に十以上のワナを投げ出す。

　日暦はチヨコレヱトを増す。

　ヲンナはチヨコレヱトで化粧するのである。

　ヲンナはトランクの中に泥にまみれたヅウヲヅと一緒になき伏す。ヲンナはトランクを持ち運ぶ。

　ヲンナのトランクは蓄音機である。

　蓄音機は喇叭の様に赤い鬼青い鬼を呼び集めた。

　赤い鬼青い鬼はペンギンである。サルマタしかきていないペンギンは水腫である。

　ヲンナは象の目と頭蓋骨大程の水晶の目とを縦横に繰つて秋波を濫發した。

　ヲンナは滿月を小刻みに刻んで饗宴を張る。人々はそれを食べて豚の様に肥滿するチヨコレヱトの香りを放散するのである。

一九三一、八、一八

― 발표지면 : 『朝鮮と建築』, 1931.8

の何れかの寺刹へと歩みを急ぐのである。

一九三一、八、一七

## ◇ 興　行　物　天　使
――或る後日譚として――

　整形外科はヲンナの目を引き裂いてとてつもなく老ひぼれた曲藝象の目にしてまつたのである。ヲンナは飽きる程笑つても果又笑はなくても笑ふのである。

　ヲンナの目は北極に邂逅した。北極は初冬である。ヲンナの目には白夜が現はれた。ヲンナの目は胭肭臍の背なかの様に氷の上に滑り落ちてしまつたのである。

　世界の寒流を生む風がヲンナの目に吹いた。ヲンナの目は荒れたけれどもヲンナの目は恐ろしい氷山に包まれてゐて波濤を起すことは不可能である。
　ヲンナは思ひ切つてNUになつた。汗孔は汗孔だけの荊刺になつた。ヲンナは歌ふつもりで金切聲でないた。北極は鐘の音に慄へたのである。

　辻音樂師は溫い春をばら撒いた乞食見たいな天使。天使は雀の様に瘦せた天使を連れて歩く。

　天使の蛇の様な鞭で天使を擲つ。
　天使は笑ふ、天使は風船玉の様に膨れる。

れヲンナは石の様に固いチヨコレエトが食べたかつたのである。ヲンナの登る階段は一段一段が更に新しい焦熱氷地獄であつたからヲンナは樂しいチヨコレエトが食べたいと思はないことは困難であるけれども慈善家としてのヲンナは一と肌脱いだ積りでしかもヲンナは堪らない程息苦しいのを覺へたがこんなに迄新鮮でない慈善事業が又とあるでしようかとヲンナは一と晩中悶へ續けたけれどもヲンナは全身の持つ若干個の濕氣を帶びた穿孔(例へば目其他)の附近の芥は拂へないのであつた。

　ヲンナは勿論あらゆるものを棄てた。ヲンナの名前も、ヲンナの皮膚に附いてゐる長い年月の間やつと出來た垢の薄膜も甚だしくはヲンナの唾腺を迄も、ヲンナの頭は鹽で淨められた樣なものである。そして溫度を持たないゆるやかな風がげにも康衢煙月の樣に吹いてゐる。ヲンナは獨り望遠鏡でSOSをきく、そしてデツキを走る。ヲンナは青い火花の彈が眞裸のまゝ走つてゐるのを見る。ヲンナはヲロウラを見る。デツキの勾欄は北極星の甘味しさを見る。巨大な腽肭臍の背なかを無事に驅けることがヲンナとして果して可能であり得るか、ヲンナは發光する波濤を見る。發光する波濤はヲンナに白紙の花ビラをくれる。ヲンナの皮膚は剝がれ剝がれた皮膚は羽衣の樣に風に舞ふてゐるげにも涼しい景色であることに氣附いて皆はゴムの樣な兩手を擧げて口を拍手させるのである。

　アタシタビガヘリ、ネルニトコナシヨ。

　ヲンナは遂に墮胎したのである。トランクの中には千裂れ千裂れに碎かれたPOUDRE VERTUEUSEが複製されたのとも一緒に一杯つめてある。死胎もある。ヲンナは古風な地圖の上を毒毛をばら撒きながら蛾の樣に翔ぶ。をんなは今は最早五百羅漢の可哀相な男寡達には欠ぐに欠ぐべからざる一人妻なのである。ヲンナは鼻歌の樣なADIEUを地圖のエレベェションに告げNO. 1-500

るが時間は合つているけれども時計はおれよりも若いぢやないかと云ふよりはおれは時計よりも老つているぢやないとどうしても思はれるのはきつとさうであるに違ひないからおれは時計をすてゝしまつた。

一九三一、八、一一


◇ 狂女の告白

　　　　ヲンナでああるS子樣には本當に氣の毒です。そしてB君　君に感謝しなければならないだらう。われわれはS子樣の前途に再びと光明のあらんことを祈らう。

蒼白いヲンナ
顔はヲンナ履歴書である。ヲンナの口は小さいからヲンナは溺死しなければならぬがヲンナは水の樣に時々荒れ狂ふことがある。あらゆる明るさの太陽等の下にヲンナはげにも澄んだ水の樣に流れを漂はせていたがげにも靜かであり滑らかな表面は礫を食べたか食べなかつたか常に渦を持つてゐる剝げた純白色である。


カツパラハウトスルカラアタシノハウカラヤツチマツタワ。


猿の樣に笑ふヲンナの顔には一夜の中にげにも美しくつやつやした岱赭色のチヨコレヱトが無數に實つてしまつたからヲンナは遮二無二チヨコレヱトを放射した。チヨコレヱトは黑檀のサアベルを引摺りながら照明の合間合間に撃劍を試みても笑ふ。笑ふ。何物も皆笑ふ。笑ひが遂に飴の樣にとろとろと粘つてチヨコレヱトを食べてしまつて彈力剛氣に富んだあらゆる標的は皆無用となり笑ひは粉々に碎かれても笑ふ。笑ふ。靑く笑ふ、針の鐵橋の樣に笑ふ。ヲンナは羅漢を孕んだのだと皆知りヲンナも知る。羅漢は肥大してヲンナの子宮は雲母の樣に膨

の男のお母さんの顔ばかり見て育つたものだからさうであるはづだと思つてもあの男のお父さんは笑つたりしたことには違ひないはづであるのに一體子供と云ふものはよくなんでもまねる性質があるにもかゝはらずあの男がすこしも笑ふことを知らない様な顔ばかりしてゐるのから見るとあの男のお父さんは海外に放浪してあの男が一人前のあの男になつてもそれでもまだまだ歸つて來なかつたに違ひないと思はれるから又それぢやあの男のお母さんは一體どうしてその日その日を食つて來たかと云ふことが問題になることは勿論だが何はとれもあれあの男のお母さんはひもじかつたに違ひないからひもじい顔をしたに違ひないが可愛い一人のせがれのことだからあの男だけはなんとかしてでもひもじくない様にして育て上げたに違ひないけれども何しろ子供と云ふものはお母さんを一番頼りにしてゐるからお母さんの顔ばかりを見てあれが本當にあたりまへの顔だなと思ひこんでしまつてお母さんの顔ばかりを一生懸命にまねたに違ひないのでそれが今は口に金齒を入れた身分と時分とになつてももうどうすることも出來ない程固まつてしまつてゐるのではないかと思はれるのは無理もないことだがそれにしてもつやつやした髮のけのしたになぜあの氣味の悪いひもじい顔はあるか。

一九三一、八、一五

◇ 運動

　一階の上の二階の上の三階の上の屋上庭園に上つて南を見ても何もないし北を見ても何もないから屋上庭園の下の三階の下の二階の下の一階へ下りて行つたら東から昇つた太陽が西へ沈んで東から昇つて西へ沈んで東から昇つて西へ沈んで東から昇つて空の眞中に來てゐるから時計を出して見たらとまつてはい

疲勞に違ひない褪め切つた中食をとつて見るか ―― 見る。マンドリンはひとりでに荷造りし杖の手に持つてその小さい柴の門を出るならばいつなん時香線の様な黄昏はもはや來たと云ふ消息であるか、牡鷄よ、なるべくなら巡査の來ないうちにうなだれたまゝ微々ながら啼いてくれよ、太陽は理由もなくサボタアジをほしいまゝにしていることを全然事件以外のことでなければならない。

一九三一、六、一八

◇ 顔

ひもじい顔を見る。

つやゝした髮のけのしたになぜひもじい顔はあるか。

あの男はどこから來たか。
あの男はどこから來たか。

あの男のお母さんの顔は醜いに違ひないけれどもあの男のお父さんの顔は美しいに違ひないと云ふのはあの男のお父さんは元元金持だつたのをあの男のお母さんをもらつてから急に貧乏になつたに違ひないと思はれるからであるが本當に子供と云ふものはお父さんよりもお母さんによく似ていると云ふことは何も顔のことではなく性行のことであるがあの男の顔を見るとあの男は生れてから一體笑つたことがあるのかと思はれる位氣味の悪い顔であることから云つてあの男は生れてから一度も笑つたことがなかつたばかりでなく泣いたこともなかつた樣に思はれるからもつともつと氣味の悪い顔であるのは卽ちあの男はあ

い所の最も無味であり神聖である微笑と共に小規模ながら移動されて行く糸の様な童話でなければならないことでなければ何んであつたか。

　濃緑の扁平な蛇類は無害にも水泳する硝子の流動體は無害にも牛島でもない或る無名の山岳を島嶼の様に流動せしめるのでありそれで驚異と神秘と又不安をもを一緒に吐き出す所の透明な空氣は北國の様に冷くあるが陽光を見よ。鴉は恰かも孔雀の様に飛翔し鱗を無秩序に閃かせる半個の天體に金剛石と毫も變りなく平民的輪廓を日歿前に贋せて驕ることはなく所有しているのである。

　數字の COMBINATION をかれこれと忘却していた若干小量の腦膸には砂糖の様に清廉な異國情調故に假睡の狀態を唇の上に花咲かせながらいる時繁華な花共は皆イヅコへと去り之れを木彫の小さい羊が兩脚を喪ひジツト何事かに傾聽しているか。

　水分のない蒸氣のためにあらゆる行李は乾燥して飽くことない午後の海水浴場附近にある休業日の潮湯は芭蕉扇の様に悲哀に分裂する圓形音樂と休止符、オオ踊れよ、日曜日のビイナスよ、しはがれ聲のまゝ歌へよ日曜日のビイナスよ。

　その平和な食堂ドアアには白色透明なる MENSTRUATION と表札がくつ附いて限ない電話を疲勞して LIT の上に置き赤白色の卷煙草をそのまゝくはへているが。
　マリアよ、マリアよ、皮膚は眞黒いマリアよ、どこへ行つたのか、浴室の水道コツクからは熱湯が徐々に出ているが行つて早く昨夜を塞げよ、俺はゴハンが食べたくないからスリツパアを畜音機の上に置いてくれよ。

　數知れぬ雨が數知れぬヒサシを打つ打つのである。キツト上膊と下膊との共同

◇ 神經質に肥滿した三角形
　　　　▽は俺のAMOUREUSEである

▽よ　角力に勝つた經驗はどれ丈あるか。


▽よ　見れば外套にブツつゝまれた背面しかないよ。


▽よ　俺はその呼吸に碎かれた樂器である。


　俺に如何なる孤獨は訪れ來樣とも俺は××しないことであらう。であればこそ。
俺の生涯は原色に似て豐富である。


しかるに俺はキヤラバンだと。
しかるに俺はキヤラバンだと。
　　　　　　　　　　　　　　　　　　　　　　一九三一、六、一



◇ LE URINE

　焰の樣な風が吹いたけれどもけれども氷の樣な水晶體はある。憂愁はDIC-TIONAIRE の樣に純白である。緑色の風景は網膜へ無表情をもたらしそれで何んでも皆灰色の朗らかな調子である。

　野鼠の樣な地球の險しい背なかを匍匐することはそも誰が始めたかを瘦せて矮少である ORGANE を愛撫しつゝ歴史本の空ペヱヂを翻へす心は平和な文弱である。その間にも埋葬され行く考古學は果して性慾を覺へしむることはな

# 鳥　瞰　圖

　　　　　　　　　　　　　　　　　　　　　　　金海卿

　◇　二人‥‥1‥‥

キリストは見窄らしい着物(なの)で説教を始めた。
アアルカアボネは橄欖山を山のまゝ拉撮し去つた。
　　　　　　　　　×
一九三〇年以後のこと―。
ネオンサインで飾られた或る教會の入口では肥つちよのカアボネが頰の傷痕を伸縮させながら切符を賣つていた。

　　　　　　　　　　　　　　　　　一九三一、八、一一


　◇　二人‥‥2‥‥

アアルカアボネの貨幣は迚も光澤がよくメダルにしていゝ位だがキリストの貨幣は見られぬ程貧弱で何しろカネと云ふ資格からは一步も出ていない

カアボネがプレツサンとして送つたフロツクコオトをキリストは最後迄突返して己んだと云ふことは有名ながら尤もな話ではないか。

　　　　　　　　　　　　　　　　　一九三一、八、一一

コノ群雄割據ヲ見ヨ

コノ戰爭ヲ見ヨ

×

俺ハ彼等ノ軋轢ノ發熱ノ眞中デ昏睡スル

退屈ナ歳月ガ流レテ俺ハ目ヲ開イテ見レバ

屍體モ蒸發シタ後ノ靜カナ月夜ヲ俺ハ想像スル


無邪氣ナ村落ノ飼犬ラヨ吠エルナョ

俺ノ體溫ハ適當デアルシ

俺ノ希望ハ甘美クアル。

1931・6・5

— 발표지면:『朝鮮と建築』, 1931.7

## 空　腹——


右手ニ菓子袋ガナイ　ト云ツテ

左手ニ握ラレテアル菓子袋ヲ探シニ今來タ道ヲ五里モ逆戻リシタ

　　　　　　　×

コノ手ハ化石シタ


コノ手ハ今ハモウ何物モ所有シタクモナイ所有セルモノノ所有セルコトヲ感ジルコトヲモシナイ

　　　　　　　×

今落チツツアルモノガ雪ダトスレバ　今落チタ俺ノ涙ハ雪デアルベキダ


俺ノ内面ト外面ト

コノコトノ系統デアルアラユル中間ラハ恐ロシク寒イ


左　右

コノ兩側ノ手ラガオ互ノ義理ヲ忘レテ　再ビト握手スルコトハナク

困難ナ勞働バカリガ横タワツテイルコノ片附ケテ行カネバナラナイ道ニ於テ獨立ヲ固執スルノデハアルガ


寒クアラウ

寒クアラウ

　　　　　　　×

誰ハ俺ヲ指シテ孤獨デアルト云フカ

お ―

沈黙ヲ打撲シテホシイ

沈黙ヲ如何ニ打撲シテ俺ハ洪水ノヨウニ騒亂スベキカ

沈黙ハ沈黙カ


めすヲ持タヌトテ醫師デアリ得ナイデアラウカ


天體ヲ引キ裂ケバ音位スルダラウ


俺ノ歩調ハ繼續スル

何時迄モ俺ハ屍體デアラントシテ屍體ナラヌコトデアラウカ

1931・6・5


― 발표지면 : 『朝鮮と建築』, 1931.7

# BOITEUX・BOITEUSE

長イモノ

短イモノ

十文字

    ×

 然シ CROSS ニハ油ガツイテイタ

墜落

已ムヲ得ナイ平行

物理的ニ痛クアツタ
  （以上平面幾何學）
    ×

をれんぢ

大砲

匍匐
    ×

若シ君ガ重傷ヲ負フタトシテモ血ヲ流シタトスレバ味氣ナイ

何時デモ泥棒スルコト許リ計畫シテ居タ

ソウデハナカツタトスレバ少クトモ物乞ヒデハアツタ

9

疎ナルモノハ密ナルモノノ相對デアリ又

平凡ナモノハ非凡ナモノノ相對デアツタ

俺ノ神經ハ娼女ヨリモモツト貞淑ナ處女ヲ願ツテイタ

10

馬──

汗──

×

余事務ヲ以テ散歩トスルモ宜シ

余天ノ青キニ飽ク斯ク閉主義ナリ

1931・6・5

── 발표지면 : 『朝鮮と建築』, 1931.7

## ひ　げ——
　　　（鬚・髯・ソノ外ひげデアリ得ルモノラ・皆ノコト）


### 1
目ガアツテ居ナケレバナラナイ筈ノ場所ニハ森林デアル笑ヒガ在ツテ居タ

### 2
人参

### 3
あめりかノ幽靈ハ水族舘デアルガ非常ニ流麗デアル

ソレハ陰鬱デデモアルコトダ

### 4
溪流ニテ——

乾燥シタ植物性デアル

秋

### 5
一小隊ノ軍人ガ東西ノ方向ヘト前進シタト云フコトハ

無意味ナコトデナケレバナラナイ

運動場ガ破裂シ龜裂スルバカリデアルカラ

### 6
三心圓

### 7
粟ヲツメタめりけん袋

簡單ナ須臾ノ月夜デアツタ

### 8

▽ハテーブルノ下ニ隱レタカ

                    ×

1

2

3

3ハ公倍數ノ征伐ニ赴イタ

電報ハ來テイナイ

                              1931・6・5

                    ― 발표지면:『朝鮮と建築』, 1931.7

## ▽ノ遊戯——
### △ハ俺ノAMOUREUSEデアル


紙製ノ蛇ガ紙製ノ蛇デアルトスレバ

▽ハ蛇デアル


▽ハ踊ツタ


▽ノ笑ヒヲ笑フノハ破格デアツテ可笑シクアツタ


すりつぱガ地面ヲ離レナイノハ餘リ鬼氣迫ルコトダ

▽ノ目ハ冬眠デアル

▽ハ電燈ヲ三等ノ太陽ト知ル

×

▽ハ何所ヘ行ツタカ


ココハ煙突ノてつ片デアルカ


俺ノ呼吸ハ平常デアル

而シテたんぐすてんハ何デアルカ

(何ンデモナイ)


屈曲シタ直線

ソレハ白金ト反射係數ヲ相等シクスル

すてつき！君ハ淋シク有名デアル

ドウシヤウ
　　　　　　　　×
遂ニ▽ヲ埋葬シタ雪景デアツタ。

1931・6・5

―발표지면:『朝鮮と建築』, 1931.7

# 破片ノ景色
　　　△ハ俺ノAMOUREUSEデアル


俺ハ仕方ナク泣イタ

電燈ガ煙草ヲフカシタ

▽ハ1/wデアル

　　　　　　×

▽ヨ！俺ハ苦シイ


俺ハ遊ブ

▽ノすりっぱ―ハ菓子ト同ジデナイ

如何ニ俺ハ泣ケバヨイノカ

　　　　　　×

淋シイ野原ヲ懷ヒ

淋シイ雪ノ日ヲ懷ヒ

俺ノ皮膚ヲ思ハナイ


記憶ニ對シテ俺ハ剛體デアル


ホントウニ

「一緒に歌ひなさいませ」

ト云ツテ俺ノ膝ヲ叩イタ筈ノコトニ對シテ

▽ハ俺ノ夢デアル。

眞々5″ノ角ばあノ羅列カラ
肉體ニ對スル處分法ヲせんちめんたりずむシタ。

目的ノナカツタ丈 冷靜デアツタ

太陽ガ汗ニ濡レタ背ナカヲ照ラシタ時
影ハ背ナカノ前方ニアツタ

人ハ云ツタ
「あの便秘症患者の人はあの金持の家に食鹽を貰ひに這入らうと希つてゐるのである」
ト
・・・・・・・・・・・・

                                        1931·6·5

— 발표지면:『朝鮮と建築』, 1931.7

## 異常ナ可逆反應

　　　　　　　　　　　　　　　　　　　　　　金海卿

任意ノ半徑ノ圓(過去分詞ノ相場)

圓内ノ一點ト圓外ノ一點トヲ結ビ付ケタ直線

二種類ノ存在ノ時間的影響性
(ワレワレハコノコトニツイテムトンチヤクデアル)

**直線ハ圓ヲ殺害シタカ**

顯微鏡
ソノ下ニ於テハ人工モ自然ト同ジク現象サレタ。
　　　　　　　×
同ジ日ノ午後
勿論太陽ガ在ツテイナケレバナラナイ場所ニ在ツテイタバカリデナクソウシナケレバナラナイ歩調ヲ美化スルコトヲモシテイナカツタ。

發達シナイシ發展シナイシ
コレハ憤怒デアル。

鐵柵ノ外ノ白大理石ノ建築物ガ雄壯ニ建ツテイタ

원문 일문
시

나는 욕을 먹는다. 한쪽 장갑을 고수하고 있다는 것 때문에

내일은 내게 편지가 오려나

내일은 좀 풍성해지려나

내일 아침 몇시쯤 나의 최초의 소변을 볼 것인가 (1933. 3. 1)

— 발표지면 :『文學思想』, 1986.10 ; 최상남 역

아—아무리 쓰러뜨려 본들 무슨 수로 그것을 알 수 있을까? (1933. 2. 27)

10

누군가가 밥을 먹고 있다. 몹시 더러운 꼴이다.

그렇다. 분명히 밥을 먹는다는 것은 더러운 일임에 틀림없다.

그런데

그 누군가 라고 하는 작자가 바로 내 자신이라면 이걸 어쩐다? (1933. 2. 27)

11

나는 매일 아침 양치질을 한다.

나는 또 손톱을 깎아 마당 가운데 버린다.

나는 폐의 파편을 토한다.

나는 또 몸뚱이의 도처가 욱신거린다.

나는 서서 오줌을 갈기면 눈이 녹는다는 것도 알고 있다.

나는 또 내가 벙어리가 되어버린 것이 아닌가 하고 소리를 질러본다.

내일이 오늘이 될 수 없는 이상 불안하다.

내일이야말로 정말 미쳐버릴거다—나는 항상 생각하며 마음을 들볶기 때문이다.

나는 왜 한쪽 장갑을 잃어버렸을까?

나는 나머지 장갑도 마저 잃어버렸으면 하고 생각한다. 하지만 내가 어떻게 내 마음대로 그것을 없앨 수가 있을까?

8

수와 복[906]을 수놓은 새 베개를 베고 나는 나의 백(百)을 넘는 맥박을 헤아리기도 하고 여러가지 일을 생각하기도 했다.

나의 목에 매달려 있는 사지와 동체[907]는 뱀의 꼬리보다도 말라 있다.

나의 목에 꽂혀져 있는 머리만이 수복인 모양이다.

목 위와 목 아래가 서로 명함을 교환한다.

슬픔과 잔인의 향연에서 나온 불결한 공기가 끊임없이 나의 비강[908]으로 들락거린다.

9

여자의 손은 하얗다. 그리고 파란줄이 잔뜩 있다.

여자는 그 파란줄 하나를 선택한다. 앞으로 간다 갈라진다.

여자는 그 중의 하나를 선택해서 앞으로 간다. 또 갈라진다.

여자는 그 중 하나를 선택한다. 앞으로 간다. 역시 갈라진다.

— 지팡이로 해봐야지 —

물론 지팡이라도 쓰러뜨려 보지 않는 이상 어떤 지식으로 어떤 감정으로 어떤 의지로 길을 선택할 수 있단 말인가.

No와 Yes 두 통의 편지를 써서 지팡이를 쓰러뜨려 봉함에 넣는다.

그리고 또 지팡이를 쓰러뜨려 주소를 쓴다. 그리고 또 지팡이를 쓰러뜨려 —

— 당신은 Yes라고 말했군요. 고맙습니다 —

— 그치만 그게 정말 Yes인지 아닌지는 이걸 쓰러뜨려봐야 알지요 —

---

906  수와 복 : 壽와 福.
907  동체 : 胴體. 사람이나 동물의 몸에서, 목·팔·다리·날개·꼬리 따위를 제외한 가운데 부분.
908  비강(鼻腔) : 콧구멍에서 인두(咽頭)에 이르기까지의 빈 곳. 콧속.

석양에 붉게 성내고 있는 성채.⁹⁰⁴ 그 앞에서 나는 모자를 벗는다.

백년 전의 주민의 최후의 한 사람까지 죽고 없는 오늘

고적⁹⁰⁵은 해묵었다. 그러나 백년에 한 번 백년을 느끼는 사람에게만은 새롭다.

산까마귀의 수명은 몇 년이나 될까?

나는 또 길가의 소년의 나이를 나의 나이에서 감산해 보기도 한다.

황성은 또 모래와 바위를 밟고 내 쪽으로 산을 넘어온다. (1933. 2. 27)

7

새벽녘 까마귀가 운다

― 저 녀석도 가래를 토하나 보다 ―

나의 정수리 한가운데 까마귀의 가래 같은 것이 떨어졌다.

빨갛게 불이 붙나 했더니 납덩이처럼 무겁다.

정수리가 빠개진다. 물론 나는 즉사한다.

체온이 증발한다.

위(胃) 속에 피가 가득 괴어서 내일 아침 토할 준비를 한다.

― 오늘 아침이야말로 정말 죽는 것이 아닐까 ―

이상하게도 나는 매일 아침 소생했다. 그리하여 내일 새벽까지의 공기를 마셨다 뱉았다 하는 것이다.

나의 수명은 정확히 매일 일주야밖에 없다.

그것이 반주야(半晝夜) 혹은 반의 반주야 그 또 반에반까지 줄지 않는 이상 나는 하루의 수명만으로도 좀체로 죽지는 않을 것이다. (1933. 2. 27)

---

904  성채 : 城砦. 성과 요새를 아울러 이르는 말.
905  고적 : 남아 있는 옛적 건물이나 시설물, 또는 그런 것이 있었던 터. 역사상의 유적.

인류는 이미 천국을 탐하지 않는다. 단지 ― 봄은 올 것인가.

이러한 중에도 동사는 폭풍처럼 계속되었다. (1933. 2. 5)

## 5

모조리 가지가 잘리워진 한 그루의 가로수

별안간 한 가닥의 가지가 쑥쑥 자란다.

마술처럼 그 끝 쪽에는 좀더 가는 것이 이것도 쑥쑥 자랐다.

― 이건 지팡이를 들어올려 길을 가리키고 있는 그의 모습이었다.

나는 나의 생명의 북극을 확인하기를 간절히 원하면서도 그는 입도 떼지 않았다.

그는 별안간 혀끝을 낼름 내보였을 뿐이었다.

혀는 그의 입안 가득히 부어올라 있었다.

애처로운 그 표정에서는 눈물이 땀처럼 흘러내렸다.

나는 바람처럼 그의 옷깃에 스며들어버렸다.

한 자루의 지팡이보다도 더욱 외롭게 그는 지팡이에 기대어 해골 같은 육체를 언제까지나 한자리에 못박은 채 움직이려 하지 않았다. (1933. 2. 5)

## 6

황성(荒城)[903]은 눈을 밟고 산을 넘고 있다.

낡은 성문은 개방되어 있다. 도회의 입구

---

903 荒城 : 황폐한 성.

4

어느 겨울의 한낮 태양은 드디어 은하[897] 깊숙이 빠져버렸다.

장대(長大)한 밤

지구에는 아직 봄은 아득하고 빙설은 두껍게 얼어붙어 있다.

태양을 상실한 지구에 봄은 올 것인가.

달빛마저 없는 칠흑의 암야[898]가 한 달이나 계속되어 지구상의 모든 생명은 그저 속수무책으로 죽음을 기다리고 있을 뿐이었다.

그러한 또 어느 겨울 한낮 숲에 달빛이 떠오르기 시작했다. 그리하여 빈사[899]의 지구를 푸르게 비추었다.

빛을 찾은 인류는 전생명체를 대표하여 간신히 삭정이를 긁어모아 ―달빛을 의지하여― 횃불을 올렸다.

가냘픈 단말마[900]의 함성이 피어올랐다. 그럼에도 불구하고 동사[901]는 폭풍처럼 계속되었다.


그때로부터 달빛은 매일 낮 매일 밤 지지 않았다. 그리고 매일 낮 매일 밤이 만월[902]이었다(달은 태양을 부담했다).

그리하여 눈은 달빛에 녹기 시작했다. 차가운 물이 황량한 빙원(氷原)을 정맥(靜脈)처럼 흘러갔다.

그리하여 인류는 생명체를 대표하여 그 지도의 행선을 쫓았다.

봄으로 봄으로

---

897 은하 : 천구(天球) 위에 구름 띠 모양으로 길게 분포되어 있는 수많은 천체의 무리.
898 암야 : 闇夜. 캄캄한 밤.
899 빈사 : 瀕死. 거의 죽게 되거나 그런 상태.
900 단말마 : 斷末魔. 임종. 숨이 끊어질 때의 모진 고통.
901 동사 : 凍死, 얼어죽음을 의미하는 듯.
902 만월 : 滿月. 보름달.

나의 생활의 국부[895]를 나는 나의 회중전등으로 비추어 본다.

1이 빼어져 나가는 것을 목전[896]에 똑똑히 보면서 — 나는 나에게도 생활이 있다는 것을 알았을까?

2

병자가 약을 먹고 있다.

병자는 약을 먹지 않아도 죽기 때문이다.

그것은 건강한 사람은 약을 먹어도 건강하기 때문이다.

3

나는 그녀에게 편지를 냈다.

— 이 편지 읽는 대로 곧 답장을 보내 주세요 —

단지 이 한마디만을 써서 —

그러자 답장이 왔다.

— No, 이것을 Yes로 생각하세요 —

No 이것을 번역하면 「아니다」

Yes 이것을 번역하면 「맞다」

「아니다」를 「맞다」로 한다면 아무리 「맞다」 「맞다」라고 해본들 이 「맞다」는 「아니다」라는 말밖에 되지 않는다.

따라서 「아니다」나 「맞다」나 매한가지다. 어느 쪽이든 「아니다」인 것이다.

결국 No는 Yes가 있어서 비로소 No가 되며 Yes는 No가 되는 것이다.

---

895 국부 : 전체 가운데의 한 부분. 국소(局所).
896 목전에 : 目前에. 눈앞에.

# 斷想[892]

1

나의 생활은 나의 생활에서 1을 뺀 것이다.

나는 회중전등을 켠다.

나의 생활은 1을 뺀 나의 생활에서 다시 하나 1을 뺀다.

나는 회중전등을 끈다.

감산[893]이 회복된다 — 그러나 나는 그것때문에 또다른 하나의 생활을 잃어버린다.

나는 회중전등[894]을 포켓 속에 집어넣었다.

동서남북조차 분간할 수 없다. 나는 무엇을 해야 좋을지 알지 못한다.

나는 그저 빈둥빈둥 — 나의 사상마저 빈둥거리게 하기 위해 회중전등이 포켓 속에서 켜졌다.

나는 서둘러야 한다. 무엇을?

나는 죽을 것인가? 그게 아니면 나는 비명의 횡사라도 해야 한단 말인가?

내게는 나의 생활이 보이지 않는다.

---

892 이 작품은 「공포의 기록」(서장), 「공포의 성채」, 「야색」 등과 함께 최상남에 의해 번역·소개되었다. 최상남은 이들을 소개하면서 "『현대문학』에 번역·발표하고 남은 몇 편을 70년대 와서 『문학사상』지에 마저 발표하고 원문을 알아보기 힘들고 미완성인 몇 편이 남아 있던 것을 이번에 번역·발표하게 되었다. 남편(조연현: 인용자 주)이 이 원고들의 발표를 미루어 온 정확한 이유를 나는 알 수 없지만 이번에 발표하는 작품들이 일부 심하게 낙서가 되어 있어서 알아보기 힘든 부분이 있었다는 것과 완성된 것이 아니라고 본 때문이 아니었나 생각된다"라고 설명했다. 전집(3)은 이 작품을 수필집에 넣었다. 산문과 시의 형식을 동시에 갖고 있으나 시적인 배열 및 함축 의미가 있고, 일련 번호가 매겨진 것 가운데 몇몇은 시적 진술로 볼 수 있어 여기에서는 편의상 시집에 넣었다.

893 감산(減算) : 빼기, 뺄셈.

894 회중전등 : 가지고 다닐 수 있는 작은 전등.

肺속 펭키칠한 十字架가 날이날마다 발돋움을 한다

肺속엔 料理師 天使가 있어서 때때로 소변을 본단 말이다

나에 대해 달력의 숫자는 차츰차츰 줄어든다


네온사인<sup>889</sup>은 색소폰<sup>890</sup>같이 야위었다

그리고 나의 靜脈은 휘파람같이 야위었다


하얀 天使가 나의 肺에 가벼이 노크한다

黃昏 같은 肺속에서는 고요히 물이 끓고 있다

고무電線을 끌어다가 聖베드로<sup>891</sup>가 盜聽을 한다

그리곤 세번이나 天使를 보고 나는 모른다고 한다

그때 닭이 홰를 친다 ― 어엇 끓는 물을 엎지르면 야단 야단 ―


봄이 와서 따스한 건 地球의 아궁이에 불을 지폈기 때문이다

모두가 끓어오른다 아지랭이처럼

나만이 사금파리 모양 남는다

나무들조차 끓어서 푸른 거품을 수두룩 뿜어내고 있는데도

(1933년 1월 20일)


― 발표지면 : 『文學思想』, 1976.7 ; 유정 역

---

887  殺菌劑 : 생체에 유해한 미생물이나 병원체를 사멸시켜 전염이나 감염 능력을 잃게 하는 외용약. 에탄올, 크레졸수, 요오드팅크 따위가 있다.

888  血痰 : 피가 섞인 가래.

889  네온사인(neon sign) : 유리를 필요한 모양대로 구부리고 전극을 삽입한 네온관을 만들어서 여러 가지 빛을 내도록 하는 장치.

890  색소폰(saxophone) : 금관 악기의 하나. 18~20개의 스톱과 하나의 리드(reed)가 있다. 부드럽고 감미로운 음을 내며, 경음악·취주악에 많이 쓴다. 1846년에 벨기에의 색스(A. J. Sax)가 발명하였다.

891  베드로(the Apostle Peter) : 예수의 12제자 중 한 사람. 예수 수난 때 그를 세 번 부인하였다.

가는 것이 보인다 그리고 나의 뱃속엔 通信이 잠겨있다.

　　새장 속에서 지저귀는 새　　나는 콧 속 털을 잡아뽑는다

　　밤　　소란한 靜寂 속에서 未來에 실린 記憶이 종이처럼 뒤엎어진다

　　하마 나로선 내 몸을 볼 수 없다 푸른 하늘이 새장 속에 있는 것같이

　　멀리서 가위가 손가락을 연신 연방 잘라 간다

　　검고 가느다란 무게가 내 눈구멍에 넘쳐 왔는데　　나는 그림자와 서로 껴안는 나의 몸뚱이를 똑똑히 볼 수 있었다

　　알맹이까지 빨간 사과가 먹고프다는둥

　　피가 물들기 때문에 여윈다는 말을 듣곤 먹지 않았던 일이며

　　나를 놀라게 한 것은 그 種子는 이젠 심거도 나지 않는다고 단정케 하는 사과 겉껍질의 빨간 색 그것이다.

　　空氣마저 얼어서 나를 못通하게 한다　　뜰은 鑄型[884]처럼 한장 한장 떠낼 수 있을 것 같다

　　나의 呼吸에 彈丸을 쏘아넣는 놈이 있다

　　病席에 나는 조심조심 조용히 누워 있노라니까 뜰에 바람이 불어서 무엇인가 떼굴떼굴 굴려지고 있는 그런 낌새가 보였다

　　별이 흔들린다　　나의 記憶의 순서가 흔들리듯

　　어릴 적 寫眞에서 스스로 病을 진단한다


　　가브리엘[885] 天使菌　　(내가 가장 不世出[886]의 그리스도라 치고)

　　이 殺菌劑[887]는 마침내 肺結核의 血痰[888]이었다(고?)

---

884　鑄型 : 거푸집. 만들려는 물건의 모양대로 속이 비어 있어 거기에 쇠붙이를 녹여 붓도록 되어 있는 틀.
885　가브리엘(Gabriel) : 헤브라이 신화와 성서 등에 나오는 계시(啓示)의 일을 맡은 천사.
886　不世出 : 좀처럼 세상에 나타나지 아니할 만큼 뛰어남.

# 咯血의 아침[880]


사과는 깨끗하고 또 춥고 해서  사과를 먹으면 시려워진다

어째서 그렇게 냉랭한지 冊床 위에서 하루 終日 색깔을 變치 아니한다. 차차로— 둘이 다 시들어 간다.


먼 사람이 그대로 커다랗다  아니 가까운 사람이 그대로 자그마하다 아니 그 어느 쪽도 아니다 나는 그 어느 누구와도 알지 못하니 말이다 아니 그들의 어느 하나도 나를 알지 못하니 말이다 아니 그 어느쪽도 아니다(레일을 타면 電車는 어디라도 갈 수 있다)


담배 연기의 한 무더기  그 室內에서 나는 긋지 아니한 성냥을 몇개비고 부러뜨렸다. 그 室內의 煙氣의 한무더기 點火되어 나만 남기고 잘도 타나보다 잉크는 축축하다  鉛筆로 아뭏게나 시커먼 面을 그리면 鉛粉[881]은 종이 위에 흩어진다


리코오드[882] 고랑을 사람이 달린다  거꾸로 달리는 不幸한 사람은 나같기도 하다 멀어지는 音樂소리를 바쁘게 듣고 있나보다

발을 덮는 女子구두가 가래를 밟는다  땅에서 貧困이 묻어온다 받아써서 通念해야[883] 할 暗號 쓸쓸한 초롱불과 郵遞筒 사람들이 壽命을 거느리고 멀어져

---

880 후반부가 시「내과」와 밀접한 상관성을 띠고 있다. 전집(2)는 시집에 포함시켰지만, 전집(3)은 시집에서 제외되고, 수필집에 포함시켰다. 시적 성격이 농후하여 시집에 포함시키기로 한다.
881 鉛粉 : 여자들이 얼굴을 화장할 때 바르는 흰 가루. 백분.
882 리코오드(record) : 음반.
883 通念해야 : '통념이란 일반적으로 널리 통하는 개념이지만, 여기서는 '통하여 알아두어야' 정도의 의미인 듯.

# 無題[877]

나의 길 앞에 하나의 패말뚝[878]이 박혀 있다

나의 不道德이 行刑[879]되고 있는 증거이다

나의 마음이 죽었다 고 느끼자 나의 肉體는 움직일 필요도 없겠다싶었다

달이 둥그래지는 내 잔등을 흡사 墓墳을 비추듯 하는 것이다

이것이 내가 慘殺 당한 現場의 光景이었다.

(3월 23일)

── 발표지면 : 『文學思想』, 1976.7 ; 유정 역

---

877  지난 증보 이상문학전집(2009)에는 「與田準一」과 「月原橙一郞」이 실려 있었다. 그런데 한 연구자에 의해 「與田準一」은 與田準一의 「海港風景」의 일부를 가져온 것이고, 「月原橙一郞」의 첫 두 연은 月原橙一郞의 「心像すけっち」라는 제목의 연작시 일부에 해당된다는 것이 밝혀졌다. 그러므로 「與田準一」과 「月原橙一郞」은 작품의 제목이 아니라 작가를 지시하는 표지이다. 다만 「月原橙一郞」이라는 제목 아래 실린 위의 구절들은 月原橙一郞, 또는 「心像すけっち」와 무관한 이상의 창작으로 보여 「무제」라는 이름을 붙여 싣기로 했다. 송민호, 「이상(理箱)의 미발표 창작노트의 텍스트 확정 문제와 일본 문학 수용 양상 : 『여전준일(與田準一)』과 『월원등일랑(月原橙一郞)』의 출처에 관하여」, 『비교문학』 49, 한국비교문학회, 2009, 33~51면.
878  패말뚝 : 패(牌)로 쓰는 말뚝. 무엇을 표시하거나 알리기 위하여 말뚝에 패를 붙이기도 하고 말뚝 자체에 직접 패를 새기기도 한다.
879  行刑 : 형벌을 집행함.

# 斷章[875]

　　室內의 照明이 時計 소리에 망거지는 소리　두 時

　　친구가 뜰에 들어서려 한다 내가 말린다　十六日 밤

　　달빛이 파도를 일으키고 있다 바람 부는 밤을 친구는 뜰 한복판에서 溺死하면서 나를 위협한다

　　탕 하고 내가 쏘는 一發 친구는 粉碎했다 유리처럼 (반짝이면서)

　　피가 圖面(뜰의)을 거멓게 물들었다　그리고 房안에 氾濫한다

　　친구는 속삭인다

　　― 자네 정말 몸조심 해야 하네 ―

　　나는 달을 그을리는 구름의 조각조각을 본다　그리고 그 저편으로 奪還돼 간 나의 呼吸을 느꼈다

(○)

　　죽음은 알몸뚱이 葉書나처럼 나에게 配達된다　나는 그 制限된 答信밖엔 쓰지 못한다

(○)

　　양말과 양말로 감싼 발 ― 여자의 ― 은 秘密이다　나는 그 속에 말이 있는지 아닌지조차 의심한다

(○)

　　헌 레코오드[876] 같은 記憶　슬픔조차 또렷하지 않다

― 발표지면 : 『文學思想』, 1976.6 ; 유정 역

---

875　전집(2)는 시집에 포함시켰으나 전집(3)은 제외시켰다. 작품의 특성상 시집에 포함시켰다.
876　레코오드(record) : 음반(音盤).

나는 이젠 세상에 맞지 않는 입성[871]이다 封墳[872]보다도 나의 의무는 많지 않다
나에겐 그 무엇을 理解해야 하는 苦痛은 깡그리 없어졌다

나는 아무것도 보지는 않는다[873]
바로 그렇기에 나는 아무것에게도 또한 보이진 않을 게다
비로소[874] 나는 완전히 卑怯해지기에 성공한 셈이다

— 발표지면 : 『文學思想』, 1976.6; 유정 역

---

871 입성 : 옷. 원문은 '着物'.
872 封墳 : 흙을 둥글게 쌓아 올려서 만든 무덤.
873 전집(2·3)에 '나는 아무때문도 보지는 않는다'로 해석하여 '私ハ何物ヲモ見ハシナイ'이라는 원문과 거리가 있다.
874 비로소 : 전집(2)는 '처음으로'로 해석하였으나 별반 의미상 차이는 없다. 원문은 '始メテ'이다.

# 悔恨의 章[864]

가장 無力한 사내가 되기 위해 나는 얼금뱅이[865] 었다
세상에 한 女性조차 나를 돌아보지는 않는다
나의 懶怠는 安心하다[866]

양팔을 자르고 나의 職務를 회피한다
더는[867] 나에게 일을 하라는 자는 없다
내가 무서워하는 支配는 어디서도 찾아 볼 수 없다

歷史는 지겨운 짐이다[868]
세상에 대한 辭表 쓰기란 더욱 지겨운 짐이다[869]
나는 나의 글자들을 가둬버렸다
圖書館에서 온 召喚狀[870]을 이제 난 읽지 못한다

---

864 이 작품의 원문은 일문이며, 그것은 『현대문학』(1966.7)에 실렸다. 이후에 유정의 번역으로 『문학사상』에 실렸으며, 또한 『이상시전작집』(전집(2))에도 새로이 해석되어 실렸다. 한편, 『문학사상』에 이 작품이 소개될 당시 다음과 같은 설명이 첨부되어 있다.
   李箱의 選作資料整理를 해오던 本誌 資料調査研究室에서는 아직 未發表인 채로 남아 있는 李箱의 詩稿 일부가 文學評論家 趙演鉉氏에 의해 소장되고 있다는 정보를 입수하고 씨와 접촉한 끝에 이제서야 공개하기에 이른 것이다. 조연현 교수의 협조와 호의가 아니었던들 2백 매에 달하는 이 방대한 量의 詩稿가 이렇게 공개되지 못했을 것이다.
   이 詩稿 2백 매는 『문학사상』(1976.6~7)에 소개되었는데, 일부 작품은 『현대문학』(1961.1, 1966.7)에 소개된 것들이다.
865 얼금뱅이 : 얼굴이 얼금얼금 얽은 사람.
866 安心하다 : 전집(2)는 '안심하다'로 해석. 원문은 '安心デアル'.
867 전집(2)는 '이제는'으로 번역되었으나, 별반 의미차이는 없다. 원문은 'モウ'.
868 지겨운 짐이다 : 전집(2)는 '무거운 짐이다'로 해석. 원문은 '重荷デアル'이므로 전집(2)의 해석이 보다 적절.
869 지겨운 짐이다 : 전집(2)는 '무거운 짐이다'로 해석. 원문은 '重荷デアル'이다.
870 召喚狀 : 당사자나 그밖의 소송 관계인에게 날짜를 알려 출석을 명령하는 뜻을 기재한 서류.

봄이 아주 와버렸을 때에는 나는 나의 鑛窟⁸⁶³의 문을 굳게 닫을까 한다

男子의 수염이 刺繡처럼 아름답다
얼굴이 수염 투성이가 되었을 때 毛根은 뼈에까지 다달아 있었다

— 발표지면:『文學思想』, 1976.7; 유정 역

---

863 鑛窟: 광물을 파내기 위하여 땅속을 파 들어간 굴.

— 저는 武器를 生産하는 거예요

이윽고 자라나는 閨秀의 斷髮한 毛髮

神은 사람에게 自殺을 暗示하고 있다 …… 고 禿頭翁[859]이여 생각지 않습니까?

나의 눈은 둘 있는데 별은 하나 밖에 없다  廢墟에 선 눈물 — 눈물마저 下午의 것인가 不幸한 나무들과 함께 나는 우두커니 서 있다


廢墟는 봄  봄은 나의 孤獨을 쫓아버린다

나는 어디로 갈까?  나의 希望은 過去分詞가 되어 사라져버린다


廢墟에서 나는 나의 孤獨을 주어 모았다

봄은 나의 追憶을 無地[860]로 만든다  나머지를 눈물이 씻어버린다

낮 지난 별은 이제 곧 사라진다

낮 지난 별은 사라져야만 한다

나는 이제 발을 떼어놓지 아니하면 아니되는 것이다

바람은 봄을 뒤흔든다  그럴 때마다 겨울이 겨울에 포개진다

바람 사이사이로 綠色 바람이 새어 나온다  그것은 바람 아닌 香氣다 나는 나의 모든 것을 묻어버리지 아니하면 아니된다 나는 흙을 판다

　　　흙속에는 봄의 植字[861]가 있다


地上에 봄이 滿載[862]될 때  내가 묻은 것은 鑛脈이 되는 것이다

이미 바람이 아니불게 될 때  나는 나의 幸福만을 파내게 된다

---

859　禿頭翁 : 대머리 늙은이, 백발노인.
860　無地 : 전체가 한 가지 빛깔로 무늬가 없음, 또는 그런 옷감.
861　植字 : 활판 인쇄에서, 문선(文選)한 활자를 원고대로 짜는 일.
862　滿載 : 가득 실음.

## 作品 第三番

口腔의 色彩를 알지 못한다 — 새빨간 사과의 빛깔을 —

未來의 끝남은　面刀칼을 쥔채 잘려 떨어진 나의 팔에 있다　이것은 시작됨인「未來의 끝남」이다　過去의 시작됨은 잘라 버려진 나의 손톱의 發芽에 있다　이것은 끝남인「過去의 시작됨」이다

### 1

나 같은 不毛地[854]를 地球로 삼은 나의 毛髮을 나는 측은해한다

나의 살갗에 발라진 香氣 높은 香水　나의 太陽浴

榕樹[855]처럼 나는 끈기 있게 地球에 뿌리를 박고 싶다　사나토리움[856]의 한 그루 팔손이나무[857]보다도 나는 가난하다

나의 살갗이 나의 毛髮에 이러 함과 같이 地球는 나에게 不毛地라곤 나는 생각지 않는다

잘려진 毛髮을 나는 언제나 땅 속에 埋葬한다 — 아니다 植木한다

### 2

留置場에서 즈로오스[858]의 끈마저 빼앗긴 良家집 閨秀는 한 자루 가위를 警官에게 要求했다

---

854　不毛地 : 식물이 자라지 못하는 거칠고 메마른 땅.
855　榕樹 : 열대에서 사는 상록 교목.
856　사나토리엄(sanatorium) : 결핵 및 각종 신경 질환을 치료하는 요양소. 교외에 설치되며, 맑은 공기, 쾌적한 햇빛, 조용한 환경을 이용하여 병을 치료한다.
857　팔손이나무 : 두릅나뭇과의 상록 활엽 관목. 높이는 2~3미터이며, 잎은 어긋나 가지 끝에서는 긴 잎자루 끝에 모여나는데 손바닥 모양으로 갈라진다. 잎은 약용하고 관상용으로 재배한다. 한국의 남해·거제도와 동아시아에 분포한다.
858　즈로오스(drawers) : 여성용 팬츠.

찢기고 만다

(3월 20일)

— 발표지면 : 『文學思想』, 1976.7 ; 유정 역

帽子 나의 思想을 掩護[851]해 주려무나!

나의 데드마스크[852]엔 帽子는 필요 없게 된단 말이다!

그림달력의 薔薇가 봄을 준비하고 있다


붉은 밤　　보라빛 바탕

별들은 흩날리고 하늘은 나의 쓰러져 客死할 廣場

보이지 않는 별들의 嘲笑

다만 남아 있는 오리온座의 뎅구는 못[釘]같은 星員

나는 두려움 때문에　　나의 얼굴을 變裝하고 싶은 오직 그 생각에 나의 꺼칠한 턱수염을 손바닥으로 감추어본다


정수리 언저리에서 개가 짖었다　　不誠實한 地球를 두드리는 소리

나는 되도록 나의 五官[853]을 取消하고 싶다고 생각한다

心理學을 포기한 나는 기꺼이 ─ 나는 種族의 繁殖을 위해 이 나머지 細胞를 써버리고 싶다

바람 사나운 밤마다 나는 차차로 한 묶음의 턱수염 같이 되어버린다

한줄기 길이 山을 뚫고 있다

나는 불 꺼진 彈丸처럼 그 길을 탄다

봄이 나를 뱉어낸다　　나는 차거운 壓力을 느낀다

듣자 하니 ─ 아이들은 나무밑에 모여서 겨울을 말해버린다

화살처럼 빠른 것을 이 길에 태우고 나도 나의 不幸을 말해버릴까 한다

한 줄기 길에 못이 서너개 ─ 땅을 파면 나긋나긋한 풀의 準備 ─ 봄은 갈갈이

---

851　掩護 : 덮거나 가려 숨겨주거나 보호해 줌.
852　데드마스크(death mask) : 죽은 직후에 죽은 사람의 얼굴에서 직접 본을 떠서 만든 안면상(顔面像).
853　五官 : 다섯 가지 감각 기관. 눈, 귀, 코, 혀, 피부를 이른다.

여자는 자기 손을 먹을 수도 있었다


나의 食慾은 一次方程式[847]같이 簡單하였다

나는 곧잘 色彩를 삼키곤 한다

透明한 光線 앞에서 나의 味覺은 거리낌없이 表情한다

나의 空腹은 音響에 共鳴한다 — 예컨대 나이프[848]를 떨군다 —


여자는 빈 접시 한 장을 내 앞에 내어놓는다 — (접시가 나오기 전에 나의 味覺은 이미 料理를 다 먹어치웠기 때문이다)

여자의 嘔吐는 여자의 술을 뱉어낸다

그리고 나에게 대한 體面마저 함께 뱉어내고 만다(오오 나는 웃어야 하는가 울어야 하는가)

料理人의 단추는 오리온座[849]의 略圖다

여자의 肉感的인 부분은 죄다 빛나고 있다 달처럼 반지처럼

그래 나는 나의 身分에 걸맞게시리 나의 表情을 節約하고 謙遜하고 하는 것이었다

帽子 — 나의 帽子  나의 疾床을 監視하고 있는 帽子

나의 思想의 레텔[850]  나의 思想의 흔적  너는 알 수 있을까?

나는 죽는 것일까  나는 이냥 죽어가는 것일까

나의 思想은 네가 내 머리 위에 있지 아니하듯 내 머리에서 사라지고 없다

---

847  一次方程式 : 미지수의 가장 높은 차수의 항이 일차인 방정식.
848  나이프(nife) : 칼.
849  오리온좌 : 쌍둥이자리와 에리다누스강자리 사이에 있는 별자리. 2월 초순에 자오선을 통과한다. 오리온자리 중앙에 나란히 있는 세 개의 큰 별이 있다.
850  레텔(letter 네) : 라벨, 꼬리표, 부전(附箋).

배 — 그 속 — 의 結晶을 加減할 수 있도록 小量의 리트머스液을 나는 나의 食事에 곁들일 것을 잊지 않았다

나의 배의 發音은 마침내 三角形의 어느 頂點을 정직하게 출발하였다


記四


獷의 裸體는 나의 裸體를 꼬옥 닮았다   혹은 이 일은 이 일의 反對일지도 모른다

나의 沐浴시간은 獷의 勤務시간 속에 있다

나는 穿衣846인채 浴室에 들어서 가까스로 浴槽로 들어간다 — 벗은 옷을 한 손에 안은채 —

언제나 나는 나의 祖上 — 肉親을 僞造하고픈 못된 충동에 끌렸다

恥辱의 系譜를 짊어진채 내가 解剖臺의 이슬로 사라질 날은 그 어느 날에 올 것인가?


皮膚는 한 장 밖에 남아 있지 않다

거기에 나는 파랑잉크로 함부로 筋을 그렸다

이 초라한 包裝 속에서 나는 생각한다 — 骸骨에 대하여 …… 墓地에 대하여 영원한 景致에 대하여


달덩이 같은 얼굴에 여자는 눈을 가지고 있다

여자의 얼굴엔 입맞춤할 데가 없다

---

845 리트머스(litmus) : 리트머스이끼 따위의 이끼 종류의 식물에서 짜낸 자줏빛 색소. 알칼리를 만나면 푸른색이 되고, 산을 만나면 붉은색이 되므로, 알칼리성인지 산성인지를 검사하는 지시약으로 쓴다.

846 穿衣 : 해어진 옷.

模型이었다

　나는 獚의 嗅覺을 믿고 이를 마당귀에 묻었다　물론 또 하나의 不良品도 함께 試驗的 태도로—

　얼마 후 나는 逆倒病<sup>842</sup>에 걸렸다　나는 날마다 印刷所의 活字 두는 곳에 나의 病軀를 이끌었다

　知識과 함께 나의 病집은 깊어질 뿐이었다

　하루 아침 나는 食事 定刻에 그만 잘못 假睡<sup>843</sup>에 빠져들어갔다　틈을 놓치려 들지 않는 獚은 그 金屬의 꽃을 물어선 나의 半開의 입에 떨어뜨렸다　時間의 습관이 食事처럼 나에게 眼藥을 무난히 넣게 했다

　病집이 知識과 中和했다—세상에 巧妙하기 짝이 없는 治療法—그후 知識은 급기야 左右를 兼備하게끔 되었다

　　　記三

　腹話術<sup>844</sup>이란 결국 言語의 貯藏倉庫의 經營일 것이다

　한 마리의 畜生은 人間 이외의 모든 腦髓일 것이다

　나의 腦髓가 擔任 支配하는 사건의 大部分을 나는 獚의 位置에 貯藏했다—冷却되고 加熱되도록—

　나의 規則을—그러므로—리트머스<sup>845</sup>紙에 썼다

---

842　逆倒病 : 거꾸로 뒤집는 병. 여기서는 활자를 거꾸로 뒤집는 증세를 뜻하는 게 아닌가 한다.
843　假睡 : 의식이 반쯤 깨어 있는 옅은 잠.
844　腹話術 : 입술을 거의 움직이지 않고, 제 목소리와는 다른 목소리를 내어 마치 다른 사람이 말하는 것처럼 느끼게 하는 기술.

고 있었는가는 그의 葬禮式 중에 분실된 그의 오른팔 — 현재 獏이 입에 물고 온 — 을 보면 대충 짐작하고도 남음이 있을 것이다

그래 그가 供養碑 建立期成會의 會長이었다는 사실은 무릇 무엇을 의미하는가?

不均衡한 建築物들로 하여 뒤얽힌 病院構內의 어느 한 귀퉁이에 세워진 그 供養碑의 쓸쓸한 모습을 나는 언제던가 공교롭게 지나는 길에 본 것을 기억한다    거기에 나의 牧場으로부터 護送돼 가지곤 解剖臺의 이슬로 사라진 숱한 개들의 恨 많은 魂魄이 뿜게 하는 殺氣를 나는 느끼지 않을 수가 없었다    나는 더더구나 그의 手術室을 찾아가 例의 腱840의 切斷을 그에게 依賴해야 했던 것인데 —


나는 獏을 꾸짖었다    主人의 苦悶相을 생각하는 한 마리 畜生의 人情보다도 차라리 이 경우 나는 社會 一般의 禮節을 重히 하고 싶었기 때문이다 —

그를 잃은 후의 나에게 올 自由 — 바로 현재 나를 染色하는 한 가닥의 눈물 — 나는 흥분을 가까스로 鎭壓하였다

나는 때를 놓칠세라 그 팔 그대로를 供養碑 近邊841에 묻었다    죽은 그가 죽은 動物에게 한 本意 아닌 契約을 반환한다는 形式으로 ……


　　記二


봄은 五月    花園市場을 나는 獏을 동반하여 걷고 있었다 玩賞花草種子를 사기 위하여 ……

獏의 날카로운 嗅覺은 播種後의 成績을 소상히 豫言했다    陳列된 온갖 種子는 不發芽의 不良品이었다

허나 獏의 嗅覺에 합격된 것이 꼭 하나 있었다    그것은 大理石 模造인 種子

---

840　腱 : 힘줄, 힘줄의 밑둥, 또는 아킬레스건.
841　近邊 : 가까운 주변.

# 獚의 記　作品 第二番

　— 獚[836]은 나의 牧場을 守衛하는 개의 이름입니다.


(1931년 11월 3일 命名)


　　記一


　밤이 이슥하여 獚이 짖는 소리에 나는 熟眠에서 깨어나 屋外 골목까지 獚을 마중나갔다　주먹을 쥔채 잘려 떨어진 한 개의 팔을 물고 온 것이다

　보아하니 獚은 일찌기 보지 못했을만큼 몹시 蒼白해 있다

　그런데 그것은 나의 主治醫 R醫學博士의 오른팔이었다　그리고 그 주먹 속에선 한 개의 勳章이 나왔다

　— 犧牲動物供養碑 除幕式紀念 — 그런 메달[837]이었음을 안 나의 記憶은 새삼스러운 感動을 받지 않을 수가 없었다.


　두 個의 腦髓 사이에 생기는 連絡神經을 그는 癌이라고 완고히 주장했었다　그리고 定期的으로 그의 참으로 뛰어난 메스[838]의 技巧로써

　그 神經腱[839]을 잘랐다　그의 그같은 二元論的 生命觀에는 실로 철저한 데가 있었다

　지금은 故人이 된 그가 얼마나 그 紀念章을 그의 가슴에 장식하기를 주저하

---

836　獚 : 이것은 黃과 犬의 결합으로, 누렁이를 의미하며, 곧 獸性을 지닌 이상의 또 다른 분신을 뜻한다.
837　메달(medal) : 표창이나 기념의 표지로 금·은·동 따위에 여러 가지 모양을 새겨 넣어 만든 둥근 패(牌).
838　메스(mes 네) : 수술이나 해부를 할 때 쓰는, 작고 예리한 칼.
839　神經腱 : 신경(생물이 자신의 몸과 주위에서 일어나는 각종 변화를 감지하고 종합하여 적절한 반응을 일으키도록 하는 기관)과 연결된 힘줄을 뜻하는 듯.

十二

거울의 屈折反射의 法則⁸²⁹은 時間方向留任問題를 解決하다. (軌跡⁸³⁰의 光年⁸³¹ 運算)

나는 거울의 數量을 빛의 速度에 의해서 計算하였다. 그리고 로켓트의 設計를 中止하였다.

別報, 梨孃 R靑年公爵 家傳⁸³²의 발(簾)에 감기어서 慘死하다.

別報, 象形文字⁸³³에 의한 死都發掘探索隊⁸³⁴ 그의 機關紙를 가지고 聲明書를 發表하다.

거울의 不況⁸³⁵과 함께 悲觀說 擡頭하다.

— 발표지면 : 『現代文學』, 1960.11; 김수영 역

---

829 屈折反射의 法則 : 굴절의 법칙(방향이 바뀌어도 물리적 성질은 바뀌지 아니하는 빛이나 소리가 두 매질을 지나면서 굴절할 때, 입사각의 사인(sine)과 굴절각의 사인의 비는 일정하다는 법칙)과 반사의 법칙(두 매질의 부드러운 경계면에서 빛이 반사할 때 입사 광선과 반사 광선은 같은 평면 위에 있고 입사각과 반사각의 크기가 같다는 법칙).
830 軌跡 : 일정한 조건을 만족하면서 운동하는 점이나 선이 그리는 도형.
831 光年 : 천체와 천체 사이의 거리를 나타내는 단위. 1광년은 빛이 초속 30만 km의 속도로 1년 동안 나아가는 거리로 9조 4670억 7782만 km이다.
832 家傳 : 한 집안의 사적(事績)을 적은 기록. 집안에 대대로 전해 내려옴.
833 象形文字 : 물건의 형상을 본떠서 만든 글자.
834 死都發掘探索隊 : 원문은 '死都發掘探險隊'이다.
835 不況 : 불경기.

망치게 한 當代의 豪傑이었다는 말이 記錄되어 있었다.

### 九

나는 第三番째의 발과 第四番째의 발의 設計中, 熾으로부터의 「발을 짜르다」[822]라는 悲報에 接하고 愕然해지다.[823]

### 十

나의 방의 時計 별안간 十三을 치다. 그때, 號外의 방울소리 들리다. 나의 脫獄의 記事.
不眠症과 睡眠症[824]으로 시달림을 받고 있는 나는 항상 左右의 岐路에 섰다.
나의 內部로 向해서 道德의 記念碑가 무너지면서 쓰러져 버렸다. 重傷. 세상은 錯誤를 傳한다.
13+1=12[825] 이튿날(卽 그때)부터 나의 時計의 침은 三個였다.

### 十一

三次角의 餘角[826]을 發見하다. 다음에 三次角과 三次角의 餘角과의 和는 三次角과 補角[827]이 된다는 것을 發見하다.
人口問題의 應急手當[828] 確定되다.

---

822  발을 짜르다 : 혁은 문종혁을 의미하며, 발을 수술하였던 사실을 말한다. 이에 대해서는 '족부수술'이라는 내용으로 「혈서삼태」에 나와 있다.
823  愕然해지다 : 몹시 놀라 정신이 아찔해지다.
824  睡眠症 : 잠이 계속 오는 증세를 일컫는 듯.
825  전집(2·3)에는 '12+1=13'으로 오기.
826  餘角 : 수학에서, 두 각의 합(合)이 직각일 때, 그 한 각에 대한 다른 각을 이르는 말.
827  補角 : 수학에서, 두 각의 합이 180°일 때, 한쪽 각을 다른 각에 대하여 이르는 말. 이 경우, 두 각은 서로 보각을 이룬다고 함.
828  應急手當 : 급한 정황에 대처하는 데 주는 보수.

래 한자루의 匕首⁸¹⁵(길이三尺)를 入手하였다.

夜陰을 타서 나는 病室을 뛰쳐나왔다. 개가 짖었다. 나는 이쯤이면 하고 匕首를 나의 배꼽에다 찔러 박았다.

不幸히도 나를 逮捕하려고 뒤 쫓아 온 나의 母親이 나의 등에서 나를 얼싸 안은 채 殺害되어 있었다. 나는 無事하였다.


　　　　七

地球儀 위에 곤두를 섰다⁸¹⁶는 理由로 나는 第三인터내슈날⁸¹⁷黨員들한테서 몰매를 맞았다.

그래선 繰縱士 없는 飛行機에 태워진채로 空中에 내던져졌다. 酷刑⁸¹⁸을 비웃었다.

나는 地球儀에 접근하는 地球의 財政裏面을 이때 嚴密仔細히 檢算하는 機會를 얻었다.


　　　　八

娼婦가 分娩한 死兒의 皮膚全面⁸¹⁹에 文身⁸²⁰이 들어 있었다. 나는 그 暗號를 解題하였다.

그 死兒의 先祖는 옛날에 機關車를 치어서 그 機關車로 하여금 流血淋漓,⁸²¹ 도

---

814　暗澹한 : 어두컴컴하고 쓸쓸한, 희망이 없고 절망적인.
815　匕首 : 날이 예리하고 짧은 칼.
816　곤두를 섰다 : 곤두서다. 거꾸로 꼿꼿이 서다.
817　第三인터내슈날 : 국제 공산주의 조직. 공산주의 인터내셔널(Communist International)이라고도 함. 별칭은 Comintern. 1919년에 설립된 각국 공산당들의 연합.
818　酷刑 : 가혹한 형벌.
819　皮膚全面 : 원문은 '皮膚ノ一面'으로 '피부의 일면'이라는 의미도 있다.
820　文身 : 살갗을 바늘로 찔러 먹물이나 물감으로 글씨, 그림, 무늬 따위를 새기거나, 또는 그렇게 새긴 것.
821　流血淋漓 : 피가 흥건하게 흐르거나 뚝뚝 떨어지는 모양.

이 계속했다. 疲勞가왔다.

아니나 다를까, 이는 一九三二年五月七日(父親의 死日)[808] 大理石發芽事件의 前兆이었다.

허나 그때의 나는 아직 한개의 方程式無機論[809]의 熱烈한 信奉者였다.

　　　四

腦髓替換問題 드디어 重大化되다.

나는 남몰래 精虫[810]의 一元論을 固執하고 精虫의 有機質의 分離實驗에 成功하다. 有機質의 無機化問題 남다.

R靑年公爵에 邂逅하고[811] CREAM LEBRA[812]의 秘密을 듣다. 그의 紹介로 梨孃과 알게 되다.

例의 問題[813]에 光明 보이다.

　　　五

混血兒Y, 나의 입맞춤으로 毒殺되다.

監禁당하다.

　　　六

再次 入院하다. 나는 그다지도 暗澹한[814] 運命에 直面하여 自殺을 決意하고 남몰

---

808　父親의 死日 : 백부 김연필의 사망일을 말함.
809　方程式無氣論: 뒷내용과 결부해 볼 때 "유기질의 무기화 문제"를 다룬 방정식인 듯. 방정식은 어떤 문자가 특정한 값을 취할 때에만 성립하는 등식.
810　精虫 : 정자.
811　'R靑年公爵과 邂逅하고'가 보다 정확한 표현이다.
812　CREAM LEBRA : 전집(2)는 '정충'의 은유로, 전집(3)은 언어유희로 설명하였다. 「공포의 성채」에도 "그는 「레브라」와 같은 화려한 밀탁승의 불화(佛畵)를 꿈꾸고 있다"라는 구절이 있는데, '크림 레브라'는 나병약이 아닐까?
813　例의 問題 : 有機質의 無機化 問題.

# 一 九 三 一 年(作品 第一番)[800]

　　　　一

나의 肺가 盲腸炎을 앓다. 第四病院에 入院. 主治醫盜難 — 亡命의 소문나다.
철늦은 나비를 보다. 看護婦人形購入. 模造盲腸을 制作하여 한장의 透明琉璃의 저편에 對稱點을 만들다. 自宅治療의 妙를 다함.
드디어 胃病倂發하여 顔面蒼白. 貧血.

　　　　二

心臟의 去處不明. 胃에 있느니, 가슴에 있느니, 二說紛紛하여 걷잡을 수 없음.
多量의 出血을 보다. 血液分析의 結果, 나의 피가 無機物의 混合이라는 것 判明함.
退院. 巨大한 샤프트[801]의 紀念碑 서다. 白色의 少年, 그 前面에서 狹心症[802]으로 쓰러지다.[803]

　　　　三

나의 顔面에 풀[804]이 돋다. 이는 不撓不屈[805]의 美德을 象徵한다.
나는 내 자신이 더할 나위없이 싫어져서 等邊形[806] 코오스[807]의 散步를 매일같

---

800　이 작품은 「황의 기 작품 제2번」, 「작품 제3번」과 연작을 이룬다. 전집(2)는 이들 작품을 모두 시집에 포함시켰으나 전집(3)은 「一九三一年(作品 第一番)」만 시집에 포함시켰다. 연작일 뿐만 아니라 작품의 특성상 시집에 포함시키는 것이 타당하리라고 본다.
801　샤프트(shaft) : 기둥, 창, 자루, 음경.
802　狹心症 : 심장부에 갑자기 심한 아픔과 발작이 일어나는 증상. 관상(冠狀) 동맥의 경화나 경련 따위로 일어나는데, 급성 심장 마비의 원인이 되기도 함.
803　쓰러지다 : 원문은 '斃ル'으로 '죽다'가 적합하다.
804　풀 : '수염'을 말하는 듯.
805　不撓不屈 : 원문은 '不繞不屈'이다. 뜻은 '흔들리지도 굴하지도 않는'이다.
806　等邊形 : 각 변의 길이가 같은 도형.
807　코오스(course) : 달리거나 나아가는 길.

······ 아니야 영 틀린 것 같네 ······ 개는 舊式스러운 拳銃을 입에 물고 있다

그것을 내 앞에 내민단 말이다 ······ 제발 부탁이니 그 여잘 죽여다오 제발 부탁이니 ······ 하고 쓰러져 운다

을 도려내어 空腹을 나르는 나의 隱袋[798]는 무겁다 ······ 나는 어떡허면 좋을까 ······ 내일과 내일과 다시 내일을 위해 난 깊은 瘖寐[799]에 빠졌다

發見의 기쁨은 어찌하여 이다지도 빨리 發見의 두려움으로 하여 슬픔으로 바뀌었는가에 대하여 나는 熟考하기 위해 나는 나의 꿈마저도 나의 龕室로부터 追放했다

憂鬱이 계속되었다　겨울이 가고 이윽고 다람쥐 같은 봄이 와서 나를 다나는 拳銃처럼 꺼멓게 여윈 몸뚱이를 깊은 衾枕에서 일으키기란 불가능했다

꿈은 여봐라고 나를 부려먹었다　탄알은 地獄의 마른 풀처럼 시들었다

— 健康體인채 —　　(1931년 11월 3일)

— 발표지면 : 『文學思想』, 1976.6; 유정 역

---

798　隱袋 : 김윤성은 '안자루'로 번역.
799　瘖寐 : 깸과 잠듦.

나는 東洋사람의 屍體로부터 마침내 東洋文字의 奧義[796]를 發掘한 것이다 ……

…… 자네가 나를 좋아하는 것도 말하자면 내가 東洋사람이라는 단순한 理由이지? ……

…… 얘기는 좀 다르다. 자네, 그 문패에 쓰여져 있는 글씨를 가르쳐 주지 않겠나?

…… 지위져서 잘 모르지만, 아마 자네의 生年月日이라도 쓰여져 있었겠지 ……

…… 아니 그것 뿐인가? ……

…… 글쎄, 또 있는 것같지만, 어쨌든 자네 故鄕 地名같기도 하던데, 잘은 모르겠어 ……


내가 피우고 있는 담배연기가, 바람과 羊齒類 때문에 樹木과 같이 사라지면서도 좀체로 사라지지 않는다.

…… 아아, 죽음의 숲이 그립다 …… 개는 안팎을 번갈아가며 뒤채어 보이고 있다. 오렌지빛 구름에 노스탈쟈[797]를 呼訴하고 있다.

— 발표지면 : 『現代文學』, 1966.7 ; 김윤성 역


時計를 보았다　　時計는 멈춰 있다

…… 모이를 주자 …… 나는 短杖을 부러뜨렸다　아문젠翁의 食事처럼 매말라 있어라 × 아하

…… 당신은 Mademoiselle Nashi를 아시나요　난 그 여자 때문에 幽閉돼 있답니다 …… 나는 숨을 죽였다

---

796　奧義 : 매우 깊은 뜻.
797　노스탈쟈(nostalgia) : 낯선 타향에 있으면서 고향이 그리워지거나, 지난날이 그리워지는 마음. 향수(鄕愁). 회향병(懷鄕病).

벌(蜂)의 忠實은 진달래를 흩뿌려 놓았다.

내 日課의 重複과 함께 개는 나에게 따랐다. 돌과같은 비가 내려도 나는 개와 만나고 싶었다. …… 개는 나를 기다리고 있을 것이다 …… 개와 나는 어느새 아주 친한 친구가 되었다.
　…… 죽음을 覺悟하느냐, 이 삶은 그대로 받아들이지 않을 수 없느니라 …… 이런 값 떨어지는 말까지 하는 일이 있다. 그러나 개의 눈은 마르는 법이 없다, 턱은 나날이 길어져가기만 했다.

## 3

가엾은 개는 저 미움기 짝없는 문패 裏面밖에 보지 못한다. 개는 언제나 그 문패 裏面만을 바라보고는 憤懣793과 厭世794를 느끼는 모양이다. 그리고 괴로와 하는 모양이다.
　개는 내 눈앞에서 그것을 睥睨795했다.
　…… 나는 내가 싫다 …… 나는 가슴속이 막히는 것을 느끼지 않을 수 없었다. 그러나 그렇게 느끼는 그대로 내버려둘 수도 없었다.
　…… 어디? ……

개는 故鄕얘기를 하듯 말했다. 개의 얼굴은 憂鬱한 表情을 하고 있다.
　…… 東洋사람도 왔었지. 나는 東洋사람을 좋아했다, 나는 東洋사람을 硏究했다.

---

793　憤懣 : 분하고 답답함, 분울.
794　厭世 : 세상을 괴롭고 귀찮은 것으로 여겨 비관함.
795　睥睨 :「출판법」의 주 참조.

換한 것일까, 이에 對해 나는 熟考하기 위해서 나는 나의 꿈까지도 나의 감실(龕)[786]로부터 追放했다.

우울이 계속되었다. 겨울이 지나고 머지않아 실(糸)과 같은 봄이 와서 나를 避해갔다. 나는 피스톨처럼 거무스레 수척해진 몸을 내 깊은 금침[787] 속에서 일으키는 것은 不可能했다.

꿈은 공공연하게 나를 虐使[788]했다. 彈丸은 地獄의 乾草[789] 모양 시들었다 ─ 健康體인 그대로 ─

## 2

나는 개 앞에서 팔뚝을 걷어붙여 보였다. 脈搏의 몬테·크리스트[790]처럼 뼈를 파헤치고 있었다 …… 나의 墓掘 ……

四月이 絶望에게 MICROBE[791]와 같은 希望을 플러스[792]한데 대해, 개는 슬프게 이야기했다.

꽃이 賣春婦의 거리를 이루고 있다.

…… 안심을 하고 ……

나는 피스톨을 꺼내보였다, 개는 白髮老人처럼 웃었다 …… 수염을 단 채 떨어져나간 턱.


개는 솜(綿)을 토했다.

---

786 감실 : 사당 안의, 신주(神主)를 모셔 두는 장(欌).
787 금침 : 衾枕. 이부자리와 베개를 아울러 이르는 말.
788 虐使 : 사람을 혹독하게 부림.
789 乾草 : 베어서 말린 풀.
790 뒤마의 소설 『몬테 크리스토 백작』의 인물 몬테 크리스토 백작을 의미하는 듯.
791 MICROBE : 세균, 미생물, 병원균.
792 플러스(plus) : 더하기.

獍[781]

시계를 보았다. 시계는 서있다.

…… 먹이를 주자 …… 나는 단장[782]을 분질렀다 × 아문젠[783]翁의 食事와 같이 말라 있어라 × 순간,

…… 당신은 MADEMOISELLE NASHI[784]를 잘 아십니까, 저는 그녀에게 幽閉당하고 있답니다 …… 나는 숨을 죽였다.

…… 아냐, 이젠 가망없다고 생각하네 …… 개는 舊式처럼 보이는 피스톨[785]을 입에 물고 있다. 그것을 내게 내미는 것이다 …… 제발 부탁이네, 그녀를 죽여다오, 제발 …… 하고 그만 울면서 쓰러진다.

어스름 속을 헤치고 空腹을 운반한다. 나의 안자루(袋)는 무겁다 …… 나는 어떻게 하면 좋을까 …… 내일과 내일과 다시 또 내일을 위해 난 깊은 잠속에 빠져들었다.

發見의 기쁨은 어찌하여 이다지도 빨리 發見의 두려움으로 또 슬픔으로 轉

---

781 유고로 전하는 이 작품의 바로 앞에 「무제」(故王의 땀…)가 있으며, 내용상 서로 연결되어 있다. 김윤성의 번역본에 「무제」는 '1'부터 시작되어 「황」의 2연 끝인 '健康體인 그대로'까지 이어지며, 그 뒤에 '2'와 '3'단락이 연결되어 있다. 그러므로 '1'단락의 중간부터 「황」이 시작된 셈이며, 전체로 보면 「무제」 속에 「황」이 들어 있는 모습이다. 원문이 그러한지 김윤성이 임의로 그렇게 구분했는지는 잘 알 수 없지만, 「무제」와 「황」이 긴밀히 연결되어 있음은 분명하다. 이 작품은 「황의 기」와 연작의 성격을 띤다. 전집(2)는 이 작품을 시집에 포함시켰으나 전집(3)은 제외함. 연작의 성격을 띠고 있고, 이상의 다른 시와 성격이 유사하기 때문에 여기에서는 시집에 포함시켰다. 이 작품은 김윤성, 유정의 번역으로 소개되었는데, 후자는 일부만 번역되었으며, 조금 차이가 있어 같이 실어둔다. 獍은 황구(黃狗), 곧 누렁이를 뜻한다.

782 단장 : 短杖. 짧은 지팡이.

783 아문젠 : Roald Amundsen(1872~1928) 노르웨이의 극지탐험가. 1911년 12월 14일 인류사상 최초로 남극점 도달에 성공하였다.

784 MADEMOISELLE NASHI : 나시 양(孃).

785 피스톨(pistol) : 권총.

아— 얼마나 무섭고 鈍重한[776] 사랑의 제스처일까. 곧 여자는 나가버렸다.

찰싹찰싹하는 물소리가 들렸다. 장짓문[777] 너머에서 고양이의 신음소리가 深刻하다, 아무래도 한 마리인 것같다. 실없은 놈들이다.

말— 말이다. 쌍말이다. 땀에 젖은 瘡痍투성이의 쌍말임에 틀림없다.

구멍은 없는가. 幽靈처럼 그 속에서 도망쳐 나가고 싶다. 허지만 여기가 정작 참아야 할 데다. 될수있는대로 興奮해보자.

밟혀 죽을 게 아닌가. 튼튼해 보이는 말이다. 허지만 나한테는 뼈가 있다. 뼈는 여자를 魅惑할 것이다.

消毒箸[778]를 집어서 새까만 우엉을 하나 집어본다. 瀝靑[779]에 담갔던 것처럼 끈적끈적하고 달아 보인다. 입은 그것을 기다린다.

무섭게 짜다. 눈알이 튀어나올 것같다. 여자가 들어온다. 나는 그것을 맞이할 수가 없다. 나의 얼굴 全體가 짜기 때문이다.

여자는 나에게 이유를 물었다. 나는 答辯하기가 거북하지 않을 수 없다. 술이 없느냐고 말했다. 여자는 사람을 흔들어깨듯이 술병을 흔들어 보였다. 있다.

나는 한 모금 마셨다. 고추장이 먹고 싶다. 故鄕에 돌아가야 한다. 그러자 여자의 白痴 비슷한 표정마저도 꿈같이 그리웁게 보인다.

여자는 幻想 속에서 故鄕의 服裝을 하고 있었다. 말한테서는 垈土[780]와 거름 냄새가 났다.

— 발표지면 : 『現代文學』, 1966.7; 김수영 역

---

776  鈍重한 : 무겁고 둔한, 느른하고 활발하지 못한.
777  장짓문 : 마루나 부엌 같은 데서 방으로 드나드는 외짝문에 장지를 덧들인 문.
778  消毒箸 : 소독을 한 나무로 만든 젓가락.
779  瀝靑 : 아스팔트·콜타르·피치 따위. 탄화수소의 화합물.
780  垈土 : 집터, 집터의 땅.

그러니까 나는 아직도 아직도 슬퍼해서는 안된다고 그러는데. 마음을 튼튼히 갖지 않으면 안된다.

나는 호주머니 속의 銀貨를 세었다. 재빠르게 — 그리고 재촉했다.

先金注文⁷⁷⁰인 것이다.

여자의 얼굴은 한결 더 흰하다. 脂粉⁷⁷¹은 高貴한 織物처럼 찬란한 光芒⁷⁷²조차 發했다. 향기 풍부하게 —

허나 이 銀貨로 交換될 것은 무엇인가. 나는 그것을 깜박 잊어버리고 있다. 이만저만한 바보가 아니다.

그러자 갑자기 여자의 두 볼은 臀部⁷⁷³에 있는 그것처럼 깊은 한 줄씩의 주름살을 보였다. 奇怪한 일이다. 여자는 도대체 이렇게 하고 웃으려고 하는 것인가.

골을 내려고 하는 것인가 위협을 하려고 하는 것인가 아니면 결국 울려고 하는 것인가. 나에게는 더이상 참을 수 없는 威脅이다.

여자는 일어났다. 그리고 흘깃 내쪽을 보았다. 어떻게 하려는가 했더니 선 채로 내위로 버럭 덮쳐왔다. 이것은 틀림없이 나를 壓殺⁷⁷⁴하려고 하는 것일 것이다.

나는 손을 허공에 내저으면서 바보같은 悲鳴을 올렸다. 말의 體臭가 나를 毒殺시킬것만 같다.

놀랐던 모양이다. 여자는 비켜났다. 그리고 지금의것은 求愛의 혹은 愛情에 報答하는 表情이라는 것을 나에게 말했다.

나는 몸에 惡寒⁷⁷⁵을 느끼면서도 억지로 부드럽게 웃는 낯을 해 보였다. 여자는 알겠다는 듯이 너그럽게 고개를 끄덕거려 보였다.

---

770  先金注文 : 물건값이나 품삯 따위의 일부 또는 전부를 미리 치르고 주문하는 것. 여기에서는 화대를 미리 치르는 것을 말함.
771  脂粉 : 연지(臙脂)와 백분(白粉)을 아울러 이르는 말.
772  光芒 : 빛. 퍼지어 나가는 빛살.
773  臀部 : 볼기, 엉덩이.
774  壓殺 : 짓눌러 죽임, 또는 힘으로 짓눌러 상대편의 의지나 활동을 막아 버림.
775  惡寒 : 몸이 오슬오슬 춥고 떨리는 증상.

갔다.

 분주한 발걸음소리가 나고 窓들의 帳幕은 내려졌다. 紫色 光線이 요염하게 반짝거렸다. 허지만 그것은 온통 黃色이었다.
 손가락은 가야 할 곳으로 갔다. 눈을 감은 兵士는 개흙 진 沼澤地[766]로 발을 들여놓았다. 뒤에서 뒤에서 자꾸 밀려드는 陶醉와같은 失策.
 피의 빛을 五色으로 華麗하게 하는 — 자신의 힘으로는 도저히 어찌할 도리가 없는 어린애와같은 失足 — 進行해감으로써 그것은 完全히 停止되어있었다.

 술은 대체 누구를 위해서 차려온 것인지 도무지 알 수 없다. 허기는 내자신을 위한 것이 아니라는 것만은 명백하지만.
 여자는 흡사 치워버리기나 하는 것처럼 술을 다 마셔버렸다. 洪水와같은동작이다. 그리고 간간이 그 페스트[767]같은 우엉[768]을 그 滑躍筋 사이에다 집어넣었다.
 이 여자는 이 형편없는 非衛生때문에 금방 病에 걸려 벌떡 소처럼 쓰러지지나 않을까 하고 생각했다. 여자는 화려한 얼굴을 하고 있다.
 배가 고픈 모양이다. 나는 그것을 알아차릴 수는 없다. 나는 그런 慧眼[769]은 없다. 허지만 그렇다고 치면 역시 얼마나 石碑같은 體重이겠는가.
 슬픔이 치밀어올랐다. 이만 술로 여자는 취할 것같지 않다. 또한 여자는 자주 내가 한시바삐 취하기를 기다리고 있는 것같다.

 여자의 表面에서 浮沈하고 있었던 標的이 失踪했다.

---

766 沼澤地 : 늪과 연못으로 둘러싸인 습한 땅.
767 페스트(pest) : 페스트균에 의한 급성 전염병으로 고열·두통·구토 따위의 증세가 있고 피부가 흑자색으로 변함. 순환기 강하게 침범받아 치사율이 높다. 흑사병(黑死病).
768 우엉 : 국화과 두해살이풀. 높이는 50~150cm이며, 줄기잎은 어긋나고 뿌리잎은 모여나며 심장 모양에 가깝다. 뿌리와 어린잎은 식용하고 씨는 약용한다.
769 慧眼 : 사물을 꿰뚫어 보는 안목과 식견. 우주의 진리를 밝게 보는 눈.

금방 울음이 터져나올 것같은 얼굴이어서 나는 마음이 조마조마해 있었더니 여자는 입술을 조용히 나의 관자놀이쪽으로 갖고와서 가볍게 누르면서 마치 입을 맞출 때와 같은 몸짓을 해보였다.

거름냄새가 코에 푸욱 맡혀왔다. 때마침 천장 가까이 매달려있는 電燈에서 노란국물이 한 방울 떨어졌다.

나는 極寒 속에서처럼 부르르 떨고 있었다. 말도 안 나온다. 바리캉[764]으로 이 머리를 박박 깎아버리고 말까.

午後 비는 멈추었다.

다만 세상의 여자들이 왜 모두 淫賣婦가 되지 않는지 그것만이 이상스러워 못견디겠다. 나는 그녀들에게 얼마간의 紙幣를 交附할 것이다.

나는 내자신의 얼굴을 볼 수는 없다. 손이 새파랗다. 조그맣게 되어가지고 새로운 주름살까지도 보이고 있었다.

여자는 나의 손을 잡았다. 高級掌匣을 줍는 것처럼 ― 그리고 나한테 속삭였다. 그것은 너무 먼 곳에서 들려오는 것같아서 나에겐 한 마디도 들리지 않았다.

어쩌면 나는 벌써 다른 일을 생각하고 있었을 것이다. 그것은 하나의 일이었고 하나만 있는 일일 것이다.

나의 속의 불량기는 벌써 無料로 자리에 앉아있다. 全身을 새빨갛게 물들이고 나의 목구녕 속에서 헐떡거리고 있는 것이었다.

나는 될수있는대로 여자의 體重을 竊取했다. 그것은 達磨人形[765]처럼 쓰러뜨려도 다시 일어나고 또 쓰러뜨려도 다시 일어나는 것이었다.

白紙는 까맣게 끄슬러 있었다. 그위를 땀의 行列이 千斤같은 발을 끌고 지나

---

764 바리캉(bariquant 프) : 이발기.
765 達磨人形 : 중국 남북조시대의 선승(禪僧)인 달마대사를 본뜬 인형.

# 哀夜[759]
— 나는 한 賣春婦를 생각한다 —


애절하다. 말은 목구녁에 막히고 까맣게 끄슬은 興奮이 헐떡헐떡 목이 쉬어서 딩군다. 개똥처럼.


달이 나타나기 전에 나는 그 도랑 안에 있는 엉성한 洞窟 속으로 기어들어갔다. 눈병이 난 모양이다. 電燈불 밑에 菊科植物[760]이 때가 끼어있었다.

抱主[761]마누라는 기름으로 번들거리는 床위에 턱을 고이고 굵다란 男性의인 목소리를 내고 있다. 내 뒤를 밟은 놈이 없을까, 하고 나는 抱主마누라에게 물어보았다.


방바닥 위에 한 마리의 고양이의 屍體가 버려져 있었다. 나는 깜짝 놀라서 발을 멈추었다. 그것은 역시 고양이었다. 눈이 오듯이 靈魂이 조용하게 내려앉고 고양이는 내 얼굴을 보자 微笑를 짓고 있는 듯이 보였는데 그것은 세상에 둘도 없는 무서운 睥睨[762]이외의 아무것도 아니었다.

이내 어린애 똥같은 우엉과 문어料理와 두 병의 술이 차려져 왔다.

滑躍筋[763] — 이를테면 肛門따위 — 여자의 입은 滑躍筋인 모양이다. 자꾸 더 입을 오무리고 있다. 그것을 자기의 눈으로 내려다보고 있다. 코는 어지간히 못 생겼다. 바른쪽과 왼쪽 뺨의 살집이 엄청나게 짝짝이다.

---

759 전집(2)는 시집에, 전집(3)은 수필집에 포함시켰다. 이 시집에 포함시킨 이상의 다른 시와 특성이 유사해서 여기에 포함시켰다.
760 菊科植物 : 국화과 식물. 쌍떡잎식물 가운데 가장 진화한 식물로 세계에 956속 2만여 종이 분포하며, 우리나라에는 390여 종이 있다. 과꽃, 국화, 해바라기 따위가 있다.
761 抱主 : 기둥서방, 즉 기생이나 몸 파는 여자들의 영업을 돌보아 주면서 얻어먹고 지내는 사내.
762 睥睨 : 「출판법」의 주 참조.
763 滑躍筋 : 括約筋을 의미하는 듯. 고리 모양의 근육. 입·항문·요도 따위에 있으며, 오므리거나 벌림으로써 생체 기관의 열고 닫음을 조절한다.

나는 第二의 玄堦에게 차거운 발바닥을 비비었다　金環은 千秋의 恨을 샛길에 물들였다·階[758]의 刻字는 눈을 앓고 있다―白×와도 같이 …… 나란히 있다　야릇한 헛기침소리는 眼前에 있다　과연 야릇한 헛기침소리는 眼前에 있었다 있다　羊齒類는 先史時代의 萬國旗처럼 무쇠우리를 부채질하고 있다·한가로운 阿房宮 뒷뜰이다

門牌 ― 나는 이 門牌를 가까스로 발견했다고나 할까 ― 에 年號 비슷한 것이 씌어 있다　쪼아먹힌 文字 말고도 나는 아라비아 數字 몇 개를 읽어낼 수 있었다

― 발표지면 : 『文學思想』, 1976.6; 유정 역

---

758　階: 돌계단.

어져 있다.

새한테 쪼인 글씨 의외에도 나는 얼마간의 아라비아數字를 읽을 수 있었다.

— 발표지면 : 『現代文學』, 1966.7 ; 김윤성 역


故王의 땀 …… 모시수건으로 닦았다 …… 술잔을 넘친 물이 콘크리트 수채를 흐르고 있는 게 말할 수 없이 정다와 난 아침마다 그 鐵條網 밖을 걸었다
야릇한 헛기침 소리가 아침 이슬을 굴리었다   그리고 純白 유니폼의 소프라노 내 산책은 어째 끊기기 일쑤였다   열 발짝 또는 네 발짝 나중엔 한 발짝의 반 발짝 ……
눈을 떴을 땐 電燈이 마지막 쓰개[被物]를 벗어버리고 있는 참이었다
땀이 꽃 속에 꽃을 피우고 있었다
閉門時刻이 지나자 烈風이 피부를 빼앗았다


기러기의 分列에 더불은 歸鄕散兵 …… 夢想하기란 유쾌한 일이다 …… 祭天의 발소리를 作曲하곤 혼자 흐뭇해 기뻐 하였다   차거운 것이 뺨한가운데를 깎았다   그리고 그 鐵條網엘 몇 바퀴나 가서 低徊[755]하였다
야릇한 헛기침소리는 또다시 부뚜막에 생나무를 지피고 있다   눈과 귀가 토끼와 거북처럼 그 鐵條網을 넘어 풀숲을 헤쳐갔다
第一의 玄琿·녹슬은 金環·가을을 잊어버린 羊齒類의 눈물·薰 아직도 來往 旭[756]은 曛[757]을 닮아 橙汁을 불태운다

---

755 低徊 : 배회.
756 旭 : 김윤성은 이를 '아침해'로 보았는데, 유정은 고유명사로 보았다. 문종혁에 따르면, '욱'은 그 자신을 지칭한다고 했는데, 고려해볼 만하다.
757 曛 : 황혼.

의 뺨에 ……

奇怪한 휘파람소리는 또다시 아궁이에 생나무를 지피고 있다.

눈과 귀가 토끼와 거북이처럼 그 鐵條網을 넘어 수풀을 헤치며 갔다.


第一의 玄墀(발코니)744 · 녹이 슨 金環745 · 가을을 잊어버린 羊齒類746의 눈물 · 薰蕕來往747


아침해는 어스름에 橙汁748을 띄운다.

나는 第二의 玄墀(발코니)에다 차디찬 발바닥749을 문질렀다.

金環750은 千秋의 恨을 돌길에 물들였다. 돌층계의 刻字는 眼疾을 앓고 있다 …… 白髮老人과 같이 …… 나란히 앉아 있다.

奇怪한 휘파람소리는 눈앞에 있다. 과연 奇怪한 휘파람소리는 눈앞에 있었다.


한 마리의 개가 쇠창살 안에 갇혀있다.

羊齒類751는 先史時代752의 萬國旗처럼 쇠창살을 부채질하고 있다. 한가로운 阿房宮753 뒤뜰이다.

문패 — 나는 이 문패를 간신히 발견해냈다고 하자 — 에 年號754같은 것이 쓰

---

744 玄墀 : 검은 지대. 번역자는 '발코니'로 설명.
745 金環 : 금으로 만든 고리, 금반지.
746 羊齒類 : 고사리류.
747 薰蕕來往 : 향내 나는 풀과 악취 나는 풀이 내왕함, 선악의 왕래.
748 橙汁 : 등나무 즙.
749 발바닥 : 원문은 '발바당'으로 오식. 전집(2)는 전자로 수정.
750 金環 : 금반지, 금가락지.
751 羊齒類 : 양치식물 중에서 대엽형(大葉形)에 속하는 한 무리. 고시리류.
752 先史時代 : 문헌 사료가 전혀 존재하지 않는 시대. 석기 시대와 청동기 시대를 이른다.
753 阿房宮 : 중국의 진시황(秦始皇)이 위수(渭水)의 남쪽에 지은 궁전. 광대하고 으리으리하게 지은 집을 비유하여 이르는 말.
754 年號 : 해의 차례를 나타내기 위하여 붙이는 이름.

# 無 題[738]

### 1

故王[739]의 땀 ……

베수건에 씻기인 ……

술잔을 넘치는 물이, 콘크리트 下水道를 흐르고 있는 것이 말할 수 없이 그리워, 나는 매일 아침 그 鐵條網 밖을 서성거렸다.

奇怪한 휘파람소리가 아침 이슬을 궁글렀다.[740]

그리고 純白 유니폼,[741] 그 소프라노[742]의.

나의 散策은 자꾸만 끊이기 쉬웠다.

十步, 혹은 四步, 마지막엔 一步의 半步 ……


눈을 떴을 때는, 전등불이 마지막 걸치고 있는 옷을 벗어던지고 있는 참이었다.

땀이 꽃속에서 꽃을 피우고 있었다

문밖을 나섰을 때 烈風이 살갗을 빼앗았다


기러기의 分列과 나란히 떠나는 落葉의 歸鄕, 散兵들 ……

夢想하는 일은 유쾌한 일이다 ……

祭天[743]의 발자욱소리를 作曲하며, 혼자 신이 나서 기뻐했다. 차디찬 것이 나

---

738 전집(2)는 시집에 포함시켰으나 전집(3)에서는 전집에서 빠져 있다. 작품의 특성상 시집에 포함시켰다. 이 작품은 김윤성, 유정에 의해 각각 번역 소개되었지만, 그 내용상 조금 차이가 있어 같이 수록하기로 한다.

739 故王 : 이미 세상을 떠난 옛왕.

740 궁글렀다 : 기본형, 궁굴리다. 이리저리 굴리다.

741 유니폼(uniform) : 정하여진 규정에 따라 입도록 한 옷. 제복.

742 소프라노(soprano 이) : 여성이나 어린이의 가장 높은 음역(音域).

743 祭天 : 하늘에 제사를 지냄.

運命이란

人間들은 一萬年 후의 어느 해 달력조차 만들어낼 수 있다

太陽아 달아   한 장으로 된 달력아
                    (○)
달밤의 氣圈은 冷藏한다
肉體가 식을 대로 식는다   魂魄만이 달의 光度로써 충분히 燃燒한다(1932년 11월 14일 밤)

― 발표지면 : 『文學思想』, 1976.6; 유정 역

# 習作 쇼오윈도우 數點[735]

北쪽을 向하고 南쪽으로 걷는 바람 속에 멈춰 선 婦人

永遠의 젊은 處女

地球는 그녀와 서로 맞닿을듯이 自轉한다.

運命이란 것은

사람들은 一萬年後의 그 어느 一年 CALENDAR까지도 만들 수 있다.

太陽이여 달이여 종이 한장으로 된 CALENDAR여.

달밤의 氣圈[736]은 冷藏庫다.

肉體가 冷却한다. 魂魄[737]만이 月光만으로써 充分히 燃燒한다

—一九三二·十一·十四·夜—

— 발표지면 : 『現代文學』, 1961.2 ; 김수영 역

北을 향하여 南으로 걷는 바람 속에 멈춰 선 婦人

영원의 젊은 處女

地球는 그와 서로 스칠 듯이 自轉한다

(○)

---

735 이 작품은 김수영, 유정에 의해 번역되었는데, 조금의 차이가 있어서 같이 수록하기로 한다. 習作은 '습작품'을, 쇼오윈도우(show window)는 '진열창(陳列窓)'을 數點은 '몇편'을 각각 의미한다.
736 氣圈 : 지구를 둘러싼, 대기가 있는 범위. 대기권.
737 魂魄 : 넋.

銀盤에 四肢를 뻗고서 呼吸이 凶作인 수염을 잘라도, 새들은 날아 오지 않는다.

空腹을 中天에 쳐 올리고, 헛된 疝痛[729]이 肉身을 떠나 端坐하고 있었다.

우박이 내리기를 기다리듯이 —

구두! 구두의 애달픈 變慕之情 — 天候보다도 더욱 어두운 氣壓이, 그러나 逃避처럼 숨어 버리듯 구두 속에 있었다. 그리고 홀로 하늘에 사모치도록 아팠다.

冷凍하는 頭蓋에 鯉魚[730]들의 지느러미를 느낀다. 痲藥[731] 같은 愛撫 —

烈風은 鐵을 머금고 卑屈한 企劃을 威脅하였다.

구두는 웃듯이 우선 피를 빨아서 赤茶色[732]으로 化해 있었다. 慰撫같은 保護色이 아니냐.

무너져 깨어지듯 일어나 — 나는 구두 속에 섰다.

不思議[733]한 溫氣가 荒涼한 皮膚에 傳해졌다. 코피가 연신 끓어 오른다.

— 速히 할 것이다. 당신쪽에서 命令한대로 速히 할 것이다 —

運搬된 樹木처럼 永結한 唾液[734]이 逆風을 끊으며 步行을 다시 시작하였다.

一九三五, 七, 二十三日

— 발표지면 : 『現代文學』, 1961.1; 김수영

---

729 疝痛 : 복부 내장의 질환으로 갑자기 격렬하게 일어나는 간헐적 복통.
730 鯉魚 : 잉어.
731 痲藥 : 마취 작용을 하며, 습관성이 있어서 장복(長服)하면 중독 증상을 나타내는 물질을 통틀어 이르는 말. 아편·모르핀·코카인·헤로인·코데인·페티딘·메타돈·엘에스디(LSD) 따위가 있으며, 의료에 사용하지만 남용하면 심각한 부작용이 나타나므로 취급 및 사용을 법률로 규제하고 있다.
732 赤茶色 : 붉은 갈색. 적갈색.
733 不思議 : 不可思議. 사람의 생각으로는 미루어 헤아릴 수 없이 이상하고 야릇함.
734 唾液 : 침.

내 가엾은 姿態 — 이 발을 보라.

시퍼런 것이 間斷[723] 없이 心臟을 못살게 굴고 있다.

모든 Member[724]가 憤怒에 가득 넘쳐 天井은 憎惡보다 어둡다.

壯烈한 合流가 이뤄져 惡臭 풍기는 불꽃이 흩어졌다.

室內의 모든 Member여, 자, 저 구두는 내가(이제부터) 신습니다, 모든 怨望의 言語는 다(이제부터) 내 발에 記錄해 주십시오 — 傳票[725]다.

나의 닻을, 당신 쪽 疼痛의 激烈한 貪慾에, 비끌어 매 주십시오.

陶器 쪼각이 室內에 던져져서 그 尖端이 싸느란 構造의 內部 깊이 물고 들었다.

館은 지금 解冬期인가, 가난한 햇볕 속에서 塵埃[726]를 머금은 氷水가 땀처럼 흘러 내린다.

白髮이 뒤섞인 女人이 저 金屬처럼 冷膽한 窓을 열어 제끼고 부르짖는다.

— 넌 뭘 彷徨하고 있느냐? 빨리 않는가 —

그리고 말할 — 부르짖는 소리는 呼吸에 音響하고, 나무 가지의 새들은 무서워서 떼를 지어 날아 흩어졌다.

暫時동안 저 探照燈[727]의 동그라미 속에서 원숭이처럼 뛰돌아 다녔다. 문득 陶器 破片의 던져지는 氣色[728]이었다.

그렇다, 발이 아픈 것이다. 발이 헐어서, 몹시 아픈 것마저 잊었던 것이다.

눈은 누구를 위해 食物以外의 그 어떤 것에도 盲目인가.

---

723 間斷 : 잠시 그치거나 끊어짐.
724 Member : 구성원, 일원.
725 傳票 : 은행이나 회사 등의 관계자 사이에서, 금전 출납이나 거래 내용 따위를 간단히 적어 그 책임 소재를 밝히는 종이 쪽지.
726 塵埃 : 티끌이나 먼지, 또는 '세상의 속된 것'을 비유하여 이르는 말.
727 探照燈 : 어떠한 것을 밝히거나 찾아내기 위하여 빛을 멀리 비추는 조명 기구.
728 氣色 : 얼굴에 나타난 마음속의 생각이나 감정 따위. 모습.

# 구 두[716]

怨讐같은 저 舘의 門을 두드렸다. 殘虐한 靜脈이 壁에 傳해져 —

머리가 또 저절로 수그러진다.

바람을 끊듯 하얗고 싸느란 손이 나의 卑屈한 인사말을 쪼각쪼각 찢었다.

그러나 나는 이 門으로 들어가는 것을 自發的으로 免하기란 죽어도 오히려 不可能할 것이다.

이윽고 憎惡에 핏줄 선 내 눈은 한켜레의 구두를 본다.

구두! 오래도록 내 思念의 저편에 있으면서 뼈처럼 녹쓴 한켜레 구두인 것이다.


內部로 向한 그 콧뿌리엔 荊棘[717]을 밟고 지나 온 亂魔[718]의 자취마저 淋漓[719]하다.

나는 돌아온 것일까, 이미?

아니, 너는 이곳에 囹圄[720]되지 않으면 안되는 것이다.

저 손가락처럼 가늘게 여윈 骨片의 堆積[721] 아래 그리고 땅을 기어 가는 피를 빤(吸) 피의 언덕에

難船[722]한 닻을 내려야만 할 것이다.


有毒한 原始燈의 불빛 아래서 깎여진 材木이 피를 품고 있다.

---

716 전집(2·3) 모두 시집에서 제외시켰지만, 이상의 다른 시와 그 특성이 유사해서 시집에 포함시켰다.
717 荊棘 : 나무의 가시. 고난이나 장애.
718 亂魔 : 어지러운 마귀.
719 淋漓 : 피·땀·물 따위가 흥건하게 흐르거나 뚝뚝 떨어지는 모양.
720 囹圄 : 감옥, 또는 감옥에 갇혀 있는 상태를 흔히 이르는 말.
721 堆積 : 많이 덮쳐 쌓임, 또는 많이 덮쳐 쌓음.
722 難船 : 배가 부서지거나 전복되는 따위의 위험에 놓임, 또는 그런 배.

아뇨 나는 貴下의 居處까지도 의심하였을 정도입니다. 아무쪼록 나쁘게 생각지 마시기를—

나는 빙긋이 微笑를 지어 보였다. 事實, 나의 軀殼[711] 全面에 개들의 꿈의 放射線[712]의 波長의 直徑을 가진 수없는 穿孔[713]의 痕跡을 나는 느끼지 않을 수 없었다.

— 허기는 第五報는 개의 屍體의 血液은 아무리 加熱을 하여도 마침내 더워 오지 않았다는 것이다.

나는 봉해 온 毒睡[714]의 分析을 서두를 必要를 느꼈다.

毒睡도 마침내 加熱에 反應없이 더워 오지도 않았다.

이 일은 푸로톤[715]의 暗示이었다.

生死의 超越 — 存在한다는 것은 生死 어느 편에 屬하는 것인가. 그것은 푸로톤의 一次方程式보다도 더 幼稚한 運算이었다.

(常數가 붙은 數方程式)

一九三二·十一·十五

— 발표지면 : 『現代文學』, 1960.11 ; 김수영 역

---

711 軀殼 : 신체와 각질.
712 放射線 : 방사성 원소의 붕괴에 따라 물체에서 방출되는 전자기파. 프랑스의 물리학자 베크렐이 우라늄 화합물에서 발견한 것으로, 알파선·베타선·감마선이 있다.
713 穿孔 : 구멍을 뚫음. 위벽(胃壁)이나 복막 따위가 상하여 구멍이 생김, 또는 그 구멍.
714 毒睡 : 독한 잠.
715 푸로톤(proton) : 양성자(陽性子) 핵자(核子)의 하나. 보통 p 또는 H+으로 표시한다. 수소의 원자핵으로서 전하는 양(陽)이며, 크기는 기본전하량(基本電荷量)과 같고(q=1.6021×10-19 C), 질량 938.256 MeV인 페르미온이다.

人間일 것. (의 사이) 이것은 限定된 整數의 數學의 헐어빠진 習慣을 0의 整數倍의 役割로 重複하는 일이 아닐까?

나는 自棄的으로 내가 發見한 모든 數常數[704]의 콤마以下를 잘라 없앴다—

— 마침 나의 바른 팔에 면도칼을 얹었다? 잘라낸 것처럼 —

나는 深度의 沈思로 빠져 들어갔다. 月亮[705]이 한장의 카렌다[706]를 公表하고 있다. 나는 고양이의 代理를 보지 않으면 아니된다. 三更[707] 나는 牧場으로 나갔다. 그런데 이것은 또한 나를 깜짝 놀라게 하지 않을 수 없었다.

어느 사이에 돌아온 고양이는 맑은 눈동자를 달빛에 반짝이면서 熟睡[708]하는 개들을 어머니처럼 지키고 있다. 나는 황홀하게 멈추고 서 있었다.

이튿날 나를 訪問한 役員은 무심한 慌忙스러움[709]으로 다음과 같이 말하였던 것이다.

— 貴下는 반드시 고양이를 잃어버린 슬픔에서 드디어 發狂하였음에 틀림없다고 생각하였읍니다. 나는 第五報를 가지고 가려고 三更 以後, 貴下의 문을 두들겼읍니다만 나는 정말 놀랐읍니다. 貴下는 數百마리의 개를 貴下의 방에서 물어 죽이고 있는 것을 나는 目睹하고 있었읍니다—

나는 여지껏 여기에 있었읍니다. 과연 지금 貴下의 顔面表情으로 보아서 그것은 나의 환타지[710]였던 것일까요?

---

704 數常數 : 函數는 두 변수와 X와 Y 사이에, X의 값이 정해짐에 따라 Y의 값이 정해지는 관계에서 X에 대하여 Y를 이르는 말. 常數는 수식 따위에서, 늘 일정하여 변하지 않는 값을 가진 수나 양.
705 月亮 : 달.
706 카렌다(calendar) : 달력.
707 三更 : 하루의 밤을 다섯으로 나눈 셋째 시각. 하오 열한 시부터 이튿날 상오 한 시까지. 병야(丙夜).
708 熟睡 : 깊이 잠, 또는 깊이 든 잠. 숙면(熟眠).
709 慌忙스러움 : 마음이 몹시 급하여 당황하고 허둥지둥해 함.
710 환타지(fantasy) : 백일몽, 환각.

# 무제[693]

役員[694]이 가지고 오는 第三報

— 역시 없읍니다 —

役員이 가지고 오는 第四報

— 암만해도 이것 만은 이상해요. 역시 있었읍니다. 확실해요. 확실하지만 전연 모를 일입니다 —

地球의 切線[695]과 一致할 수 있는 地球引力의 補角[696]의 數量을 計算한 飛艇[697]은 물려 죽은 개의 에스푸리[698]를 태운채 作用하고 있었다 — 速度를 —

그것은 마이너스[699]에서 0으로 到達하는 級數運動[700]의 時間의 現象이었다.

絶對에 모일 것. 에스푸리가 放射性[701]을 抛棄할 것. 車를 놓진 나는 四次元[702]의 展望車[703] 위에서 눈물을 지으며 餞送의 心境을 보냈다.

---

693 전집(2·3)에서 시집에서 제외시켜 수필집에 실었다.
694 役員 : 어떤 단체에 소속하여 그 단체의 중요한 일을 맡아보는 사람, 또는 행사에서, 임시로 일정한 일을 맡은 사람.
695 切線 : 곡선상의 두 점 P·Q를 연결하는 직선을 가정하고, 점 Q가 이 곡선에 따라 한없이 점 P에 접근할 때의 직선 PQ의 극한의 위치.
696 補角 : 두 각의 합이 180도일 때, 한 각을 다른 각에 상대하여 이르는 말.
697 飛艇 : 飛行艇, 즉 동체(胴體)가 보트 모양으로 되어 있는 큰 수상 비행기.
698 에스푸리(esprit 프) : '정신'·'기지'의 뜻으로 근대적인 새로운 정신 활동을 이르는 말.
699 마이너스(minus) : 음수.
700 級數運動 : 일정한 법칙에 따라 증감하는 수를 일정한 차례로 배열하는 수열운동.
701 放射性 : 물질이 방사능을 가진 성질. 방사능이란 라듐, 우라늄, 토륨 따위 원소의 원자핵이 붕괴하면서 방사선을 방출하는 일, 또는 성질.
702 四次元 : 공간과 시간은 네 개의 실수로 나타낼 수 있음을 이르는 말. 공간의 삼차원에 시간이 더해진 것이다.
703 展望車 : 바깥의 풍경을 내다보기 위하여 특별히 만든 객차. '四次元의 展望車'란 과거, 현재, 미래의 세계를 모두 볼 수 있는 가상의 차를 의미.

의 父親과 같다

　　　　※

피는 뼈에는 스며 들지 않으니까 뼈는 언제까지나 희고 體溫이 없다.

　　　　※

眼球에 아무리 해도 보이지 않는 것은 眼球 뿐이다.

　　　　※

故鄕의 山은 털과 같다. 문지르면 언제나 빨갛게 된다.[692]

─ 발표지면 : 『現代文學』, 1960.11; 김수영 역

---

692　故鄕…된다 : 이 문장과 유사한 내용이 「서망율도」에 "鄕邦의風土는 毛髮같아 건드리면 새　애 진다"처럼 나온다.

# 遺稿[689]

손가락같은 女人이 입술로 指紋을 찍으며 간다. 불쌍한 囚人은 永遠의 烙印[690]을 받고 健康을 해쳐 간다.

　　　※

같은 사람이 같은 門으로 속속 들어간다. 이 집에는 뒷문이 있기 때문이다.

　　　※

大理石의 女人이 포오즈[691]를 바꾸기 위해서는 적어도 살을 깎아 내지 않으면 아니된다.

　　　※

한마리의 뱀은 한마리의 뱀의 꼬리와 같다. 또는 한사람의 나는 한사람의 나

---

689　이하 유고시들이 조연현에게 오게 된 경위는 아래와 같다.
　　얼마전 現在 漢陽工大夜間部에 在學中인 李演福君이 낡은 노오트 한券을 가지고 나를 찾아왔다. 李君은 初面이었으나 그가 文學靑年이며 특히 李箱을 좋아하고 있음을 곧 알 수 있었다. 그가 내 보이는 노오트는 李箱의 日本語詩作 習作帳임이 곧 짐작되었다. 그 노오트를 李君이 發見하게 된 것은 그의 친구인 家具商을 하는 金鍾善君의 집에 놀러 갔다가 그곳에서 그것을 보게 된 것이었다. 金種善군의 伯氏가 親知인 어느 古書店에서 休紙로 얻어온 그 노오트는 그 집에서 그야말로 休紙로 使用되고 있었던 것으로서 百面內外의 노오트가 이미 十分之九쯤 破損되고 十分之一쯤이 남아있었던 것이다. 李君은 日本語가 서툴렀으나 그곳에 쓰인 文字에 神奇함을 느끼고 그 노오트를 얻어와서 李箱全集과 여러 가지로 對照해본 결과 그것이 李箱의 未發表遺稿로 짐작되어 나에게 가져온 것이었다.
　　조연현은 이 유고들이 이상 작품으로 간주하는 이유를 다음과 같이 들었다.
　　① 필체가 이미 그의 전집 속에 발표되어 있는 것과 동일한 것, ② 작품의 특성이 이상의 그것과 같은 것, ③ 이상이 즐겨 사용하는 '十三', '方程式', '三次角' 등의 용어로서 작품이 구성되어 있는 점, ④ 이상이 일본어로서 시를 많이 습작한 사실, ⑤ 초고 중의 연대가 1932년 또는 1935년 등으로 되어 있는데 이 시기는 이미 발표된 그의 미발표 일본어 유고와 시기가 일치되고 있는 점, ⑥ 이와 같은 원고는 타인이 조작하여 창작할 수 없으며 또 그렇게 할 이유가 없는 점.
　　이리하여 이 유고들은『현대문학』,『문학사상』지에 소개되기에 이른다.
690　烙印 : 원래는 '쇠붙이로 만들어 불에 달구어 찍는 도장'이지만, 여기서는 다시 씻기 어려운 불명예스럽고 욕된 판정이나 평판을 이르는 말.
691　포오즈(pose) : 몸가짐이나 일정한 태도를 취하고 있는 모습.

# 最後

사과한알이떨어졌다. 地球는부서질그런程度로아팠다. 最後.[688]
이미如何한精神도發芽하지아니한다.

― 二月十五日改作 ―

― 발표지면 : 『李箱全集』, 1956; 임종국 역

---

688  最後 : 맨 마지막, 마지막 순간.

# 아 침

안해는駱駝를닮아서편지를삼킨채로죽어가나보다. 벌써나는그것을읽어버리고
있다. 안해는그것을아알지[684]못하는것인가. 午前十時電燈을끄려고한다. 안해
가挽留한다. 꿈이浮上되어있는것이다. 석달동안[685]안해는回答을쓰고자하여尙
今[686]써놓지는못하고있다. 한장얇은접시를닮아안해의表情은蒼白하게瘦瘠하
여있다. 나는外出하지아니하면아니된다. 나에게付託하면된다. 자네愛人을불러
줌세 아드레스[687]도알고있다네.

― 발표지면 : 『李箱全集』, 1956.7 ; 임종국 역

---

684 아알지 : 원문은 '知ら'으로 '알지'의 의미이다. '아알지'로 표현한 것은 「오감도 시 제6호」처럼 번역자가 시적 율격을 고려한 조치로 풀이된다.
685 석달동안 : 원문은 '三月の間'으로, '3월 동안'으로 볼 수도 있다.
686 尙今 : 아직까지, 여태까지.
687 아드레스(address) : 주소.

# 街衢의추위
― 一九三三, 二月十七日의室內의件 ―

네온사인[680]은쌕스폰[681]과같이瘦瘠하여있다.

파릿한靜脈을切斷하니샛빨간動脈이었다.
　　　―그것은파릿한動脈이었기때문이다―
　　　―아니! 샛빨간動脈이라도저렇게皮膚에埋沒이되어있는限 ……

보라! 네온사인들저렇게가만 ― 히있는것같어보여도其實은不斷히네온[682]가스가흐르고있는게란다.
　　　―肺病쟁이가쌕스폰을불었드니危險한血液이檢溫計[683]와같이
　　　―其實은不斷히壽命이흐르고있는게란다


― 발표지면 : 『李箱全集』, 1956 ; 임종국 역

---

680　네온사인(neon sign) : 유리를 필요한 모양대로 구부리고 전극을 삽입한 네온관을 만들어서 여러 가지 빛을 내도록 하는 장치. 광고나 장식용으로 널리 쓴다.
681　쌕스폰(saxophone) : 목관 악기의 한 가지로 세로로 잡고서 불며, 부드러운 음색과 풍부한 음량을 지녔음. 경음악·취주악에 많이 쓰임. 금속으로도 만듦.
682　네온(neon) : 대기 중에 아주 적게 존재하는 무색·무취·무미의 희가스(稀gas) 원소의 한 가지. 액체 공기에서 분리하여 얻음. 방전관에 넣으면 아름다운 주황빛을 나타냄.
683　檢溫計 : 온도를 재는 기계. 온도계.

## 骨片에關한無題

신통하게도血紅으로染色되지아니하고하이한[677]대로
뻥끼를칠한사과를톱으로쪼갠즉속살은하이한대로
하느님도亦是뻥끼칠한細工品을좋아하시지 — 사과가아무리빨갛더라도속살
은亦是하이한대로. 하느님은이걸가지고人間을살작속이겠다고.
墨竹[678]을寫眞撮影해서原板을햇볕에비쳐보구료 — 骨骼과같다.
頭蓋骨은柘榴같고 아니 石榴의陰畵[679]가頭蓋骨같다(?)
여보오 산사람骨片을보신일있우? 手術室에서 — 그건죽은거야요 살아있는骨
片을보신일있우? 이빨! 어마나 — 이빨두그래骨片일까요. 그렇담손톱두骨片이
게요?
난人間만은植物이라고생각됩니다.

— 발표지면 : 『李箱全集』, 1956 ; 임종국 역

---

677 하이한 : 원문은 '白'으로 '하얀'이 적합하다. '하얀'을 '하이한'으로 표현한 것은 시적 율격을 고려한 조치로 보인다.
678 墨竹 : 먹으로 그린 대나무.
679 陰畵 : 사진에서, 현상한 필름에 나타난 화상(畵像).

# 內 科[664]

— 自家用福音 —
— 或은 엘리엘리 라마싸박다니[665] —

하이한天使[666]    이鬚髥난 天使는 큐핏드[667]의祖父님이다.
              鬚髥이全然(?)나지아니하는天使하고혼히結婚하기도한다.

나의肋骨[668]은2떠 — 즈(ㄴ).[669] 그하나하나에녹크하여본다. 그속에서는海綿[670]

에젖은더운물이끓고있다. 하이한天使의펜네임[671]은聖피 — 타 —[672] 라고. 고무

의電線 똑똑똑똑 열쇠구멍으로盜聽.
      버글버글

   (發信) 유다야[673]사람의임금님 주므시나요?
   (返信)[674]찌 — 따찌 — 따따찌 — 찌 (1) 찌 — 따찌 — 따따찌 — 찌 — (2) 찌 — 따찌 — 따따찌 — 찌 — (3)[675]

힌 뻉끼[676]로칠한十字架에서내가漸漸키가커진다. 聖피 — 타 — 君이나에게세번

式이나아알지못한다고그린다 瞬間 닭이활개를친다 ……

       어억 크 더운물을 엎질러서야 큰일날노릇 —

                              — 발표지면 :『李箱全集』, 1956; 임종국 역

---

664 「각혈의 아침」 후반부와 밀접하며, 텍스트적 상관성을 띠고 있다.
665 엘리엘리 라마싸박다니 : 주여! 어찌하여 나를 버리시나이까?
666 하이한天使 : 원문은 '白ィ天使'로 '하얀 천사'이다. '하이한 천사'는 '하이얀 천사'를 잘못 적은 것이며, 중간에 '이'를 넣은 것은 번역자가 시적 율격을 고려한 조치로 보인다.
667 큐핏드(Cupido) : 로마신화에 나오는 사랑(에로스)의 신.
668 肋骨 : 갈비뼈.
669 떠 — 즌(dozen) : 12개.
670 海綿 : 정제한 해면동물의 뼈. 스펀지. 갯솜.
671 펜네임(pen name) : 글을 써서 발표할 때에 사용하는, 본명이 아닌 이름.
672 피 — 타 : 베드로(the Apostle Peter) 예수의 12제자 중 한 사람. 예수 수난 때 그를 세 번 부인하였다.
673 유다야(Judea) : 기원전 10~6세기경, 지금의 팔레스타인 지방에 있었던 유대 민족의 왕국.
674 返信 : 회신.
675 전집(3)은 '찌 — 찌따찌 — 따따찌 — 찌 —'로 오식.
676 흰 뻉키(paint) : 흰 페인트.

## 肉親의章

나는24歳. 어머니는바로이낫새⁶⁵³에나를낳은것이다. 聖쎄바스티앙⁶⁵⁴과같이아름다운동생·로오자룩셈불크⁶⁵⁵의木像을닮은막내누이⁶⁵⁶·어머니는우리들三人⁶⁵⁷에게孕胎分娩의苦樂을말해주었다. 나는三人을代表하여 — 드디어 —

**어머니⁶⁵⁸ 우린 좀더형제가있었음싶었답니다**

— 드디어어머니는동생버금⁶⁵⁹으로孕胎하자六個月로서流産한顚末⁶⁶⁰을告했다.

**그녀석은 사내댔는데 올해는⁶⁶¹19** (어머니의한숨)

三人은서로들아알지못하는兄弟의幻影을그려보았다. 이만큼이나컸지 — 하고形容하는어머니의팔목과주먹은瘦瘠하여있다. 두번씩이나喀血을한내가冷淸⁶⁶²을極하고있는家族을爲하여빨리안해를맞어야겠다고焦燥하는마음이었다. 나는24歳 나도어머니가나를낳으드키⁶⁶³무엇인가를낳어야겠다고생각하는것이었다.

— 발표지면: 『李箱全集』, 1956; 임종국 역

---

653 낫새 : 나잇살, 나이.
654 쎄바스티앙 : 세바스티아누스(Sebastianus), 세바스찬이라고도 한다. 3세기경 로마의 그리스도교 순교자·성인(聖人). 화살을 맞은 미남 청년으로 성화(聖畵)의 좋은 소재가 되었다. 사수(射手) 및 총공(銃工), 또는 역병(疫病)에 대한 수호성인이다.
655 로오자룩셈불크 : Rosa Luxemburg(1871~1919) 독일의 여성 혁명가.
656 막내누이 : 원문은 '妹'인데, 이상의 가계와 결부시켜 '막내누이'로 표현.
657 三人 : 이상은 맏이였으며, 동생은 운경과 막내인 누이 옥희 등이 있었다.
658 어머니 : 원문은 'オカアサマ'으로 '어머님'으로 해석해야 적합하다.
659 버금 : (서열이나 차례에서) 으뜸의 다음.
660 顚末 : 처음부터 끝까지 일이 진행되어 온 경과. 여기에서는 동생 다음으로 잉태하여 6개월만에 유산한 아이 이야기.
661 올해는 : 번역 원문은 '올에는'으로 되어 있다.
662 冷淸 : 원문은 '冷淸'으로 되어 있으나 '冷情'의 오식으로 보임.
663 낳으드키 : 낳듯이, 낳은 것처럼.

## 囚人이만들은小庭園

이슬을아알지⁶⁴⁹못하는다—리야⁶⁵⁰하고바다를아알지못하는金붕어하고가繡놓여져있다. 囚人이만들은小庭園⁶⁵¹이다. 구름은어이하여房속으로야들어오지아니하는가. 이슬은들窓琉璃에닿아벌써울고있을뿐.

季節의順序도끝남이로다. 算盤알⁶⁵²의高低는旅費와一致하지아니한다. 罪를내어버리고싶다. 罪를내어던지고싶다.

— 발표지면 : 『李箱全集』, 1956; 임종국 역

---

649 아알지 : 알지.「오감도 시 제6호」처럼 시적 율격을 배려한 해석이다.
650 다—리야(dahlia) : 국화과의 다년초. 멕시코 원산의 관상용 화초.
651 小庭園 : 원문은 '箱庭'으로 '모형정원'이라는 의미이다.
652 算盤알 : 주판알, 수판알.

# 距 離[644]
— 女人이出奔[645]한境遇 —

白紙위에한줄기鐵路가깔려있다. 이것은식어들어가는마음의圖解[646]다. 나는每日虛僞를담은電報를發信한다. 명조도착[647]이라고. 또나는나의日用品을每日小包로發送하였다. 나의生活은이런災害地[648]를닮은距離에漸漸낯익어갔다.

— 2. 15 —

— 발표지면 : 『李箱全集』, 1956; 임종국 역

---

644 이 작품이 『문학춘추』(1965.4)에 유정의 번역으로 소개되었지만, 띄어쓰기만 조금 다를 뿐 내용은 동일하다.
645 出奔 : 도망쳐서 행방을 감춤.
646 圖解 : 글의 내용을 그림으로 풀이함.
647 明朝到着 : 내일 아침에 도착.
648 災害地 : 재해를 입은 곳.

# 隻 脚[641]

목발의길이도歲月과더불어漸漸길어져갔다.

신어보지도못한채山積해가는외짝구두[642]의數爻를보면슬프게걸어온距離가짐작되었다.

終始[643]제自身은地上의樹木의다음가는것이라고생각하였다.

— 2. 15 —

— 발표지면 : 『李箱全集』, 1956; 임종국 역

---

641 이 시(이하 8편 포함)는 일문이며, 임종국의 번역으로 전집(1)에 실렸다. 임종국은 이 시들을 다음과 같이 소개하였다.
　　原作이 日文으로 된 다음 九篇의 未發表遺稿는, 往年 箱이 作故했을 무렵 箱의 未亡人이 東京서 가지고 나온 故人의 寫眞帖속에 밀봉된 채 있었던 것이다. 그 후 20년간을 遺族 — 慈堂과 令妹 — 께서도 寫眞帖으로만 알고 保管하던 中, 이번 出版을 契機로 비로소 發見이 된 것이다. 製作年度는 不詳, 그러나 紙質이 同一한 點等 其他 諸般事情이 東京時節에 製作 惑은 改作한 것으로 指目케 하는 이 遺稿는, 箱의 作品 — 特히 末期 — 擧皆가 滅失된 오늘 極히 貴重한 位置를 占하리라 믿는다.

642 외짝 구두 : 隻脚은 외짝 다리이다. 외짝 구두는 짝을 제대로 갖추지 않은 한쪽 구두라는 의미이다.

643 終始 : 처음부터 끝까지.

눈을감는者나는 보잘것없이落魄한⁶³⁷사람.

이젠아주어두워들어왔구나
十二峰사이사이로
하마별이하나둘모여들기始作아닐까⁶³⁸
나는그것을보려고하지않을뿐
차라리⁶³⁹草原의어느一點을凝視한다.

門을닫은것처럼캄캄한色을띠운채⁶⁴⁰
이제沸流江은무겁게도사려앉는것같고
내肉身도千斤
주체할道理가없다.

― 발표지면 : 『李箱全集』, 1966; 임종국 역

---

637 落魄한 : 넋을 잃은.
638 원문은 '今にも星が見え出すのではないか'으로 '금방이라도 별이 보이기 시작하지 않을까'의 의미.
639 차라리 : 원문은 'そして', 즉 '그리고'인데, 시적 의미를 살려 '차라리'로 번역.
640 캄캄한色을띠운채 : 원문은 '底ひない色を湛へて'으로 '해저같은 어둠에 잠겨', 또는 '밑바닥 없는(즉 밑바닥이 보이지 않을 만큼 어두운) 색에 잠겨'라는 의미이다.

## 한個의밤

여울에서는滔滔한<sup>634</sup>소리를치며
沸流江<sup>635</sup>이흐르고있다.
그水面에아른아른한紫色層이어린다.

十二峰봉우리로遮斷되어
내가서성거리는훨씬後方<sup>636</sup>까지도이미黃昏이깃들어있다
으스름한大氣를누벼가듯이
地下로地下로숨어버리는河流는검으틱틱한게퍽은싸늘하구나.

十二峰사이로는
빨갛게물든노을이바라보이고

鐘이울린다.

不幸이여
지금江邊에黃昏의그늘
땅을길게뒤덮고도 오히려남을손不幸이여
소리날세라新房에窓帳을치듯

---

634  滔滔한 : 넓은 물줄기의 흐름이 막힘이 없이 기운찬.
635  沸流江 : 평남 양덕군에서 발원하여 陽德, 成川 등지의 산간으로 흘러 대동강에 합치는 강. 그 내포적 의미로는 '沸流', 곧 용솟음치며 흐른다는 뜻이 있음. 전집(3) 주 참조.
636  後方 : 전집(3)은 '後力'으로 오식.

山은 한낮에<sup>630</sup> 바라보아도
늦은봄비<sup>631</sup>에 젖은듯보였습니다.<sup>632</sup>

포푸라<sup>633</sup>는마을의指標와도같이
실바람에도그뽑은듯헌출한키를
抛物線으로굽혀가면서 眞空과같이마알간大氣속에서
遠景을縮少하고있읍니다.

몸과나래도가벼운듯이잠자리가活動입니다
헌데그것은果然날고있는걸까요
恰似眞空속에서라도날을법한데,
或누가 눈에보이지않는줄을이리저리당기는것이나아니겠나요.

— 발표지면 : 『李箱全集』, 1966; 임종국 역

---

630  한낮에 : 원문은 '晝日中'으로, 전집(1966)은 '맑은 날'로 잘못 해석.
631  늦은봄비 : 원문에는 '時雨'로, 이는 '때를 맞추어 내리는 비'를 뜻한다.
632  보였습니다 : 번역에는 '보얗습니다'이지만, 원문이 '見えます'이므로 '보였습니다'가 적절하다.
633  포푸라(poplar) : 버드나무과의 낙엽교목. 강변, 촌락 부근에 풍치목으로 많이 심으며, 이태리포
     플러가 유명하다.

# 蜻 蛉[626]

故 李 箱

건드리면손끝에묻을듯이빨간鳳仙花[627]

너울너울하마날아오를듯하얀鳳仙花

그리고어느틈엔가南으로고개를돌리는듯한[628] 一片丹心의해바라기 ─

이런꽃으로꾸며졌다는고호[629]의무덤은참얼마나美로우리까.

---

626 김소운은 "여기에 덧붙인 두 편(「청령」, 「한 개의 밤」: 편자 주)은 원래 시로 씌어진 것은 아니다. 여행지에서 사신 대신으로 나에게 보낸 산문이지만, 네 개 있는 중에서 두 개를 취하고 여기 저기 어휘를 조합하여 시의 형태로 고쳤다. 각각이 전량의 7, 8분의 1 정도, 새로운 단어는 물론 더하지 않았다. 번역하지 않고, 트리밍(trimming : 다듬기)을 한 점에서 이 하나가 예외로 되는 셈이다"라고 1940년에 나온 『젖빛 구름(乳色の雲)』(河出書房)에서 밝히고 있다. 그리고 그 뒤에 나온 『조선시집』(1943)에는 "「一つの夜」, 「蜻蛉」 2편은 생전에 역자에게 보낸 사신(國文:日文을 의미)을 거의 5분의 1 양으로 줄여서 시형으로 고친 것"으로 설명하였고, 또한 「李箱異常」,(『하늘 끝에 살아도』, 동아출판공사, 1968)에는 "일역(日譯) 『조선 시집(朝鮮詩集)』 속에 있는 이상의 시 「청령(蜻蛉)」, 「하나의 밤」 두 편은, 정양 간 시골에서 상이 내게 보낸 편지를 그의 사후에 원문에서 추려 시형(詩形)으로 고친 것"이라고 설명하였다. 그래서 한 논자(박현수)는 김소운이 이상이 성천에서 보내온 「산촌여정」을 토대로 「청령」과 「한 개의 밤」을 일문시로 형상화하여, 이를 『젖빛 구름』(1940)에 김해경, 『조선시집』(1943)에 이상의 이름으로 실은 것으로 설명했다. 「산촌여정」과 두 시편의 언어적 유사성이 조금 있긴 하지만, 새로운 언어는 더하지 않았다거나, 원문이 일문이었다는 주장을 볼 때, 이상의 또 다른 글을 갖고 시형으로 만든 것으로 보인다. 이를 임종국이 번역하여 『이상전집』(문성사, 1966)에 소개하였다. 이 경우 이 작품들을 누구의 저작으로 보느냐 하는 애매한 문제가 발생하게 된다. 여기에서는 전집(1966)을 저본으로 하여 일부를 수정하였다. 한편 김소운은 『젖빛 구름』에는 김해경의 이름으로 위의 두 시를, 『조선시집』에는 이상의 이름으로 위의 두 시와 「鳥瞰圖詩 第1號」('오감도'라 쓰지 않고 '조감도'로 씀), 「파첩」을 번역 소개했다. 또한 그는 작가 소개에서 이상의 사인을 두 책 모두 '폐환'으로 기술하였는데, 『하늘 끝에 살아도』에는 '결핵성 뇌매독'으로, 『天の涯に生くるとも』(新潮社, 1983)에서는 '폐결핵이 아니라 뇌매독'으로 쓰고 있어 혼란을 가중시키고 있다.

627 鳳仙花 : 봉선화과의 한해살이풀. 줄기는 높이가 60cm 정도 되는 고성종(高性種)과 25~40cm로 낮은 왜성종(矮性種)이 있다. 꽃잎을 따서 백반, 소금 따위와 함께 찧어 손톱에 붉게 물을 들이기도 한다. 인도, 동남 아시아가 원산지로 전 세계에서 관상용으로 재배한다.

628 돌리는듯한 : 전집(3)은 '들리는 듯한'으로 오식.

629 고호 : Vincent van Gogh(1853~1890) 네덜란드의 화가.

— 煙氣속에 망설거리는 B·C의抗辨을 홧김에⁶²⁴ 房안 그득이吐해놋는 것으로 소이다.

### 四

房門을닫고 죽은꿩털을 앗갑듯이 네뚤닌쪽을 후후 불어본다 소리나거라. 바람이불거라. 恰似하거라. 故鄕이거라. 죽고싶은사랑이거라. 每저녁의 꿈이거라. 丹心이거라. 그러나 너의곁에는 化粧있고 너의안에도 리소-르-가있고 잇고나면 都會의雪景같이 지저분한 指紋이 쩔쩔亂舞할뿐이다. 겹겹이中門일뿐이다. 다시房門을 열까. 아슬까.망설이지말까.어림없지말까. 어디를건드려야 너는 열니느냐 어디가열여야 네 어적게가 보이느냐.

馬糞紙로만든臨時 네세간 — 錫箔으로 비저노은 瘦瘠한鶴두루미.⁶²⁵ 그럼 天氣가없구나. 그럼 앞도업구나. 그러타고 뒤통수도없구나. 너는 아마 네길을 실없이것나보다. 점잔은개 잔등이를 하나넘고 둘넘고 셋넘고 넷넘고 — 無數히 넘고 — 얼마든지 해내는것이 꺽거제치는것이 그게 行進이구나. 그게到着이구나. 그게順序로구나. 그러케 똑똑하구나. 점잔은개 — 멍멍 짖으면 너도 그럴테냐. 너는 저럴테냐 마음노코 열어제치고 이대로 생긴대로 후후부는대로 짓밟어라. 춤추어라. 깔깔우서버려라. (尾)

— 발표지면 : 『朝鮮文學』, 1939.5

---

624 홧김에 : 원문은 '환김에'로 오식. 전집(1·2·3)은 전자로 수정.
625 전집(2·3)은 '錫箔으로'를 '銀箔으로'로 오식. 그리고 앞 구절 '錫箔으로 비저놓은瘦瘠한鶴이 두마리'가 있는 것으로 보아 '두루미'는 '두 마리'의 오식일 가능성이 크다.

瘠한鶴이 두마리다. 그럼 天候<sup>616</sup>도 없구나. 그럼앞도없구나. 그렇다고 네뒷곁은 어디를디디며 찾어가야 가느냐 너는 아마 네길을 실없이것나보다. 점잔은개 잔등이를 하나넘고<sup>617</sup> 셋넘고 넷넘고 — 無數히넘고 얼마든지 겪어제치는졌이 — 해내는龍인가오냐 네行進이드구나 그게 바로到着이드구나 그게節次드구나 그다지 똑똑하드구나 점잔은개 — 가떼 — 月光이 銀貨같고 銀貨가月光같은데 멍멍 짖으면<sup>618</sup> 너는 그럴테냐. 너는 저럴테냐.네가좋아하는松林이 風琴처럼 밝애지면 목매죽은동무와 煙氣속에 貞操帶<sup>619</sup> 채워禁해둔 産兒制限의 毒살스러운抗辨<sup>620</sup>을 홧김에 吐해놋는다.

三

煙氣로하야 늘 내운<sup>621</sup>方向 — 거러가려드는성미 — 머믈느려드는성미 — 色色이 황홀하고 아예記憶못하게하는 길이로소이다. 安全을 헐값에파는 가가 모통이를 도라가야 最低樂園의 浮浪한<sup>622</sup> 막다른골목이요 기실 뚤인골목이요 기실은 막다른 골목이로소이다.

에나멜을 깨끗이 훔치는 리소-르- 물튀기는 山谷소리 찾어보아도 없는지 있는지 疑心나는 머리끗까지의 詐欺로소이다. 禁斷의 허방이있고 法規를洗滌하는 乳白<sup>623</sup>의石炭酸이오 또 失樂園의號令이로소이다. 五月이되면 그뒷山에 잔듸가 게을는대로 나날이 거벼워가는 體重을 그우에내던지고 나날이 묵어워가는 마음이 혼곤히 鄕愁하는 겹저고리로소이다. 或달이銀貨같거나 銀貨가 달같거나 도모지 豊盛한三更에 졸이면 오늘낮에 목매달아죽은 동무를 울고나서

---

616 天候 : 날씨, 일기, 기후.
617 하나넘고 : 전집(1)은 이 다음에 '둘넘고'를 추가함.
618 짖으면 : '짖으면'을 강한 발음으로 적은 듯. 전집(1·2·3)은 후자로 수정.
619 貞操帶 : 여자의 순결을 지키기 위하여 음부(陰部)에 채우는, 쇠로 만든 띠. 15세기부터 16세기 사이의 유럽에서 십자군의 기사가 그들의 아내에게 사용하였다.
620 抗辨 : '抗辯'과 같이 쓰이는데, 전집(1·2·3)은 '抗辯'으로 수정. 이는 '대항하여 변론함'이라는 뜻.
621 내운 : 눈이나 목구멍이 쓰리고 아린.
622 浮浪한 : 일정하게 사는 곳과 하는 일 없이 이리저리 떠돌아다니는.
623 乳白 : 젖의 빛깔과 같이 불투명한 흰색.

—山谷을 踏査하든 習慣으로는 搜索뒤에 오히려 있는지없는지 疑心만나는 깜빡 잊어버린 詐欺로소이다 禁斷[603]의 허방[604]이있고 法規洗滌하는[605] 乳白의石炭酸水[606]요 乃乃 失樂園[607]을 驅練[608]하는 鬚髥난號令이로소이다. 五月이되면 그뒷산에 잔디가 怠慢하고[609] 나날이 겁뿐해가는[610] 體重을 갖어다노코 따로묵직해가는 웃두리만이 고닯게 鄕愁하는 남만도못한人絹[611] 깨끼저고리[612]로소이다.

### 二

房문을닫고 죽은꿩털이 아갑듯이 네 허전한쪽을 후후불어본다. 소리가 나거라. 바람이 불거라. 恰似하거라. 故鄕이거라. 情死거라. 每저녁의꿈이거라. 丹心이거라. 펄펄끓거라. 白紙우에 납작없디거라. 그러나 네끈에는 鉛華[613]가있고 너의속으로는 消毒이巡廻하고 하고나면 都會의雪景같이 지저분한指紋이 어울어저서 싸우고 그냥있다. 다시 방문을열랴. 아스랴. 躊躇치말랴. 어림없지말랴. 견디지알랴.[614] 어디를 건드려야 건드려야 너는열리느냐. 어디가 열여야 네어저께가 디려다보이느냐. 馬糞紙로만든 臨時 네세간 — 錫箔[615]으로 비저놓은瘦

---

603 禁斷 : 어떤 구역에 드나들지 못하도록 막음.
604 허방 : 움푹 팬 땅.
605 法規洗滌하는 : 법규를 씻고 닦는. 전집(1)은 '法規를 洗滌하는'으로 수정.
606 石炭酸水 : 0.1~0.2%의 순석탄산이 녹아 있는 무색투명한 액체. 희석하여 방부제·소독제로 씀.
607 失樂園 : 낙원을 잃다는 뜻이지만, 잃어버린 낙원이라는 뜻으로도 사용. 영국의 시인 밀턴『실락원』(1667)을 지었는데, 그것은 아담과 이브가 지옥을 탈출한 사탄에게 유혹되어 원죄를 짓고 낙원에서 추방되었다가 그리스도의 속죄에 희망을 거는 모습을 그린 작품으로, 기독교적인 이상주의와 청교도적인 세계관을 반영하고 있다.
608 驅練 : 말을 몰며 연습함.
609 怠慢하고 : 열심히 하려는 마음이 없고 게으르고.
610 겁뿐해가는 : 가뿐해가는. 가볍고 상쾌해가는.
611 人絹 : 人造絹의 준말. 인조 견사로 짠 비단.
612 깨끼저고리 : 안팎 솔기를 곱솔로 박아 지은 사(紗)붙이의 저고리.
613 鉛華 : 여자들이 얼굴을 화장할 때 바르는 흰 가루.
614 알랴 : '말랴'의 오식인 듯. 전집(1·2·3)은 후자로 수정.
615 錫箔 : 전집(2·3)은 '銀箔'으로 오식.

# 最低樂園(遺稿)[592]

李 箱

一

　空然한[593] 아궁지에 춤을배앗는奇習 — 煙氣로하야 늘 내운方向 — 머으려는 성미 — 끌어가려[594]드는성미 — 불연듯이[595] 머으려드는 성미 — 色色이 황홀하고 아예記憶못하게하는 秩序로소이다.

　究疫[596]을 헐값에팔고 定價를隱惹[597]하는 가가[598] 모퉁이를 돌아가야 混濁한 炭酸瓦斯[599]에 젖은말뚝을 맞날수있고 흙무든花苑틈으로 막다른下水溝를 뚤는데 기실 뚤렷고 기실 막다른 어룬[600]의 골목이로소이다. 꼭한번 데립프스를 맞어본일이있는손이 리소-르[601]에 가러앉어서 不安에 흠씬 끈적끈적한 白色 琺瑯質[602]을 어루맞이는 배꼽만도 못한電燈아래 — 軍馬가細流를 건느는소리

---

592　전집(1·2·3)은 수필집에 포함시킴.
593　空然한 : 아무 까닭이나 실속이 없는.
594　끌어가려 : 전집(1·2·3)은 '걸어가려'로 수정.
595　불연듯이 : 어떤 행동을 갑작스럽게 하는 모양.
596　究疫 : '역'은 돌림병. 그러므로 '역병을 연구함'이라는 의미이지만, '정가(定價)'가 나오는 것으로 보아 약 이름인 듯.
597　隱惹 : 전집(2·3)은 隱匿의 오식으로 봄.
598　가가 : 가게의 원말.
599　炭酸瓦斯 : 탄산가스.
600　어룬 : 두 사물의 끝이 맞닿은 자리. 물건과 물건 사이의 한가운데. 구역과 구역의 경계점. 시간이나 장소나 사건 따위의 일정한 테두리 안. 또는 그 가까이. 어름거리다, 어름대다(말이나 행동을 똑똑하게 분명히 하지 못하고 우물쭈물하다)를 어룬거리다, 어룬대처럼 발음하는 것과 유사. 그러므로 어름이나 경계를 의미. 전집(1·2·3)은 이를 어룬(나이 든 성인)으로 인식하고 '어른'으로 모두 수정.
601　리소-르(Lysol 독) : 크레졸과 칼리 비누를 같은 양으로 섞은 혼합액. 소독제로 쓰임.
602　琺瑯質 : 에나멜질(enamel質). 이(齒)의 표면을 싸고 있는 유백색(乳白色)의 몹시 단단한 물질. 사기질(沙器質).

꼬리를 이끌며 내그림자가 나를쫓는다.[591]

　내앞에달이있다. 새로운 ― 새로운 ―

　불과같은 ― 或은 華麗한 洪水같은 ―

― 발표지면 : 『朝光』, 1939.2

---

591　내뒤에……쫓는다 : 전집(2・3)에는 이 문장이 빠져 있다.

地上에는 금시 酸鼻할<sup>584</sup> 惡臭가 彌蔓하였다.<sup>585</sup> 나는 달이있는 反對方向으로 것기시작하였다. 나는 걱정하였다 — 어떻게 달이저렇게 悲慘한가하는—

昨日의 일을 생각하였다 — 그暗黑을 — 그리고 來日의일도 — 그暗黑을 —

달은 遲遲하게도<sup>586</sup> 行進하지않는다. 나의 그겨우있는 그림자가 上下하였다.<sup>587</sup> 달은 제體重에 견데기 어려운 것같았다. 그리고 來日의 暗黑의 不吉을 徵候하였다.<sup>588</sup> 나는이제는 다른말을 찾어내이지 않으면 안되게되였다.

나는嚴冬과같은 天文<sup>589</sup>과 싸와야한다. 氷河와 雪山가운데 凍結하지 않으면 안된다. 그리고 나는 달에對한 일은 모도 이저버려야만 한다<sup>590</sup> — 새로운 달을 發見하기爲하야—

금시로 나는도도한 大音響을 들으리라. 달은 墜落할것이다. 地球는 피투성이가 되리라.

사람들은 戰慄하리라. 負傷한 달의 惡血가운데 遊泳하면서 드디여 結氷하야 버리고 말것이다.

異常한 鬼氣가 내骨髓에浸入하여 들어오는가싶다. 太陽은 斷念한 地上最後의 悲劇을 나만이 豫感할수가 있을것같다.

드디여나는 내前方에 疾走하는 내그림자를 追擊하야 앞슬수있었다. 내뒤에

---

584 酸鼻할: 몹시 비통하거나 참혹하여서 코가 찡할.
585 彌蔓하였다: 널리 가득 차 그들먹하였다.
586 遲遲하게도: 몹시 더디게도.
587 上下하였다: 오르내렸다.
588 徵候하였다: 겉으로 낌새를 나타냈다, 미리 징조를 보여주었다.
589 天文: 우주와 천체의 온갖 현상과 그에 내재된 법칙성.
590 이저버려야만 한다: 전집(1·2·3)은 '잊어버려야 한다'로 한 글자 누락.

## 自畵像(習作)[579]

여기는 도모지 어느나라인지 分間을 할수없다. 거기는 太古와 傳承하는 版圖가 있을뿐이다. 여기는 廢墟다.「피라미드」[580]와같은 코가있다. 그구녕으로는「悠久한것」이 드나들고있다. 空氣는 褪色되지않는다. 그것은 先祖가 或은 내전身이 呼吸하던바로 그것이다. 瞳孔에는 蒼空이 凝固하야 있으니 太古의 影像의 略圖다. 여기는 아모 記憶도 遺言되여 있지는않다. 文字가 달아 없어진 石碑처럼 文明의「雜踏한것」이 귀를그냥지나갈뿐이다. 누구는 이것이「떼드마스크」(死面)라고 그랬다. 또누구는「떼드마스크」는 盜賊맞었다고도 그랬다.

죽엄은 서리와같이 나려있다. 풀이 말너버리듯이 수염은 자라지않는채 거츠러갈뿐이다. 그리고 天氣모양에 따라서 입은 커다란소리로 외우친다 — 水流처럼.[581]


## 月　傷[582]

그슈염난 사람은 時計를 끄내여보았다. 나도時計를 끄내여 보았다. 늦었다고 그랬다. 늦었다고 그랬다.

一週夜나늦어서 달은떴다. 그러나 그것은 너무나 心痛한 차림차림이였다. 滿身瘡痍 — 아마 血友病[583]인가도 싶었다.

---

579 '習作'이 있는 것으로 보아 시「자상」의 토대가 된 것으로 보이며,『평화신문』(1956.3.20)에 시로 소개되기도 했다.
580 피라미드(pyramid) : 돌 또는 벽돌로 만들어진 방추형의 건조물.
581 水流처럼 : 물 흐르는 것처럼, 물줄기처럼.
582 月傷 : 전집(2·3)은 '月像'으로 오식. '달의 상흔'.
583 血友病 : 출혈하기 쉬운데다 지혈(止血)이 잘 안 되는 병적인 체질.

늘어진 손가락을 놀녀서는 저 靜物을 運轉할것인가.

그러면서도 決코 기뻐하는 氣色을 보히지는 아니하리라. 짖거리지도 않을것이다. 文學이 되여버리는 잉크에 冷膽하리라. 그러나 지금은 限없는 靜謐[575]이다. 기뻐하는것을 拒絕하는 투박한 靜物이다.

靜物은 부득부득 疲困하리라. 유리는 蒼白하다. 靜物은 骨片까지도 露出한다.

時計는 左向으로 움즉이고있다. 그것은 무엇을 計算하는「메―터」[576]일까. 그러나 그사람이라는 사람은 疲困하였을것도같다. 저「캐로리」[577]의 削減 ― 모든 機構는 年限이다. 거진거진 ― 殘忍한 靜物이다. 그 强毅不屈하는 詩人은 왜돌아오지 아니할까. 果然 戰死하였을까.

靜物가운에 靜物이 靜物가운데 靜物을 졈여내이고[578]있다. 殘忍하지 아니하냐.

秒針을 包圍하는 유리덩어리에 남긴 指紋은 甦生하지아니하면 안될것이다 ― 그 悲壯한 學者의 注意를 喚起하기爲하야.

---

575 靜謐 : 고요하고 편안함.
576 메―터(meter) : 미터법에 의한 길이의 단위. 1미터는 빛이 진공 중에서 2억 9979만 2458분의 1초 동안 이동한 길이이다.
577 캐로리(calorie) : 식품을 소화했을 때 체내에서 생기는 열량(에너지).
578 졈여내이고 : 저며내이고. 기본형, 저미다. 여러 개의 작은 조각으로 얇게 베어 내다. 칼로 도려내듯이 쓰리고 아프게 하다.

天使의 「키쓰」에는 色色이 毒이들어있다. 「키쓰」를 당한사람은 꼭무슨병이 든지 앓다가 그만 죽어버리는것이 例事다.


## 面　鏡

鐵筆달닌 펜軸이하나, 잉크瓶. 글字가적혀있는紙片 (모도가 한사람치)
　附近에는 아모도 없는것같다. 그리고 그것은 읽을수없는 學問인가싶다. 남어 있는 體臭를 유리의 「冷膽한것」이 德하지[571] 아니하니 그悲壯한 最後의 學者는 어떤 사람이였는지 調査할길이 없다. 이簡單한 裝置의 靜物은 「쓰당카아멘」[572] 처럼 寂寂하고 기쁨을 보히지 않는다.

　피(血)만 있으면 最後의 血球하나가 죽지만않았으면 生命은 어떻게라도 保存 되여있을것이다.

　피가있을가. 血痕을 본사람이있나. 그러나 그難解한文學의 끝으머리에 「싸 인」이없다. 그사람은 ― 萬一그사람이라는 사람이 그사람이라는 사람이라면 ― 아마 돌아오리라.
　죽지는않았을까 ― 最後의 한사람의 兵士의 ― 論功[573]조차 行하지 않을 ― 榮譽를 一身에지고. 지리하다. 그는 必是돌아올것인가. 그래서는 疲身[574]에 가

---

571　德하지 : 덕스럽지. 어질고 너그럽지.
572　쓰당카아멘 : 투탕카멘(tutankhamen)을 말하는 듯. 고대 이집트 제18왕조 제12대 왕(재위 BC 1361~BC 1352)이며, 투탕카멘의 무덤은 1922년 영국 고고학자 하워드 카터에 의해 룩소르 부근 나일강 서안의 '왕들의 계곡'에서 발견됐다.
573　論功 : 공적의 있고 없음이나 크고 작음 따위를 논의하여 평가함.
574　疲身 : '피로에 지친 몸'이라는 뜻. 전집(1)은 '疲勞'로 오식.

아니 — 미여기⁵⁶⁵처럼.


失樂園

天使는 아모데도없다. 『파라다이스』⁵⁶⁶는 빈터다.

나는때때로 二三人의 天使를 만나는수가 있다. 제각각 다쉽사리 내게 「키쓰」⁵⁶⁷하야준다. 그러나 忽然히 그당장에서 죽어버린다. 마치 雄蜂⁵⁶⁸처럼—

天使는 天使끼리 싸홈을 하였다는 所聞도있다.

나는B君에게 내가享有하고있는 天使의屍體를 處分하야버릴 趣旨를 니야기⁵⁶⁹할작정이다. 여러사람을 웃길수도 있을것이다. 事實S君 같은 사람은 깔깔웃을것이다. 그것은 S君은 五尺⁵⁷⁰이나넘는 훌륭한天使의 屍體를 十年동안이나 忠實하게 保管하야온 經驗이있는 사람이니까—

天使를 다시 불러서 돌아오게하는 應援旗같은 旗는 없을가.

天使는 왜그렇게 地獄을 좋아하는지 모르겠다. 地獄의 魅力이 天使에게도 차차 알녀진것도 같다.

---

565  미여기 : 메기.
566  파라다이스(paradise) : 천상 또는 지상의 낙원.
567  키스(kiss) : 입맞춤.
568  雄蜂 : 수벌. 수벌은 여왕벌과 교미 후 죽기 때문에 이상은 「날개」에서도 女王蜂과 未亡人을 일치시켜 바라보고 있다.
569  원문은 '니야로 '기'가 누락됨.
570  五尺 : 1척이 30.303cm이므로, 5척은 151cm 정도의 크기.

한다. 내 筋肉과 骨片과 또若少한⁵⁵⁹ 立方⁵⁶⁰의 淸血⁵⁶¹과의 原價償還을 請求하는모양이다. 그러나 —

내게 그만한 金錢이있을까. 나는小說을 써야푼도안된다. 이런胸醬⁵⁶²의 賠償金을 — 도로혀 — 물어내라 그리고싶다. 그러나 —

어쩌면 저렇게 심술구즌 女人일까나는. 이醜惡한 女人으로부터도 逃亡하지 아니하면안된다.


단한個의 象牙스틱.⁵⁶³ 단한個의 風船.


墓穴에계신 白骨까지가 내게무엇인가를 强請하고있다. 그印鑑은 임의失效된지 오랜줄은 꿈에도 생각하지않고.


(그代償으로 나는 내智能의 全部를 抛棄하리라.)


七年이지나면 人間全身의 細胞가 最後의 하나까지 交替된다고한다. 七年동안 나는 이 肉親들과 關係없는 食事를하리라. 그리고 당신네들을 爲하는것도 아니고 또 七年동안은 나를 爲하는것도 아닌 새로운 血統을 얻어보겠다 — 하는생각을 하야서는안되나.

돌녀보내라고 하느냐. 七年동안 金붕어처럼 개흙⁵⁶⁴만을 吐하고 지내면된다.

---

559 若少한 : 약간 작은, 거의 같은.
560 立方 : 세제곱의 옛말. 같은 수 셋을 곱한 값, 또는 곱하는 일. 아마도 입방미터, 또는 입방리터를 의미하는 듯.
561 淸血 : 내용상 血淸의 오식. 혈액이 엉겨 군을 때 혈병(血餠)에서 분리되는 담황색의 투명 액체.
562 胸醬 : 아마도 胸牆의 오식인 듯. 후자는 성곽·포대 등에 쌓은 가슴 높이 만한 담을 뜻함. 가슴과 장기를 뜻하는 胸臟의 오식이거나 腦漿처럼 가슴 속에 든 각종 액체물을 지시하는 조어일 수도 있음.
563 스틱(stick) : 지팡이, 단장(短杖).
564 개흙 : 거무스름하고 미끈미끈한 고운 흙.

자죽[554]이 남아있다. 이것만은 어떤强烈한 香水로도 헷갈니게 하는수는없을—

사람들은 그少女를 내妻라고해서 非難하였다. 듣기싫다. 거즛말이다. 정말이 少女를 본놈은 하나도없다.

그러나 少女는 누구든지의 妻가아니면 안된다. 내子宮가운데 少女는무엇인 지를 낳어 놓았으니— 그러나 나는 아즉그것을 分娩하지는 않었다. 이런소름 끼치는 智識을 내여버리지않고야— 그렇다는것이— 體內에 먹어들어오는 鉛 彈[555]처럼 나를 腐蝕시켜 버리고야 말것이다.

나는 이少女를 火葬해버리고 그만두었다. 내鼻孔으로 조희탈때 나는 그런 내 음새가 어느때까지라도 低徊[556]하면서 살어지려들지않았다.

## 肉親의章[557]

基督에 酷似한 한사람의 襤褸한 사나희가 있었다. 다만 基督에比하야 訥辯[558] 이요 어지간히 無智한것만이 틀닌다면 틀녔다.

年紀五十有一.

나는 이 模造基督을 暗殺하지 아니하면 안된다. 그렇지아니하면 내 一生을 押 收하랴는 氣色이 바야흐로 濃厚하다.

한다리를 절늠거리는 女人— 이 한사람이 언제든지 돌아슨姿勢로 내게肉迫

---

554 인두자죽: 인두는 솔기를 누르거나 옷감의 구김살을 펴는 도구이고, 자죽은 흔적을 말한다. 그러 므로 '인두의 흔적'을 뜻하지만, 혹 인두가 人頭나 咽頭, 또는 인주가 아닌지도 살펴볼 일이다.
555 鉛彈: 납으로 만든 탄알.
556 低徊: 머리를 숙이고 생각에 잠겨 왔다 갔다 함.
557 「육친」,「문벌」이라는 시와 밀접한 상관성을 띠고 있다.
558 訥辯: 더듬거리는 서툰 말솜씨.

# 失樂園[551]

李　箱

## 少女

少女는 確實히 누구의 寫眞인가보다. 언제든지 잠잫고있다.

少女는 때때로 腹痛이난다. 누가 鉛筆로 작난을한 까닭이다. 鉛筆은 有毒하다. 그럴 때마다 少女는 彈丸을 삼킨사람처럼 蒼白하고는 한다.

少女는 또 때때로 咯血[552]한다. 그것은 負傷한 나븨가와서 앉는까닭이다. 그 거미줄같은 나무가지는 나븨의 體重에도 견데지 못한다. 나무가지는 부러지고 만다.

少女는 短艇[553]가운데 있었다 ― 群衆과 나븨를 避하야. 冷却된 水壓이 ― 冷却된 유리의 氣壓이 少女에게 視覺만을 남겨주었다. 그리고 許多한 讀書가 始作된다. 덮은 冊 속에 或은 書齊어떤틈에 곳잘한장의 「얇다란것」이되여버려서는 숨人고한다. 내活字에少女의 살결내음새가 섞여있다. 내製本에 少女의 인두

---

551　이 작품은 이상의 유고로 발표 당시 '新散文'이라는 어정쩡한 명칭을 부기해 놓았다. 그래서 전집(1·2·3)은 수필집에 싣고 있다. 그러나 이 시는 이상의 다른 시들과 밀접한 관련을 갖고 있으며, 이상 계열시의 전형적인 특징을 담고 있고, 일부 작품 「자화상」의 경우는 『평화신문』(1956.3.20)에 시로 소개되고 있다. 여기에서는 「소녀」 등의 총 6수의 시를 「실락원」의 계열시로 보고자 한다.
552　咯血 : 전집(2·3)은 '喀血'로 수정. 모두 '결핵 따위로 인하여 폐나 기관지 점막에서 피를 토함'을 의미.
553　短艇 : 본선(本船)과 부두 사이를 오가며 여객이나 화물을 실어 나르는 작은 배.

# 無題(其二)[541]

故 李 箱

先行하는奔忙[542]을실고 電車의앞窓은
내透思[543]를막는데
出奔[544]한안해의 歸家를알니는『레리오드』[545]의 大團圓이었다.

너는엇지하여 네素行[546]을 地圖에없는 地理에두고
花瓣[547]떨어진 줄거리[548] 모양으로香料와 暗號만을 携帶하고돌아왔음이냐.

時計를보면 아모리하여도 一致하는 時日을 誘引할수없고
내것 않인指紋이 그득한네肉體가 무슨 條文을 내게求刑하겠느냐

그러나 이곧에出口와 入口가늘開放된 네私私로운[549] 休憩室이있으니 내가奔忙
中에라도 네그즛말을 적은片紙[550]을『데스크』우에놓아라

昭和八年十一月三日

— 발표지면 : 『貘』, 1938.10

---

541 전집(1)에는 이 시가 「理由以前」이라는 제목으로 소개되었다.
542 奔忙 : 몹시 바쁨.
543 透思 : 생각으로 투시해냄.
544 出奔 : 도망처서 행방을 감춤.
545 레리오드 : 전집(2·3)은 '페리오드'(periode)의 오식으로 봄. 후자는 마침표, 종지부.
546 素行 : 평소의 행실.
547 花瓣 : '花瓣'의 오식으로 보인다. 전집(2·3)은 '花瓣'으로 수정.
548 줄거리 : 줄기.
549 私私로운 : 전집(1)은 '私事로운'으로 적고 있다.
550 片紙 : 전집(1)은 '紙片'으로 오식.

# 無題[536]

故 李 箱

내 마음에 크기는 한개 卷煙 기러기[537]만하다고 그렇게보고,
處心[538]은 숫제 성냥을 그어 卷煙을 부쳐서는
숫제 내게 自殺을 勸誘하는도다.
내 마음은 果然 바지작 바지작 타들어가고 타는대로 작아가고,
한개 卷煙 불이 손가락에 옮겨 붙으렬적에
果然 나는 내 마음의 空洞에[539] 마지막 재가 떨어지는 부드러운 音響을 들었
더니라.

處心은 재떨이를 버리듯이 大門 밖으로 나를 쫓고,
完全한 空虛를 試驗하듯이 한마디 노크[540]를 내 옷깃에남기고
그리고 調印이 끝난듯이 빗장을 미끄러뜨리는 소리
여러번 굽은 골목이 담장이 左右 못 보는 내 아픈마음에 부딪쳐
달은 밝은데
그 때부터 가까운 길을 일부러 멀리 걷는 버릇을 배웠 드니라.

― 발표지면 : 『貘』, 1938.10

---

536 이 시를 소개하면서 '이 詩는 李箱氏의 遺稿인데, 題가 없으므로 不得已 編輯人이 無題라는 이
름 밑에 發表함'이라는 편집자 주가 있다.
537 기러기 : 길이.
538 處心 : 마음에 새겨 두고 잊지 않음.
539 空洞에 : 전집(1)은 '空間에'로 오식. '빈구석에', '빈틈에'.
540 노크(nock) : 방에 들어가기 앞서 문을 가볍게 두드려서 인기척을 내는 일.

喪章⁵²⁸을부친暗號인가 電流우에올나앉어서 死滅의「가나안」⁵²⁹을 指示한다
都市의崩落⁵³⁰은 아— 風說⁵³¹보다빠르다

        10

市廳은法典을감추고 散亂한 處分을拒絶하얏다
「콩크리–토」田園에는 草根木皮⁵³²도없다 物體의陰影에生理⁵³³가없다
— 孤獨한奇術師⁵³⁴「카인」⁵³⁵은都市關門에서人力車를나리고 항용 이거리를緩步하리라

— 발표지면:『子午線』, 1937.10

---

528 喪章 : 거상(居喪)이나 조상(弔喪)의 뜻을 나타내기 위하여 옷깃이나 소매 따위에 다는 표. 보통 검은 헝겊이나 삼베 조각으로 만들어 붙인다.
529 가나안(Canaan) : 팔레스타인의 요르단 강 서쪽 땅의 옛 이름. 여호와가 아브라함에게 약속한 이상향(理想鄕)으로, '젖과 꿀이 흐르는 곳'이라고 함.
530 崩落 : 무너져서 떨어짐.
531 風說 : 항간(巷間)에 떠돌아다니는 말. 풍문(風聞).
532 草根木皮 : 원문은 '草根本皮'로 오식.
533 生理 : 생물체의 생물학적 기능과 작용, 또는 원리.
534 奇術師 : 기이한 솜씨나 재주를 가지고 있거나 부리는 사람.
535 카인(Cain 라) : 구약 성서 창세기에 나오는 아담과 이브가 낳은 맏아들의 이름. 여호와가 동생 아벨의 제물은 받고, 자기 제물은 거절함을 분히 여겨 동생을 죽이었으므로 내쫓김. 여기서는 '죄를 지은 현대 인간'을 뜻하는 듯.

나는 홀로 閨房[516]에病身을기른다 病身은각금窒息하고 血循[517]이여기저기서망
설거린다

　　　　7

단초를감춘다 남보는데서「싸인」[518] 을하지말고 ………… 어디 어디 暗殺이
부헝이처럼 드새는지[519] ── 누구든지모른다

　　　　8

………… 步道「마이크로폰」[520] 은 마즈막 發電을 마쳤다

夜陰을發堀하는月光 ──

死體는 일어버린體溫보다훨신차다 灰爐[521] 우에 시러가나렷것만[522] …………


별안간 波狀鐵板[523]이넌머젓다 頑固한音響에는餘韻도없다

그밑에서 늙은 議員과 늙은 敎授가 번차래[524]로講演한다

「무엇이 무엇과 와야만되느냐[525]」

이들의상판[526]은 個個 이들의先輩상판을달멋다

烏有된[527]驛構內에貨物車가 웃둑하다 向하고잇다

　　　　9

---

516　閨房 : 부녀자가 거처하는 방, 또는 부부의 침실.
517　血循 : 혈액순환.
518　싸인(sign) : 자기만의 독특한 방법으로 자신의 이름을 적음, 또는 그렇게 적은 문자.
519　드새는지 : 기본형, 드세다. 힘이나 기세가 몹시 강하고 사납다.
520　마이크로폰(microphone) : 음파를 음성 전류로 바꾸는 장치, 전화나 방송의 송화기 따위. 마이크.
521　灰爐 : 재와 불탄 끄트러기.
522　전집(1・2・3)에서 '서리가 나렸건만'의 오식으로 보았다.
523　波狀鐵板 : 물결과 같은 형상의 철판. 전집(3)은 마이크로폰을 지시하는 것으로 설명.
524　번차래 : 번차례. 돌려 가며 갈마드는 차례.
525　와야만되느냐 : 전집(2・3)은 '와야만 하느냐'로 오식.
526　상판 : 상판대기의 준말. '얼굴'의 속된 말.
527　烏有된 : 사물이 아무 것도 없이 된, 무(無)가 된.

⁵¹⁰불은다 그런다음에는世上것이發芽치안는다 그러고夜陰이夜陰에繼續된다
猴는 드디어 깊은睡眠에빠졌다 空氣는乳白으로化粧되고
나는?
사람의屍體를밟고집으로도라오는길에 皮膚面에털이소삿다⁵¹¹ 멀리 내뒤에서
내讀書소리가들려왓다

      4

이 首都의廢墟에 왜遞信⁵¹²이있나
응? (조용합시다 할머니의下門⁵¹³입니다)

      5

쉬ㅡㅌ⁵¹⁴우에 내稀薄한輪廓이찍혓다 이런頭蓋骨·에는解剖圖가參加하지않는다
내正面은가을이다 丹楓근방에透明한洪水가沈澱한다
睡眠뒤에는손까락끝이濃黃의小便으로 차겁드니 기어 방울이저서떨어젓다

      6

건너다보히는二層에서大陸게집들창을닫어버린다 닫기前에 춤을배앝었다
마치 내게射擊하듯이 …………
室內에展開될생각하고 나는嫉妬한다 上氣⁵¹⁵한四肢를壁에기대어 그 춤을 디려
다보면 淫亂한
外國語가허고많은細
菌처럼 꿈틀거린다

---

510 濕氣를 : 전집(1)은 '溫氣를'로 오식.
511 털이소삿다 : '모골이 송연해지다'는 뜻.
512 遞信 : 우편이나 전신 따위의 통신.
513 下門 : 음문(陰門), 음호(陰戶). 그러므로 이는 '윗사람이 아랫사람에게 물음'을 뜻하는 '下問'의 오식으로 보인다.
514 쉬ㅡㅌ(sheet) : 침대나 좌석 등에 까는 흰 천.
515 上氣 : 흥분이나 부끄러움으로 얼굴이 붉어짐. 또는 기혈(氣血)이 머리 쪽으로 치밀어 오르는 증상. 숨이 차고 두통과 기침 증세가 생긴다.

# 破 帖

故 李 箱

### 1

優雅한女賊502이 내뒤를밟는다고 想像하라

내門빗장을 내가질으는소리는내心頭503의凍結하는錄音이거나 그「겹」504이거나 …………

── 無情하구나 ──

燈불이 침침하니까 女賊 乳白의裸體가 참 魅力있는汚穢505 ─ 가안이면乾淨506이다

### 2

市街戰이끝난都市 步道에「麻」가어즈럽다507 黨道의命을받들고月光이 이「麻」어즈러운우에 먹을 즐느리라508

(色이여 保護色509이거라) 나는 이런일을흉내내여 껄껄 껄

### 3

人民이 퍽죽은모양인데거의亡骸를남기지안았다 悽慘한砲火가 은근히 濕氣를

---

502 女賊 : 남자의 마음을 어지럽히는 여색(女色), 또는 여자 도적.
503 心頭 : 생각하고 있는 마음, 또는 순간적인 생각이나 마음.
504 겹 : 면과 면 또는 선과 선 따위가 거듭됨을 나타내는 말.
505 汚穢 : 지저분하고 더러움, 또는 그런 것.
506 乾淨 : 깨끗하고 말끔함.
507 「麻」가어즈럽다 : 난마(亂麻)하다는 뜻. 즉, 뒤얽힌 삼가닥이라는 뜻으로, '복잡하게 뒤얽힌 일', '몹시 어지러운 세상 형편'을 비유하였다.
508 즐느리라 : 지르니라. 기본형은 지르다. 양쪽 사이 또는 위와 아래 사이에 막대나 줄을 건너 막거나 내리꽂다, 또는 짙은 빛으로 옅은 빛의 옆을 칠하여 옅은 빛이 더 두드러지게 하다는 의미인 듯.
509 保護色 : 다른 동물의 공격을 피하고 자신의 몸을 보호하기 위하여 다른 동물의 눈에 띄지 아니하도록 주위와 비슷하게 되어 있는 몸의 색깔.

이것은 작난감新婦마음속에 가시가 돋아있는證據다. 즉 薔薇꽃 처럼
……………………

내 거벼운武裝에서 피가좀난다. 나는 이 傷차기를곷이기위하야 날만어두면 어둔속에서 싱싱한蜜柑을먹는다. 몸에 반지밖에갖이지않은 작난감新婦는 어둠을 커-틴⁵⁰¹열듯하면서 나를찾는다. 얼는 나는 들킨다. 반지가살에닿는것을 나는 바늘로잘못알고 아파한다.

燭불을켜고 작난감新婦가 蜜柑을찾는다.

나는 아파하지않고 모른체한다.

— 발표지면 :『三四文學』, 1936.10

---

501 커-틴(curtain) : 문이나 창 등에 치는 휘장.

# I WED A TOY BRIDE[499]

李 箱

    1 밤

작난감新婦살결에서 이따금 牛乳내음새가 나기도한다. 머(ㄹ)지아니하야 아기를낳으려나보다. 燭불을끄고 나는 작난감新婦귀에다대이고 꾸즈람처럼 속삭여본다.
「그대는 꼭 갓난아기와같다」 고 ⋯⋯⋯⋯⋯
작난감新婦는 어둔데도 성을내이고대답한다.
「牧場까지 散步갔다왔답니다」
작난감新婦는 낮에 色色이風景을暗誦해갖이고온것인지도모른다. 내手帖처럼[500] 내가슴안에서 따끈따끈하다. 이렇게 營養分내를 코로맡기만하니까 나는 작구 瘦瘠해간다.

    2 밤

작난감新婦에게 내가 바늘을주면 작난감新婦는 아모것이나 막 찔른다. 日曆. 詩集. 時計. 또 내몸 내 經驗이들어앉어있음즉한곳.

---

499  이 시는 『삼사문학』 5집(1936.10) 23면에 실려 있다. 하동호의 발굴로 『문학사상』(1977. 4)에 재소개되었다. 그런데 당시 이 시의 앞장(22면)에 있는 「무제」도 이상의 시로 소개가 되었으며, 전집(2·3)에는 그 작품을 실었다. 그러나 여기에서는 그 작품의 저자가 불명확할 뿐만 아니라 이상일 가능성이 희박하므로 제외시켰다. 이 작품은 소설 「동해」와 밀접한 텍스트적 관련이 있다.
500  手帖처럼 : 원문은 '手帖첨럼'으로 오식.

이極北에서破瓜⁴⁹⁵하지안튼이수염은絶望을알아차리고生殖하지안는다. 千古로蒼天이허방⁴⁹⁶빠저잇는陷穽에遺言이石碑처럼은근히沈沒되어잇다. 그러면이겨틀生疎한손짓⁴⁹⁷발짓의信號가지나가면서無事히스스로워한다.⁴⁹⁸ 점잔튼內容이이래저래구기기시작이다.

— 발표지면 : 『朝鮮日報』, 1936.10.9

---

데드마스크와 사화상은 현재 어떻게 되었는지 확인할 길이 없다.
495  破瓜 : '파과지년(破瓜之年)'의 준말. 원래는 여자나이 16세, 남자나이 64세를 일컫지만, 여기서는 '생식'을 의미하는 듯.
496  허방 : 움푹 팬 땅.
497  손짓 : 원문은 '손짓'으로 오식. 전집(1·2·3)은 '손짓'으로 수정.
498  스스로워한다 : 기본형, 스스럽다. 서로 사귀는 정분이 두텁지 않아 조심스럽다, 또는 수줍고 부끄러운 느낌이 있다.

○ 肉 親

크리스트에酷似한[489]한襤褸한사나이가잇스니이이는그의終生과殞命까지도내게떠맛기랴는사나운마음씨다. 내時時刻刻에늘어서서한時代나訥辯[490]인트집으로나를威脅한다. 恩愛[491] ─ 나의着實한經營[492]이늘새파랏케질린다. 나는이육중한크리스트의別身을暗殺하지안코는내門閥과내陰謀를掠奪당할까참걱정이다. 그러나내親鮮한逃亡이 그끈적끈적한聽覺을벗어버릴수가업다.

─ 발표지면 : 『朝鮮日報』, 1936.10.9


○ 自 像[493]

여기는어느나라의떼드마스크[494]다. 떼드마스크는盜賊마젓다는소문도잇다. 풀

---

489 酷似한 : 아주 비슷한.
490 訥辯 : 더듬거리는 말솜씨.
491 恩愛 : 은혜와 사랑을 아울러 이르는 말. 부모 자식 사이나 부부간의 애정.
492 經營 : 기초를 닦고 계획을 세워 어떤 일을 해 나감.
493 自像 : 自畵像의 준말. 이상은 이 「자상」을 비롯하여 「실락원」에도 '자화상(습작)'이 있다. 그리고 그는 지금 4편의 그림 자화상을 남겼다. 거울시 역시 자화상의 모습을 다룬 시편들인데, 그가 왜 이렇게 자신의 자화상에 집착했는지 숙고해야 할 문제이다.
494 떼드마스크(death mask) : 죽은 직후에 죽은 사람의 얼굴에서 직접 본을 떠서 만든 안면상(顔面像). 이상이 동경제대부속병원에서 죽은 후, 화가 길진섭이 석고로 이상의 데드마스크를 떴다. 김소운은 "얼굴에 바른 기름이 모자랐던지 깎은 지 4, 5일 지난 수염이 석고에 묻어서 여남은 개 뽑혀 나왔다"고 하였다. 이봉구는 조우식이 "이상의 데드마스크를 떠 주어가며 목을 놓아 울었다는 소식"을 자신에 글에서 전하고 있다. 데드마스크를 누가 떴느냐는 조금 이견이 있지만, 김소운은 이상의 임종을 지켰으니 그의 주장이 보다 설득력을 갖고 있다. 한편 문종혁은 상의 집 뒤뜰에서 거행된 추도식에서 길진섭이 대상한 '사화상(死畵像)', 즉 "자는 듯이 눈을 내려 감고 입을 다소곳이 다물고 천장을 향해 누워 있는 모습"을 보았다고 하였다. 어쩌면 길진섭은 이상의 사화상도 그린 것으로 보인다. 이상의 누이 김옥희는 "오빠의 데드마스크는 동경대학 부속병원에서 유학생들이 떠놓은 것을 어떤 친구가 가져와 어머님에게까지 보인 일이 있다는데 지금(1964.12) 어디로 갔는지 찾을 길이 없어 아쉽기 짝이 없습니다"라고 토로하였다. 이상의

한⁴⁷⁷손찌거미⁴⁷⁸를불개아미와함께이저버리지는안는다. 그래서新婦는그날그날까므라치거나雄蜂처럼죽고죽고한다. 頭痛은永遠히비켜스는수가업다.

— 발표지면 : 『朝鮮日報』, 1936.10.8


## ○ 內 部

입안에짠맛이돈다.血管으로淋【 】한⁴⁷⁹墨痕⁴⁸⁰이몰려들어왔나보다. 懺悔⁴⁸¹로 벗어노은내구긴皮膚는白紙로도로오고붓지나간자리에피가롱저⁴⁸²매첫다. 尨大한墨痕의奔流⁴⁸³는온갓合音이리니分揀⁴⁸⁴할길이업고다므른입안에그득찬序言이캄캄하다. 생각하는無力이이윽고입을뻐겨제치지⁴⁸⁵못하니審判바드려야 陳述할길이업고溺愛⁴⁸⁶에잠기면버언저⁴⁸⁷滅形하야버린典故만이罪業⁴⁸⁸이되어 이生理속에永遠히氣絶하려나보다.

— 발표지면 : 『朝鮮日報』, 1936.10.9

---

477　陰森한 : 어둠침침하고 쓸쓸한.
478　손찌거미 : 손찌검. 손으로 남을 때리는 일.
479　淋【 】한 : 한 글자가 탈자되어 있는데, 전집(1·2·3)은 '淋漓한'으로 수정. 글자의 의미상 그렇게 보는 것이 적절할 것으로 보인다.
480　墨痕 : 먹물이 묻은 흔적, 또는 글씨를 쓴 붓의 자국.
481　懺悔 : 자기의 잘못에 대하여 깨닫고 깊이 뉘우침.
482　롱저 : 전집(1·2·3)에는 '아롱져'로 고치고 있다. '농(膿), 즉 고름이 지다'에서 온 것 같다.
483　奔流 : 내달리듯이 아주 빠르고 세차게 흐름, 또는 그런 물줄기.
484　分揀 : 서로 같지 아니함을 가려서 앎.
485　뻐겨제치지 : 뻐개 젖히지.
486　溺愛 : 흠뻑 빠져 지나치게 사랑하거나 귀여워함.
487　버언저 : 번저. 차차 넓게 퍼져.
488　罪業 : 훗날 괴로움의 과보(果報)를 부르는 인(因)이 되는 죄악의 행위.

○ 買春

記憶을마타보는器官이炎天⁴⁶⁷아래생선처럼傷해들어가기始作이다. 朝三暮四⁴⁶⁸의싸이폰⁴⁶⁹作用. 感情의忙殺.⁴⁷⁰

나를너머트릴疲勞는오는족족避해야겟지만이런때는大膽하게나서서혼자서도넉넉히雌雄⁴⁷¹보다別것이여야겟다.

脫身.⁴⁷² 신발을벗어버린발이虛天⁴⁷³에서失足한다.⁴⁷⁴

— 발표지면 : 『朝鮮日報』, 1936.10.8


○ 生 涯

내頭痛우에新婦의장갑이定礎⁴⁷⁵되면서나려안는다. 써늘한무게때문에내頭痛이비켜슬氣力도업다. 나는견디면서女王蜂처럼受動的인맵씨를꾸며보인다. 나는已往이주추돌⁴⁷⁶미테서平生이怨恨이거니와新婦의生涯를浸蝕하는내陰森

---

467 炎天 : 몹시 더운 날씨.
468 朝三暮四 : 장자(莊子)의 우화로, 어떤 원숭이 기르는 사람이 원숭이에게 상수리를 주되 아침에 세 개, 저녁에 네 개씩 주겠다고 하니 원숭이들이 성을 내므로, 말을 바꾸어 아침에 네 개, 저녁에 세 개를 준다고 하니 좋아하더라는 이야기에서 유래함. '눈앞에 보이는 차이만 알고 결과가 같은 것을 모르는 것'을 비유하여 이르는 말.
469 싸이폰(siphon) : 기압을 이용해서 높은 데로 끌어 올린 액체를 다시 낮은 곳으로 옮기는 데 쓰는 구부러진 관.
470 忙殺 : 몹시 바쁨.
471 雌雄 : 암수.
472 脫身 : (관계하던 일에서) 몸을 뺌. 또는 위험에서 벗어남.
473 虛天 : 텅빈 하늘.
474 失足한다 : 발을 잘못 내딛는다.
475 定礎 : 사물의 기초를 잡아 정함.
476 주추돌 : 주춧돌. 기둥 밑에 기초로 받쳐 놓은 돌.

줄은꿈에도생각하지안으시나요 — 하고나는으젓이대꾸를해야겟는데나는이러케실은⁴⁵⁸決算의函數⁴⁵⁹를내몸에진인내圖章처럼쉽사리끌러⁴⁶⁰버릴수가참업다.

— 발표지면 : 『朝鮮日報』, 1936.10.6

## ○位 置

重要한位置에서한性格의심술이悲劇을演繹하고잇슬즈음範圍⁴⁶¹에는他人이업섯든가. 한株 — 盆에심은外國語의灌木⁴⁶²이막돌아서서나가버리랴는動機오貨物의方法이와잇는倚子⁴⁶³가주저안저서귀먹은체할때마츰내가句讀⁴⁶⁴처럼고사이에껑기어들어섯스니나는내責任의맵씨를어떠케해보여야하나. 哀話가註釋됨을따라나는슬퍼할準備라도하노라면나는못견데⁴⁶⁵帽子를쓰고박그로나가버렷는데웬사람하나가여긔남아내分身⁴⁶⁶提出할것을이저버리고잇다.

— 발표지면 : 『朝鮮日報』, 1936.10.8

458  실은 : 싫은. 전집(1·2·3)은 '싫은'으로 수정.
459  函數 : 두 변수와 X와 Y 사이에, X의 값이 정해짐에 따라 Y의 값이 정해지는 관계에서 X에 대하여 Y를 이르는 말.
460  끌러 : 기본형, 끌르다. 맺은 것이나 맨 것을 풀다. 잠긴 것이나 채워져 있는 것을 열다.
461  範圍 : 테두리가 정하여진 구역.
462  灌木 : 나무의 키가 작고, 원줄기가 분명하지 아니하며 밑동에서 가지를 많이 치는 나무.
463  倚子 : 전집(2·3)은 '椅子'로 수정. 倚子는 바닥에 앉을 때 몸을 뒤로 기댈 수 있게 만든 기구이고, 椅子는 걸터앉도록 만든 기구이다.
464  句讀 : 구두점. 쉼표나 마침표.
465  못견데 : 못 견뎌. 전집(1·2·3)은 '못견뎌'로 수정.
466  分身 : 본체(本體)에서 갈라져 나간 지체(支體).

을판다. 墓穴은보이지안는다. 보이지안는墓穴로나는꽃을깜빡이저버리고들어간다. 나는정말눕는다. 아아. 꽃이또향기롭다. 보이지도안는꽃이 — 보이지도안는꽃이.

— 발표지면 : 『朝鮮日報』, 1936.10.6


○ 白 晝[451]

내두루매기깃에달린貞操[452]빼지[453]를내어보엿드니들어가도조타고그린다. 들어가도조타든女人이바로제게좀鮮明한貞操가잇스니어떠난다. 나더러世上에서얼마짜리貨幣노릇을하는세음이냐는뜻이다. 나는일부러다홍헌겁을흔들엇드니窈窕하다[454]든貞操가성을낸다. 그리고는七面鳥처럼쩔쩔맨다.

— 발표지면 : 『朝鮮日報』, 1936.10.6


○ 門 閥

墳塚[455]에게신白骨까지가내게血淸[456]의原價償還[457]을强請하고잇다. 天下에달이밝아서나는오들오들떨면서到處에서들킨다. 당신의印鑑이이미失效된지오랜

---

451 白晝 : 전집(2·3)에는 '白晝'로 오식되었다.
452 貞操 : 여자의 곧은 절개, 순결.
453 빼지(badge) : 휘장(徽章).
454 窈窕하다 : 여자의 행동이 얌전하고 정숙하다.
455 墳塚 : 무덤.
456 血淸 : 혈액이 엉겨 굳을 때, 혈병(血餠)에서 분리되는 담황색의 투명 액체.
457 原價償還 : 원래의 것(가격)대로 갚는 것.

한다. 닮아⁴⁴³ 온여러벌表情을벗어버리는醜行이다. 나는드듸어한조각毒한비누를發見하고그것을내虛僞뒤에다살작감춰버렷다. 그리고이번꿈자리를豫期한다.

— 발표지면 : 『朝鮮日報』, 1936.10.4

○ 沈 歿⁴⁴⁴

죽고십흔마음이칼을찻는다. 칼은날이접혀서펴지지안으니날을怒號하는⁴⁴⁵焦燥가絶壁에끈치려든다. 억찌로이것을안에떼밀어노코또懇曲히참으면어느결에날이어듸를건드렷나보다. 內出血⁴⁴⁶이뻑뻑해온다. 그러나皮膚에傷차기를어들길이업스니惡靈⁴⁴⁷나갈門이업다. 가친自殊⁴⁴⁸로하야體重은점점무겁다.

— 발표지면 : 『朝鮮日報』, 1936.10.4

○ 絶 壁

꽃이보이지안는다. 꽃이香기롭다. 香氣가滿開한다. 나는거기墓穴⁴⁴⁹을판다. 墓穴도보이지안는다. 보이지안는墓穴속에나는들어안는다. 나는눕는다. 또꽃이香기롭다. 꽃은보이지안는다.⁴⁵⁰ 香氣가滿開한다. 나는이저버리고再처거기墓穴

---

443 닮아 : '담아'의 오식으로 보인다.
444 沈歿 : 빠져 죽다는 의미. 단순히 빠지다는 의미는 沈沒이며, 여기에 歿死하다가 결합된 단어이다.
445 怒號하는 : 성내어 소리를 지르는.
446 內出血 : 혈관이나 모세 혈관에 의한 출혈이 몸 안 또는 피부 밑에서 일어나는 일.
447 惡靈 : 원한을 품고 사람에게 재앙을 내린다는 사령(死靈).
448 自殊 : 자살. '가친 自殊'는 '갇힌 자살'을 의미.
449 墓穴 : 시체가 놓이는 무덤의 구덩이.
450 원문에는 '꽃은보이안지는다'로 오식되었다.

危篤[436]

李　箱

○ 禁制

내가치든[437]개(狗)는튼튼하대서모조리實驗動物로供養되고그中에서비타민E를지닌개(狗)는學究[438]의未及[439]과生物다운嫉妬로해서博士에게흠씬어더맛는다하고십흔말을개짓듯배아터노튼歲月은숨엇다. 醫科大學허전한마당에우뚝서서나는必死로禁制[440]를알는(患)다. 論文에出席한어울한髑髏[441]에는千古에氏名[442]이업는法이다.

— 발표지면: 『朝鮮日報』, 1936.10.4

○ 追求

안해를즐겁게할條件들이闖入하지못하도록나는窓戶를닷고밤낫으로꿈자리가사나워서나는가위를눌린다어둠속에서무슨내음새의꼬리를逮捕하야端緒로내집내未踏의痕跡을追求한다. 안해는外出에서도라오면房에들어서기전에洗手를

---

436 「금제」 등 총 12수로 이뤄진 계열시이자 연작시이다.
437 치든: 기르던.
438 學究: 학문을 깊이 연구하는 일, 학문에만 몰두한 나머지 세상 물정에 어두운 고리타분한 사람.
439 未及: 아직 미치지 못함. 아직 차지 아니함.
440 禁制: (어떤 행위를 법적으로) 하지 못하게 말림. 또는 그 법규.
441 髑髏: 살이 썩고 남은 뼈, 또는 그 머리뼈. 해골.
442 氏名: 성과 이름.

산에 둥실
구름이가구
구름이오구

송아지는 영 영
먼산바래기

― 발표지면 : 『가톨릭少年』, 1936.5

## 목장[433]

해경

송아지는 저마다
먼산바래기[434]

할말이 잇는데두
고개 숙이구
입을 다물구

새김질[435] 싸각싸각
하다 멈추다

그래두 어머니가
못잊어라구
못잊어라구

가다가 엄매―
놀다가두 엄매―

---

[433] 이 작품은 원래 『가톨릭少年』(1936.5)에 발표되었지만 그 존재가 알려지지 않다가, 2009년 발견되어 『문학사상』(2009.11)에 소개되었다.
[434] 먼산바래기 : 먼산바라기. 먼 산만을 우두커니 바라보는 일.
[435] 새김질 : 한번 삼킨 먹이를 다시 게워 내어 씹음. 반추(反芻).

하고 손이갈때 指紋이指紋을 가로막으며
선뜩하는⁴³¹ 遮斷⁴³²뿐이다.

五月이면 하로 한번이고
열번이고 外出하고 싶어하드니
나갔든길에 안돌아오는수도있는법

거울이 책장같으면 한장 넘겨서
맞섰든 季節을맞나렸만
여기있는 한페ー지
거울은 페ー지의 그냥表紙 —

— 발표지면 : 『女性』, 1936.5

---

431  선뜩하는 : 살갗이나 몸에 갑자기 서느런 느낌의.
432  遮斷 : 다른 것과의 관계나 접촉을 막거나 끊음.

# 明 鏡

李　箱

여기 한페―지[428] 거울이있으니
잊은季節에서는
얹은머리가 瀑布처럼내리우고

울어도 젖지않고
맞대고 웃어도 휘지않고
薔薇처럼 착착 접힌
귀
디려다보아도 디려다 보아도
조용한世上이 맑기만하고
코로는 疲勞한 香氣가 오지 않는다.

만적 만적하는[429]대로 愁心이平行하는
부러 그렇는것같은 拒絶
右편으로 옴겨앉은 心臟일망정 고동이
없으란법 없으니

설마 그렇랴? 어디觸診[430] ……

---

428　페―지(page) : 면, 쪽.
429　만적하는 : '만지작하는', 즉 '만지작대거나 만지작거리는'의 뜻인 듯.
430　觸診 : 한방에서, 환자의 몸을 문지르거나 눌러 보고 그 반응으로 병증을 헤아리는 진찰법.

탔다. 繁殖한고⁴²⁵거즛天使들이하늘을가리고溫帶로건는다. 그렇나여기있는것들은뜨뜻해지면서한꺼번에들떠든다.⁴²⁶ 尨大한房은속으로골마서壁紙가가렵다. 쓰레기가막붙ㅅ는다.⁴²⁷

— 발표지면 : 『詩와 小說』, 1936.3

---

425  繁殖한고 : 전집(2)는 '繁殖하고'의 오식으로 봄. '번식한 고(=그)'로 볼 수도 있다.
426  들떠든다 : 기본형, 들떠들다. 여럿이 들끓어서 마구 떠들다.
427  막붙ㅅ는다 : 전집(1·2·3)은 '막 붙는다'로 오식. '막 불어난다'는 뜻.

눈에띠우지안는暴君이潛入하얏다는所聞이있다. 아기들이번번이애총⁴¹¹이되고되고한다. 어디로避해야저어른구두와어른구두가⁴¹²맞부딧는꼴을안볼수있스랴. 한창急한時刻이면家家戶戶들이한데어우러저서멀니砲聲과屍斑⁴¹³이제법은은하다.

여기있는것들은모도가그尨大한房을쓸어생긴답답한쓰레기다. 落雷⁴¹⁴심한그尨大한房안에는어디로선가窒息한비들기만한까마귀한마리가날어들어왔다. 그렇니까剛하든⁴¹⁵것들이疫馬⁴¹⁶잡듯픽픽씰어지면서房은금시爆發할만큼精潔하다. 反對로여기있는것들은통요사이의쓰레기다.

간다.「孫子」⁴¹⁷도搭載⁴¹⁸한客車가房을避하나보다. 速記를펴놓은床几웋에알뜰한접시가있고접시우에삶은鷄卵한개 — 쏘—크⁴¹⁹로터뜨린노란자위겨드랑에서난데없이孵化하는勳章型鳥類 — 푸드덕거리는바람에方眼紙가찌저지고⁴²⁰氷原⁴²¹웋에座標잃은符牒⁴²²떼가亂舞한다. 卷煙⁴²³에피가묻고그날밤에遊廓⁴²⁴도

---

411 애총 : 兒塚. 어린아이의 무덤.
412 어른구두와어른구두가 : 전집(2)는 '얼은 구두와 얼은 구두가'의 오식으로 봄.
413 屍斑 : 사람이 죽은 지 6~12시간 뒤에 피부에 생기는 자줏빛 얼룩점.
414 落雷 : 벼락이 떨어짐. 또는 그 벼락.
415 剛하든 : 굳고 단단하던.
416 疫馬 : 역병이 든 말.
417 孫子 : 본명은 손무(孫武)이며, 중국 춘추전국시대의 전략가. 주요 저서로『손자』가 있다. 또는 아들의 아들, 또는 딸의 아들을 지칭하는 '손자'일 수도 있다.
418 搭載 : 물건을 실음.
419 쏘—크(fork) : 고기・생선・과일 따위를 찍어 먹거나 얹어 먹는 식탁 용구.
420 方眼紙가찌저지고 : 원문은 '方眼紙가가찌저지고'로 한 글자가 잘못으로 더 들어가 있다. 방안지는 '모눈종이'를 일컬음.
421 氷原 : 지표의 전면이 두꺼운 얼음으로 덮여 있는 극지방의 벌판.
422 符牒 : 관아의 장부와 문서. 부적(簿籍).
423 卷煙 : 담배.
424 遊廓 : 지난날, 공창 제도(公娼制度)가 있었을 때, 창녀가 모여서 몸을 팔던 집이나 그 구역.

臟腑를닮는다. 그우로짝바뀐구두가비철거린다. 어느菌이어느아랫배를앓게하는것이다. 질다.

反芻한다. 老婆니까. 마즌편不滑한⁴⁰²유리우에解消된政體를塗布한조름오는惠澤이뜬다. 꿈-꿈-꿈을짓밟는虛妄한勞役 — 이世紀의困憊와殺氣가바둑판처럼넓니깔였다. 먹어야사는입술이惡意로구긴진창우에서슬몃이食事흉내를낸다. 아들 — 여러아들 — 老婆의結婚을거더차는여러아들들의육중한구두 — 구두바닥의징⁴⁰³이다.

層段을몇벌이고⁴⁰⁴아래도⁴⁰⁵나려가면갈사록우물이드물다. 좀遲刻해서는텁텁한바람이불고 — 하면學生들의地圖가曜日마다彩色을곷인다. 客地에서道理없어다수굿하든집웅들이어물어물⁴⁰⁶한다. 即이聚落은바로여드름돋는季節이래서으쓱거리다잠꼬대우에더운물을붓기도한다. 渴⁴⁰⁷ — 이渴때문에견듸지못하겠다.

太古의湖水바탕이든地積⁴⁰⁸이짜다. 幕을버틴기둥이濕해들어온다. 구름이近境에오지않고娛樂없는空氣속에서가끔扁桃腺⁴⁰⁹들을앓는다. 貨幣의스캔달⁴¹⁰ — 발처럼생긴손이염치없이老婆의痛苦하는손을잡는다.

---

402 不滑한 : 평평하고 미끄러운.
403 징 : 신의 가죽 창이나 말굽·쇠굽 따위에 박는, 대가리가 크고 넓으며 길이가 짧은 쇠못.
404 몇벌이고 : '몇번이고'의 오식인 듯. 전집(1·2·3)은 후자로 수정. 그러나 이상은 소설 「지주회시」, 「종생기」 등에서도 '한번'이 적절한 문장에 '한벌'이라는 단어를 썼다.
405 아래도 : 전집(1·2·3)은 '아래로'의 오식으로 보고 수정.
406 어물어물 : 보일 듯 말 듯 하게 조금씩 자꾸 움직이는 모양.
407 渴 : 목마름. 갈증.
408 地積 : 땅의 넓이.
409 扁桃腺 : 구강 및 그 부근의 점막에서 림프성(lymph性)의 조직이 발달한 부분. 신체의 발육기에 있어서 멸균, 면역 따위의 작용으로 신체를 보호한다.
410 스캔들(scandal) : 물의, 추문(醜聞), 부정한 사건.

# 街外街傳

李 箱

喧噪<sup>390</sup>때문에磨滅되는몸이다. 모도少年이라고들그리는데老爺<sup>391</sup>인氣色이많다. 酷刑에씻기워서算盤<sup>392</sup>알처럼資格넘어로튀어올으기쉽다. 그렇니까陸橋우에서또하나의편안한大陸을나려다보고僅僅히다. 동갑네가시시거리며떼를지어踏橋<sup>393</sup>한다. 그렇지안아도陸橋는또月光으로充分히天秤<sup>394</sup>처럼제무게에끄덱인다. 他人의그림자는위선넓다. 微微한그림자들이얼떨김에모조리앉어버린다. 櫻桃가진다. 種子도煙滅한다.<sup>395</sup> 偵探도호지부지 — 있어야옳을拍手가어쨓서없느냐. 아마아버지를反逆한가싶다. 黙黙히 — 企圖를封鎖한체하고말을하면사투리다. 아니 — 이無言이喧噪의사투리리라. 쏟으랴는노릇 — 날카로운身端이싱싱한陸橋그중甚한구석을診斷하듯어루맞이기만한다. 나날이씩으면서<sup>396</sup>가르치는指向으로奇蹟히<sup>397</sup>골목이뚤렸다. 썩는것들이落差나며<sup>398</sup>골목으로몰린다. 골목안에는侈奢스러워보이는門이있다. 門안에는金니<sup>399</sup>가있다. 金니안에는추잡한혀가달닌肺患이있다. 오— 오—. 들어가면나오지못하는타잎<sup>400</sup>기피<sup>401</sup>가

---

390 喧噪 : 지껄이며 떠듦.
391 老爺 : 노파, 늙은이.
392 算盤 : 주판, 수판.
393 踏橋 : 다리밟기.
394 天秤 : 天平秤의 준말. 저울의 한 가지. 가운데에 세운 줏대의 가로장 양끝에 저울판이 달려 있음.
395 煙滅한다 : 연기처럼 흔적도 없이 사라진다.
396 씩으면서 : 아래 내용으로 보아 '썩으면서'의 오식이 확실한 듯. 전집(1·2·3)은 후자로 수정.
397 奇蹟히 : 기적같이, 기적적으로.
398 落差나며 : 시간차를 두고.
399 金니 : 금으로 만들어서 해넣은 이빨.
400 타잎(type) : 양식, 유형.
401 기피 : 깊이.

을떨어트린다. 우슴소리가요란하게나드니自嘲하는表情우에毒한잉크가끼언친다. 기침은思念우에그냥주저앉어서떠든다. 기가탁막힌다.

— 발표지면 : 『가톨닉靑年』, 1936. 2

나거기는他人과約束된握手가있을뿐, 多幸히空欄³⁸⁰을입어보면長廣³⁸¹도맛지않고않드린다.³⁸² 어떤뷘터전을찾어가서실컨잠잣고있어본다. 배가압하들어온다. 苦로운發音을다생켜버린까닭이다. 奸邪한³⁸³文書를때려주고또멱살을잡고끌고와보면그이도돈도없어지고疲困한過去가멀건이앉어있다. 여기다座席을두어서는않된다고그사람은이로位置를파헤처놋는다. 비켜스는惡息³⁸⁴에虛妄과復讐를느낀다. 그이는앉은자리에서그사람이平生을살아보는것을보고는살작달아나버렸다.

## 行 路

기침이난다. 空氣속에空氣를힘들여배앗하놋는다. 답답하게걸어가는길이내스토오리³⁸⁵요기침해서찍는句讀³⁸⁶을심심한空氣가주믈러서삭여버린다. 나는한章이나걸어서鐵路를건너질를적에그때누가내經路³⁸⁷를듸듸는이가있다. 압흔것이匕首³⁸⁸에버어지면서鐵路와열十字로어얼린다.³⁸⁹ 나는문어지느라고기침

---

378 홀홀한가 : 기본형, 홀홀하다. 조심성이 없고 행동이 매우 가볍다, 또는 별로 대수롭지 아니하다.
379 雜踏 : 많이 몰리어 붐빔.
380 空欄 : 빈칸. 주로 책, 서류, 공책 따위의 지면에 글자 없이 비워 둔 칸이나 줄을 말하지만, 여기서는 '사람들 사이의 빈틈'을 의미.
381 長廣 : 길이와 넓이.
382 않드린다 : 안 들인다. 들이지 않는다. 주체를 공란으로 하여 공란이 나의 몸을 들어오지 못하게 한다는 뜻.
383 奸邪한 : 간교하고 바르지 않은.
384 惡息 : '나쁜 휴식'이라는 뜻이 되는데, 이는 '惡臭(고약한 냄새)의 오식인 듯. 전집(3)은 악취로 수정.
385 스토오리(story) : 이야기.
386 句讀 : 구두점. 글을 마치거나 쉴 때 찍는 마침표와 쉼표.
387 經路 : 지나온 길.
388 匕首 : 날이 예리하고 짧은 칼.
389 어얼린다 : 기본형, 얼리다. 어울리다의 준말. 얽히거나 맞붙다는 뜻.

알른다. 밤은참많기도하드라. 실어내가기도하고실어들여오기도하고하다가이 저버리고새벽이된다. 肺에도아츰이켜진다. 밤사이에무엇이없어졌나살펴본다. 習慣이도로와있다. 다만내侈奢³⁷³한책이여러장찢겼다. 惟悴한³⁷⁴結論우에아츰 햇살이仔細히적힌다. 永遠이그코없는밤은오지않을듯이.


　　家 庭


門을암만잡아단여도않열리는것은안에生活이모자라는까닭이다. 밤이사나운꾸 즈람으로나를졸른다. 나는우리집내門牌앞에서여간성가신게아니다. 나는밤속 에들어서서제웅³⁷⁵처럼작구만減해간다. 食口야封한窓戶어데라도한구석터노 아다고내가收入되여들어가야하지않나. 집웅에서리가나리고뾰족한데는鍼³⁷⁶ 처럼月光이무덨다. 우리집이알나보다그러고누가힘에겨운도장을찍나보다. 壽 命을헐어서典當잡히나보다. 나는그냥門고리에쇠사슬늘어지듯매여달렸다. 門 을열려고않열리는門을열려고.


　　易 斷³⁷⁷


그이는白紙우에다鉛筆로한사람의運命을흐릿하게草를잡아놓았다. 이렇게흘흘 한가.³⁷⁸ 돈과過去를거기다가놓아두고雜踏³⁷⁹속으로몸을記入하야본다. 그러

---

373　侈奢 : 奢侈의 어순을 바꿔놓은 것. 의미는 '사치'이면서 음은 '치사'로 읽혀 중의적 효과를 가짐.
374　惟悴한 : '憔悴한'의 오식으로 보인다. 전집(1·2·3) 모두 후자로 수정.
375　제웅 : 짚으로 만든 사람의 형상. 민속에서, 음력 정월 열나흗날 저녁의 액막이나, 무당이 앓는 사람을 위하여 산영장을 지내는 데 씀. 초우인(草偶人).
376　鍼 : 침. 針과 같은 어의이나 針은 보통 꿰매는 바늘을, 鍼은 침놓는 바늘을 뜻함.
377　易斷 : 易에 의해 인간의 운명(길흉화복)을 판단하는 것을 뜻함.

# 易斷[370]

李　箱

## 火　爐

房거죽에極寒이와다앗다. 極寒이房속을넘본다. 房안은견된다. 나는讀書의뜻과 함께힘이든다. 火爐를꽉쥐고집의集中을잡아땡기면유리窓이움폭해지면서極寒 이혹처럼房을눌은다. 참다못하야火爐는식고차접기때문에나는適當스러운房안 에서쩔쩔맨다. 어느바다에潮水가미나보다. 잘다저진房바닥에서어머니가생기 고어머니는내압흔데에서火爐를떼여가지고부억으로나가신다. 나는겨우暴動을 記憶하는데내게서는억지로가지가못는다. 두팔을버리고유리창을가로막으면빨 내방맹이가내등의더러운衣裳을뚜들긴다. 極寒을걸커미는[371] 어머니 — 奇蹟이 다. 기침藥처럼딱근딱근한火爐를한아름담아가지고내體溫우에올나스면讀書는 겁이나서근드박질을친다.


## 아　츰

캄캄한空氣를마시면肺에害롭다. 肺壁에끄름이앉는다. 밤새도록나는옴살을[372]

---

370 「易斷」등 총 5수로 구성된 계열시이다.
371 걸커미는: '긁어'(기본형 긁다)와 '미어'(밀다)의 혼합형인 듯. '긁어 밀다'는 뜻이 되며, 수필 「조춘점묘」에도 '걸커미어'가 나온다.
372 옴살을: 전집(1·2·3)은 '몸살을'로 수정. '몸살'의 오식일 수 있지만, 살이 오톨도톨하게 돋아나는 옴과 같은, '옴'으로 인한 증상, 즉 '옴'과 '살'의 조어일 가능성도 있다. '엄살'의 사투리로도 쓰인다.

은쇠를삼켯드라그리고 주저안젓섯드라 散彈은 녹슬엇고 솜털내음새도 나고 千斤무게드라 아아

○ 紙碑三

　이房에는 門牌가업다 개는이번에는 저쪽을 向하야짓는다 嘲笑와같이 안해의 버서노은 버선이 나같은空腹을表情하면서 곧걸어갈것갓다 나는 이房을 첩첩이다치고 出他[369]한다 그제야 개는 이쪽을向하야 마즈막으로 슬프게 짓는다

— 발표지면 : 『中央』, 1936.1

따위를 잡는 데 효력이 있음.
369　出他 : 집에 있지 아니하고 다른 곳에 나감.

# 紙 碑
― 어디갓는지모르는안해 ―

李 箱

○ 紙碑一

안해는 아츰이면 外出한다 그날에 該當한 한男子를 소기려가는것이다 順序야 밧귀어도 하로에한男子以上은 待遇하지안는다고 안해는말한다 오늘이야말로 정말도라오지안으려나보다하고 내가 完全히 絶望하고나면 化粧은잇고 人相은없는얼골로 안해는 形容처럼 簡單히돌아온다 나는 물어보면 안해는 모도率直히 이야기한다 나는 안해의日記에 萬一 안해가나를 소기려들었을때 함즉한 速記365를 男便된資格밧에서 敏捷하게代書366한다

○ 紙碑二

안해는 정말 鳥類엿든가보다 안해가 그러케 瘦瘠하고 거벼워젓는데도 나르지못한것은 그손까락에 끙기웟든 반지때문이다 午後에는 늘 粉을바를때 壁한겹걸러서 나는 鳥籠을 느긴다 얼마안가서 없어질때까지 그 파르스레한주둥이로 한번도 쌀알을 쪼으려들지안앗다 또 가끔 미다지를열고 蒼空을 처다보면서도 고흔목소리로 지저귀려들지안앗다 안해는 날를줄과 죽을줄이나 알앗지 地上에 발자죽을 남기지안앗다 秘密한발은 늘보선신고 남에게 안보이다가 어느날 정말 안해는 업서젓다 그제야 처음房안에 鳥糞내음새가 풍기고 날개퍼덕이든 傷處가 도배367우에 은근하다 헤트러진 깃부스러기를 쓸어모으면서 나는 世上에도 이상스러운것을어덧다 散彈368 아아안해는 鳥類이면서 염체 닷과같

---

365 速記 : 빨리 기록하는 것.
366 代書 : 남을 대신하여 글씨나 글을 씀.
367 도배 : 종이로 벽이나 반자, 장지 따위를 바르는 일. 여기서는 '도배한 종이'를 뜻함.
368 散彈 : 폭발과 동시에 많은 잔 탄알이 퍼져 나가게 된 탄환으로 가까운 거리에 있는 새나 짐승

# 紙 碑[364]

李 箱

내키는커서다리는길고왼다리압흐고안해키는적어서다리는짧고바른다리가압흐니내바른다리와안해왼다리와성한다리끼리한사람처럼걸어가면아아이夫婦는부축할수업는절름바리가되어버린다無事한世上이病院이고꼭治療를기다리는無病이끗끗내잇다

— 발표지면 : 『朝鮮中央日報』, 1935.9.15

---

364  紙碑 : 이상의 조어로 종이로 만든 비를 뜻함. 일반적으로 비석은 돌로 만들지만((石碑), 이상은 자기 아내를 위해 종이로 비석(紙碑)을 만든 것이다.

는다그럼저게울었을理도없고제법울가싶지도못하고그럼앗가운뻑꾹이는날아 갔나

— 발표지면 : 『가톨릭靑年』, 1935.4

363 모으로 : 비껴서, 대각선으로, 또는 옆쪽으로.

正式

Ⅲ

웃을수있는時間을가진³⁵⁷標本頭蓋骨에筋肉이없다

正式

Ⅳ

너는누구냐그러나門밖에와서門을두다리며門을열나고외치니나를찾는一心³⁵⁸이아니고또내가너를도모지모른다고한들나는참아그대로내여버려둘수는없어서門을열어주려하나門은안으로만고리가걸닌것이아니라밖으로도너는모르게잠겨있으니안에서만열어주면무엇을하느냐너는누구기에구타여다친門앞에誕生하였느냐

正式

Ⅴ

키가크고偸快³⁵⁹한樹木이키적은子息을나았다軌條³⁶⁰가平偏한곳에風媒植物³⁶¹의種子가떨어지지만冷膽한排斥이한결같아灌木³⁶²은草葉으로衰弱하고草葉은下向하고그밑에서毒蛇는漸々瘦瘠하야가고땀이흘으고머지않은곳에서水銀이흔들리고숨어흘으는水脈에말둑박는소리가들녔다.

正式

Ⅵ

時計가뻑꾹이처럼뻑꾹그리길내처다보니木造뻑꾹이하나가와서모으로³⁶³앉

---

357 時間을가진 : 전집(1)은 '時間가진'으로 한 글자 누락.
358 一心 : 소설 [봉별기]에도 나오며, 금홍이의 동생 이름(문종혁).
359 偸快 : '구차하고 상쾌한'이라는 의미로 보아 '愉'의 오식인 듯. 후자는 '마음이 즐겁고 상쾌하다'는 뜻. 전집(1·2·3)은 '愉快'로 수정. '남몰래 방종하거나 즐김'이라는 의미의 조어일 수도 있다.
360 軌條 : 레일(rail), 철로.
361 風媒植物 : 바람에 의하여 수분(受粉)이 되는 식물.
362 灌木 : 키가 작고 원줄기와 가지의 구별이 분명하지 않으며 밑동에서 가지를 많이 치는 나무. 무궁화, 진달래, 앵두나무 따위.

# 正 式[348]

李　箱

正 式

I

海底[349]에가라앉는한개닷[350]처럼小刀가그軀幹[351]속에滅形하야[352]버리드라
完全히달아없어졌을때完全히死亡한한개小刀가位置에遺棄되여[353]있드라

正 式

II

나와그아지못할險상구즌사람과나란이앉아뒤를보고있으면氣象은다沒收되
여없고先祖가늣기든時事[354]의證據가最後의鐵의性質로두사람의交際를禁하고
있고가젔든弄談의마즈막順序를내여버리는이停頓한[355]暗黑가운데의奮發은[356]
참秘密이다그러나오즉그아지못할險상구즌사람은나의이런努力의氣色을어쩌
케살펴알았는지그따문에그사람이아모것도모른다하야도나는또그따문에억찌
로근심하여야하고地上맨끝整理인데도깨끗이마음놓기참어렵다

---

348　이 시는 처음 『가톨릭청년』(1935.4)에 실렸다가 『청색지』(1938.6)에 "詩 / 故李箱"라 하여 다시
　　　수록되었다. 아마도 이상의 사후 그의 시를 다시 소개하는 차원에서 실은 것으로 보인다. 연작
　　　시가 아니라 분련체의 한 작품으로 보는 것이 타당할 듯하다.
349　海底 : 바다의 밑바닥.
350　닷 : 닻. 배를 한곳에 멈추어 있게 하기 위하여 줄에 매어 물 밑바닥으로 가라앉히는, 갈고리가
　　　달린 기구. 갈고리가 흙바닥에 박히어 배가 움직이지 못하게 됨.
351　軀幹 : 몸통 부분. 동부(胴部).
352　滅形하야 : 형태가 사라져, 형태가 소멸하여.
353　遺棄되여 : 내다버려져.
354　時事 : 그때그때의 세상의 정세나 일어난 일.
355　停頓한 : 침체하여 나아가지 아니하는.
356　奮發한 : 전집(3)은 '舊發한'으로 오식.

삼킨원통하게배곱하이즈러진헌겁心臟을드려다보면서魚항이라하느냐

— 발표지면 : 『中央』, 1934.9

· 素 · 榮 · 爲 · 題 ·

李　箱

　　　　　　1

　달빛속에잇는네얼골앞에서내얼골은한장얇은皮膚가되여너를칭찬하는내말슴이發音하지³⁴³아니하고미다지를간즐으는한숨처럼冬柏꽃밧내음새진이고잇는네머리털속으로기여들면서모심듯키내설음을하나하나심어가네나

　　　　　　2

　진흙밭헤매일적에네구두뒤축이눌러놋는자욱에비나려가득고엿스니이는온갓네거짓말³⁴⁴네弄談에한없이고단한이설음을哭으로울기전에따에노아하늘에부어놋는내억울한술잔네발자욱이진흙밭을헤매이며헛뜨려노음³⁴⁵이냐

　　　　　　3

　달빛이내등에무든거적자욱³⁴⁶에앉으면내그림자에는실고초³⁴⁷같은피가아믈거리고대신血管에는달빛에놀래인冷水가방울방울젓기로니너는내벽돌을씹어

---

343　發音하지 : 전집(1)은 '發言하지'로 오식.
344　거짓말 : 전집(1)은 '거짓'으로 한 글자 누락.
345　헛뜨려노음 : 허뜨려놓음. 허물어지게 해놓거나 흩어지게 해놓음.
346　거적자국 : 거적(짚으로 만든 자리)이 닿거나 묻어서 생긴 자리.
347　실고초 : 실고추. 실같이 가늘게 썬 고추.

편에잇다.

      6

模型心臟에서붉은잉크가업즐러젓다. 내가遲刻한내꿈에서나는極刑을바닷다. 내꿈을支配하는者는내가아니다. 握手할수조차업는두사람을封鎖한巨大한罪가잇다.

— 발표지면 : 『朝鮮中央日報』, 1934.8.8

詩第十五號

1

나는거울업는室內에잇다. 거울속의나는역시外出中이다.나는至今거울속의나를무서워하며떨고잇다.거울속의나는어디가서나를어떠케하랴는陰謀를하는中일가.

2

罪를품고식은寢床에서잣다. 確實한내꿈에나는缺席하얏고義足[339]을담은 軍用長靴가내꿈의 白紙를더럽혀노앗다.

3

나는거울잇는室內로몰래들어간다. 나를거울에서解放하려고. 그러나거울속의나는沈鬱한얼골로同時에꼭들어온다.거울속의나는내게未安한뜻을傳한다.내가그때문에囹圄[340]되어잇듯키그도나때문에囹圄되여떨고잇다.

4

내가缺席한나의꿈. 내僞造가登場하지안는내거울. 無能이라도조흔나의孤獨의渴望者[341]다. 나는드듸어거울속의나에게自殺을勸誘하기로決心하얏다. 나는그에게視野도업는들窓을가르치엇다. 그들窓은自殺만을爲한들窓이다. 그러나내가自殺하지아니하면그가自殺할수업슴을그는내게가르친다.거울속의나는不死鳥에갓갑다.

5

내왼편가슴心臟의位置를防彈金屬으로掩蔽[342]하고나는거울속의내왼편가슴을견우어拳銃을發射하얏다. 彈丸은그의왼편가슴을貫通하얏스나그의心臟은바른

---

339 義足 : 다리가 없는 사람이 나무나 고무, 또는 금속 따위로 만들어 붙이는 인공의 다리. 의각(義脚).
340 囹圄 : 감옥, 또는 감옥에 갇혀 있는 상태를 흔히 이르는 말.
341 渴望者 : 간절히 바라는 자, 열망(熱望)하는 이.
342 掩蔽 : 꺼려서 숨기거나 가림.

다란禮儀를花草盆보다도사량스레녁인다.

— 발표지면 : 『朝鮮中央日報』, 1934.8.7

### 詩第十四號

古城압풀밧이잇고풀밧우에나는내帽子를버서노앗다.

　城우에서나는내記憶에쾌묵어운돌을매여달아서는내힘과距離껏팔매질첫다. 抛物線을逆行하는歷史의슯흔울음소리. 문득城밋내帽子겻헤한사람의乞人이 장승[335]과가티서잇는것을나려다보앗다. 乞人은城밋헤서오히려내우에잇다.或 은綜合된歷史의亡靈[336]인가. 空中을向하야노힌내帽子의깁히는切迫한하늘을 불은다. 별안간乞人은慓慓한[337]風彩를허리굽혀한개의돌을내帽子속에치뜨려 넛는다.나는벌서氣絶하얏다.心臟이頭蓋骨속으로옴겨가는地圖가보인다.싸늘 한손이내니마에닷는다.내니마에는싸늘한손자옥이烙印[338]되여언제까지지어 지지안앗다.

— 발표지면 : 『朝鮮中央日報』, 1934.8.7

---

335　장승 : 돌이나 나무에 사람의 얼굴을 새겨서 마을 또는 절 어귀나 길가에 세운 푯말.
336　亡靈 : 죽은 사람의 영혼, 또는 혐오스러운 과거의 잔재를 비유적으로 이르는 말.
337　慓慓한 : 날렵한. 전집(1)은 그대로 옮겼으나, 전집(2·3)은 '慄慄한'으로 오식.
338　烙印 : 불에 달구어 찍는 쇠도장, 또는 그것으로 찍은 표시(표지).

사기컵과흡사한내骸骨이다. 가지낫든팔은배암과갓치내팔로기어들기前에내팔이或움즉엿든들洪水를막은白紙는찌저젓으리라. 그러나내팔은如前히그사기컵을死守한다.

— 발표지면 : 『朝鮮中央日報』, 1934.8.4


詩第十二號

때무든빨내조각이한뭉텡이空中으로날너떠러진다. 그것은흰비닭이<sup>333</sup>의떼다. 이손바닥만한한조각하늘저편에戰爭이끗나고平和가왓다는宣傳이다. 한무덕이비닭이의떼가깃에무든때를씻는다. 이손바닥만한하늘이편에방맹이로흰비닭이의떼를따려죽이는不潔한戰爭이始作된다. 空氣에숫검정이가지저분하게무드면흰비닭이의떼는또한번이손바닥만한하늘저편으로날아간다.

— 발표지면 : 『朝鮮中央日報』, 1934.8.4


詩第十三號

내팔이면도칼을 든채로끈어저떨어젓다. 자세히보면무엇에몹시 威脅당하는것처럼샛팔앗타. 이럿케하야일허버린내두개팔을나는 燭臺세음<sup>334</sup>으로내 방안에裝飾하야노앗다. 팔은죽어서도 오히려나에게怯을내이는것만갓다. 나는이런얇

---

333 흰비닭이 : 흰 비둘기.
334 燭臺세음 : 전집(2·3)은 '촉대세움'으로 오식. '촉대처럼', '촉대인 셈'이라는 뜻.

한銃身을늣기고내담으른입에맥근맥근환銃口를늣긴다. 그리드니나는銃쏘으듯키눈을감이며³²⁸한방銃彈대신에나는참나의입으로무엇을내여배앗헛드냐.

— 발표지면 : 『朝鮮中央日報』, 1934.8.3


詩第十號 나비

찌저진壁紙에죽어가는나비를본다. 그것은幽界³²⁹에絡繹되는³³⁰秘密한通話口다. 어느날거울가운데의鬚髥에죽어가는나비를본다. 날개축처어진나비는입김에어리는가난한이슬을먹는다. 通話口를손바닥으로꼭막으면서내가죽으면안젓다이러서듯키나비도날러가리라. 이런말이決코밧그로새여나가지는안케한다.

— 발표지면 : 『朝鮮中央日報』, 1934.8.3


詩第十一號

그사기컵은내骸骨과흡사하다. 내가그컵을손으로꼭쥐엿슬때내팔에서는난데업는팔하나가接木³³¹처럼도치드니³³²그팔에달린손은그사기컵을번적들어마루바닥에메여부딋는다. 내팔은그사기컵을死守하고잇스니散散히깨어진것은그럼그

---

용을 가진 기관. 구강·이·혀·인두·식도·위·장(소장·대장·맹장·직장) 등으로 분화되어 있다.
328  감이며 : '감으며'의 오식인 듯. 전집(1·2·3)은 후자로 수정.
329  幽界 : 저승, 저승세계.
330  絡繹되는 : 사람이나 수레의 왕래가 끊이지 않는.
331  接木 : 나무를 접붙임, 또는 그 나무.
332  도치드니 : 돋치더니. 돋아서 내밀더니.

第二部試驗 直立한 平面鏡　　　一
　　　　　助手　　　　　　數名

野外의眞空³¹⁸을選擇함. 爲先痲醉된上肢³¹⁹의尖端을鏡面에附着식힘. 平面鏡의水銀을剝落함.³²⁰ 平面鏡을後退식힘. (이때 映像된上肢는반듯이硝子³²¹를無事通過하겟다는것으로假說함) 上肢의終端까지. 다음水銀塗沫. (在來面에)이瞬間公轉과自轉으로부터그眞空을降車³²²식힘. 完全히二個의上肢를接受하기까지.翌日.硝子를前進식힘. 連하야水銀柱를在來面³²³에塗沫함 (上肢의處分) (或은滅形)³²⁴其他.水銀塗沫面의變更과前進後退의重複等.
ETC 以下未詳

— 발표지면: 『朝鮮中央日報』, 1934.8.2

詩第九號 銃口

每日가치列風³²⁵이불드니드듸여내허리에큼직한손이와닷는다. 恍惚한³²⁶指紋골작이로내땀내가슴여드자마자 쏘아라. 쏘으리로다. 나는내消化器官³²⁷에묵직

---

318 眞空: 원문은 '眞實'로 오식. 전집(1·2·3)은 모두 후자로 수정.
319 上肢: 어깨·팔·손을 통틀어 이르는 말.
320 剝落함: 발라 놓은 칠 따위가 벗겨짐, 돌이나 쇠붙이에 새겨 놓은 글씨 따위가 오래되어 긁히고 깎이어 없어짐.
321 硝子: 유리.
322 降車: 차에서 내림.
323 在來面: 전하여 내려오는 면, 전부터 있었던 면.
324 滅形: 형태가 없어지다, 사라지다.
325 列風: '烈風'의 오식으로 보임. 전집(1·2·3)은 모두 '烈風'으로 수정.
326 恍惚한: 흐릿하여 분명하지 아니함.
327 消化器官: 전집(1·2·3)은 '消化器管'으로 오식. 동물이 섭취한 영양소를 저장·소화·흡수하는 작

沈下搬過되는³¹²光彩淋漓한³¹³亡骸・나는塔配하는³¹⁴毒蛇와가치 地平에³¹⁵植樹되어다시는起動할수업섯드라・天亮³¹⁶이올때까지

— 발표지면:『朝鮮中央日報』, 1934.8.1


### 詩第八號 解剖

第一部試驗　手術臺　　　　　　　　一
　　　　　　水銀塗沫平面鏡³¹⁷　　　一
　　　　　　氣壓　　　　　　　　　二部의平均氣壓
　　　　　　溫度　　　　　　　　　皆無

爲先痲醉된正面으로부터立體와立體를爲한立體가具備된全部를平面鏡에映像식힘. 平面鏡에水銀을現在와反對側面에塗沫移轉함. (光線侵入防止에注意하야)徐徐히痲醉를解毒함. 一軸鐵筆과一張白紙를支給함. (試驗擔任人은被試驗人과抱擁함을絶對忌避할것) 順次手術室로부터被試驗人을解放함.翌日.平面鏡의縱軸을通過하야平面鏡을二片에切斷함. 水銀塗沫二回.
ETC 아즉그滿足한結果를收得치못하얏슴.

---

312　沈下搬過되는 : 침하되고 옮겨지는.
313　光彩淋漓한 : 광채가 임리하는, 즉 광채가 흥건하게 흐르거나 뚝뚝 떨어지는.
314　塔配하는 : '탑처럼 짝짓기 하는'이라는 뜻인 듯.
315　地平에 : 전집(1)은 '地下에'로 오식. 편지에, 대지의 평평한 면에.
316　天亮 : 새벽, 여명.
317　水銀塗沫平面鏡 : 수은을 덧발라서 칠한 평면경.

詩第七號

久遠謫居²⁸⁸의 地의 一枝・一枝에 피는 顯花²⁸⁹・特異한 四月의 花草・三十輪²⁹⁰・三十輪에 前後되는 兩側의 明鏡・萌芽²⁹¹와 갓치 戲戲하는 地平을 向하야 금시금시 ²⁹²落魄²⁹³하는 滿月・淸澗²⁹⁴의 氣 가운데 滿身瘡痍²⁹⁵의 滿月이 劓刑²⁹⁶當하야 渾淪²⁹⁷하는・謫居²⁹⁸의 地를 貫流하는 一封家信²⁹⁹・나는 僅僅히³⁰⁰ 遮戴³⁰¹하얏드라・濛濛한³⁰² 月芽³⁰³・靜謐을 蓋掩하는³⁰⁴ 大氣圈의 遙遠³⁰⁵・巨大한 困憊³⁰⁶ 가운데의 一年四月의 空洞・槃散顚倒³⁰⁷하는 星座와 星座의 千裂된 死胡同³⁰⁸을 跑逃하는³⁰⁹ 巨大한 風雪・降霾³¹⁰・血紅으로 染色된 岩鹽³¹¹의 粉碎・나의 腦를 避雷針삼아

288 久遠謫居: 오랜 귀양살이를 함.
289 顯花: '꽃'이라는 의미. 참고로 '顯花植物'은 꽃이 피어서 열매가 열리고 씨가 생기는 식물로 '隱花植物'의 상대어.
290 三十輪: 30일, 1달을 의미.
291 萌芽: 식물에 새로 튼 싹.
292 금시금시: 금방금방. 금새금새.
293 落魄: 넋을 잃고 영락하는.
294 淸澗: 맑은 시내.
295 滿身瘡痍: 온몸이 상처투성이가 되거나 일이 아주 엉망이 됨을 비유적으로 이르는 말.
296 劓刑: 코를 베는 형벌.
297 渾淪: 섞이어 잠기는.
298 謫居: 귀양살이를 하고 있음.
299 一封家信: 자기 집에서 보내온 한 통의 편지나 소식.
300 僅僅히: 어렵사리 겨우.
301 遮戴: 막고 버티다, 막고 이다.
302 濛濛한: 앞이 자욱하고 몽롱한.
303 月芽: 의미는 '달의 싹'이지만 '달'을 의미. 몽몽한 가운데에서 나오는 달을 싹에 비유해서 그렇게 표현.
304 蓋掩하는: 덮어서 가리는.
305 遙遠: 멀고 아득함.
306 困憊: 괴롭고 지침, 곤궁하고 피로함, 곤핍.
307 槃散顚倒: 槃散은 절름거리는 모양. 그러므로 절름거리며 엎어지고 넘어진다는 의미.
308 死胡同: 胡同은 중국어로 '골목'이라는 뜻. 그러므로 막다른 골목, 막힌 골목이라는 뜻.
309 跑逃하는: 跑는 허비적거리다는 의미. 그러므로 '허비적거리며 도망가는'이라는 뜻.
310 降霾: 흙비가 내린다는 의미.
311 岩鹽: 암석의 사이에서 천연으로 나는 소금.

는中軸을喪失하고[283] 또相當히蹡踉[284] 하야그랫든지나는微微하게涕泣[285] 하얏느니라.

『저기가저기지』『나』『나의-아-너와나』

『나』

sCANDAL[286] 이라는것은무엇이냐.『너』『너구나』

『너지』『너다』『아니다 너로구나』 나는함

뿍저저서그래서獸類처럼逃亡하얏느니라. 勿論그것을아이는사람或은보는사람은업섯지만그러나果然그럴는지[287] 그것조차그럴는지.

— 발표지면 : 『朝鮮中央日報』, 1934.7.31

---

283 喪失하고 : 원문은 '喪失하고'로 오식.
284 蹡踉 : 비틀비틀하는 모양, 비틀거리는 모양.
285 涕泣 : 눈물을 흘리며 슬피 욺.
286 sCANDAL : 매우 충격적이고 부도덕한 사건, 또는 불명예스러운 평판이나 소문.
287 그럴는지 : 원문은 '그럴극지'로 오식.

臟腑라는것은²⁷⁹ 浸水된畜舍와區別될수잇슬는가.

— 발표지면 : 『朝鮮中央日報』, 1934.7.28


## 詩第六號

鸚鵡 ※ 二匹
　　　　二匹
　　※ 鸚鵡는哺乳類²⁸⁰에屬하느니라.
내가二匹을아아는것은²⁸¹ 내가二匹을아알지못하는것이니라. 勿論나는希望할것이니라

鸚鵡　　二匹

『이小姐²⁸²는紳士李箱의夫人이냐』『그러타』

나는거기서鸚鵡가怒한것을보앗느니라. 나는붓그러워서 얼골이붉어젓섯겟느니라.

鸚鵡　　二匹
　　　　二匹

勿論나는追放당하얏느니라. 追放당할것까지도업시自退하얏느니라. 나의體軀

---

277　胖矮小形 : 살이 찌고 왜소한 모양.
278　'我前落傷'에서 '前'은 잘못 들어간 것으로 봐야 한다. 그냥 옮기면 '내가 낙상한'이라는 의미이다.
279　臟腑라는것은 : 원문은 '臟腑타는것은'으로 오식.
280　鸚鵡는哺乳類 : 앵무새는 난생으로 포유류(모두 태생으로 암컷이 젓을 먹여 새끼를 기르는 동물 무리)가 아니다. 전집(2)는 앵무가 사람말을 흉내낸다는 점에서 인간과 같은 포유류에 속한다'고 한 것으로 풀이. '앵무'는 여자에 대한 은유일 수도.
281　아아는 것은 : 원문에는 '아마는것은'으로 오식.
282　小姐 : '아가씨'를 한문 투로 이르는 말.

0987654321
0987654321
0987654321
0987654321
0987654321
0987654321·

診斷 0・1²⁷⁴

26・10・1931

以上 責任醫師 李　箱

— 발표지면:『朝鮮中央日報』, 1934.7.28

## 詩第五號

前後左右²⁷⁵를除하는唯一의痕跡에잇서서

**翼殷不逝 目大不覩**²⁷⁶

胖矮小形²⁷⁷의神의眼前에我前落傷한²⁷⁸故事를有함.

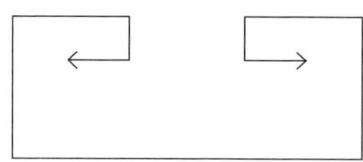

---

274　診斷 0・1 : 전집(1)은 '診斷 0 1'로, 전집(2・3)은 '診斷 0 : 1'로 잘못 쓰고 있다. 후자는 「診斷 0:1」이라는 시 때문인 것으로 보이는데, 이상이 숫자를 거울반사로 다시 썼듯이, 이것 역시 일부러 바꾸어 적었는지, 그렇지 않은지는 확실하지 않다.

275　前後左右 : 원문은 '某後左右'로 되어 있으나 '某'는 '前'의 오식으로 보인다. 그리고 이상시전작집에 실려있는 이상자필시라고 하는 것에는 '其後左右'로 되어 있는데, 이것은 글자의 유사성에 따른 오식이다. 뒤에 누군가가 전집을 만들기 위해 원문을 잘못 베낀 것이다. 전집(1・2・3)은 모두 '前後左右'로 수정.

276　翼殷不逝 目大不覩 : 전집(1・2・3)은 '翼殷不逝 目不大覩'로 잘못 옮겨놓았다. 이 구절은 『장자』의 산목편에 나오는 것으로 '날개는 커도 날지 못하고, 눈은 커도 보지 못한다'라는 의미이며, 전집(3)은 뒤 구절을 '눈은 크게 보지 못한다'로 해석하고 있다.

詩第三號

싸홈하는사람은즉싸홈하지아니하든사람이고또싸홈하는사람은싸홈하지아니하는사람이엇기도하니까싸홈하는사람이싸홈하는구경을하고십거든싸홈하지아니하든사람이싸홈하는것을구경하든지싸홈하지아니하는사람이싸홈하는구경을하든지싸홈하지아니하든사람이나싸홈하지아니하는사람이싸홈하지아니하는것을구경하든지하얏으면그만이다.

— 발표지면 : 『朝鮮中央日報』, 1934.7.25

詩第四號[273]

患者의容態에關한問題.

･０９８７６５４３２１･
１･０９８７６５４３２１
１２･０９８７６５４３
１２３４･０９８７６５
１２３４５６･０９８７

診斷 ０ · １

---

273 이 시와 더불어 전집(2) 수필전작집에는「오감도 시 제4호」,「오감도 시 제5호」, 그리고 시전작집에「오감도 시 제6호」등 세 편의 시가 이상의 자필로 소개되어 있는데, 이는 잘못이다. 그것은 해방 이후 누군가가 이상선집을 묶으려고 원고를 베낀 것이 우연한 기회에 전집에 들어간 것이다. 이상전작집 간행에 가담했던 김종욱은 필자와의 전화통화(2001.7.13, 14:00시경)에서 이 시들이 원고지의 뒷면에 적혀 있었는데, 그것은 해방 후 장만영·김억이 관여했던 출판사 산호장의 원고지였다고 했다. 그에 따르면, 그것은 자필 원고가 아니라 해방 이후 누군가에 의해 베껴진 원고라는 것이다. 이를 확인할 수 있는 것이 같이 소개된 "〈날개〉 〈봉별기〉 〈지주회시〉 등 소설의 발표지와 연월일, 〈꽃나무〉 〈紙碑〉 〈素榮爲題〉의 發表誌와 연월일을 적은 李箱의 自筆 메모"가 있는데, 여기에는 "失樂園 …… 朝光 昭14 2"가 나온다. 만일 이것이 이상의 자필이라면, 1937년(소화 12년) 4월 17일 죽은 이상이 죽은 후인 소화14(1939)년 2월『조광』에 실린「실락원」을 알고 있었다는 결론이다. 이 원고들은 후인 가운데 누군가가 이상선집을 만들기 위해 자료를 수집하면서 남긴 목록과 작품이다.

十三人의兒孩는무서운兒孩와무서워하는兒孩와그러케뿐이모혓소.
(다른事情은업는것이차라리나앗소.)[272]

그中에一人의兒孩가무서운兒孩라도좃소.
그中에二人의兒孩가무서운兒孩라도좃소.
그中에二人의兒孩가무서워하는兒孩라도좃소.
그中에一人의兒孩가무서워하는兒孩라도좃소.

(길은뚫닌골목이라도適當하오.)
十三人의兒孩가道路로疾走하지아니하야도좃소.

— 발표지면 : 『朝鮮中央日報』, 1934.7.24


## 詩第二號

나의아버지가나의겨테서조을적에나는나의아버지가되고또나는나의아버지의아버지가되고그런데도나의아버지는나의아버지대로나의아버지인데어쩌자고나는작고나의아버지의아버지의아버지의 …… 아버지가되니나는웨나의아버지를경충뛰어넘어야하는지나는웨드듸어나와나의아버지와나의아버지의아버지와나의아버지의아버지의아버지노릇을한꺼번에하면서살아야하는것이냐

— 발표지면 : 『朝鮮中央日報』, 1934.7.25

---

272 (다른…나앗소) : 이 문장은 발표당시 "…뿐이모혓소."에 이어져 있다. 앞 문장 "十三人의아해는…"은 문장이 길어 "뿐이모혓소" 부분이 다음 행으로 넘어간 것이다. 그러므로 괄호 속 문장은 행갈이가 되지 않았지만, 행갈이가 된 것으로 보는 것이 타당하며, 그래서 행을 나누었음을 밝힌다.

# 烏瞰圖[271]

李　箱

## 詩第一號

十三人의兒孩가道路로疾走하오.
(길은막달은골목이適當하오.)


第一의兒孩가무섭다고그리오.
第二의兒孩도무섭다고그리오.
第三의兒孩도무섭다고그리오.
第四의兒孩도무섭다고그리오.
第五의兒孩도무섭다고그리오.
第六의兒孩도무섭다고그리오.
第七의兒孩도무섭다고그리오.
第八의兒孩도무섭다고그리오.
第九의兒孩도무섭다고그리오.
第十의兒孩도무섭다고그리오.


第十一의兒孩가무섭다고그리오.
第十二의兒孩도무섭다고그리오.
第十三의兒孩도무섭다고그리오.

---

271 「시 제1호」에서 「시 제15호」까지 15수로 구성된 연작시이다. 이상은 이 시를 총 30수로 기획하였지만, 15수밖에 실리지 못했음을 「오감도 작자의 말」에서 토로하고 있다. 제목에 관해서 이상이 고의로 「오감도」라고 조어를 하였다는 설이 일반적이나, 이상이 원래 「조감도」로 보낸 것을 문선부 식자공들의 오류로 「오감도」로 되었다는 설(이활)이 있다. 후자는 상당한 설득력을 갖고 있다.

無爲한²⁶⁷日月을 避難所에서 이런일 저런일
『우라까에시』(裏返²⁶⁸) 裁縫에 골몰하얏느니라

조희로 만든 푸른솔닙가지에 쏘한 조희로 만든흰鶴胴體한개가 서잇다 쓸々하다

火炉가해ㅅ볏갓치 밝은데는 熱帶²⁶⁹의 봄처럼 부드럽다 그한구석에서 나는地球의 公轉²⁷⁰一週를 紀念할줄을 다알앗드라

— 발표지면 : 『月刊每申』, 1934.6

---

267  無爲한 : 하는 일 없는, 또는 아무것도 이루지 못한.
268  裏返 : 뒤집다.
269  熱帶 : 적도를 중심으로 남북 회귀선 사이에 있는 지대. 연평균 기온이 20℃ 이상 또는 최한월 평균 기온이 18℃ 이상인 지역으로, 연중 기온이 높고 강우량이 많은 것이 특징이다.
270  公轉 : 한 천체(天體)가 다른 천체의 둘레를 주기적으로 도는 일.

## 普通紀念

李　箱

市街에 戰火²⁶¹가닐어나기前
亦是나는『뉴-톤』²⁶²이 갈으치는 物理學에는 퍽無智하얏다

나는 거리를 걸엇고 店頭²⁶³에 苹果 山²⁶⁴을보면은每日가치 物理學에 落第하는 腦髓에피가무든것처럼자그만하다

계즙을 信用치안는나를 계즙은 絶對로 信用하려들지 안는다 나의말이계즙에게 落體運動²⁶⁵으로 影響되는일이업섯다

계즙은 늘내말을 눈으로드럿다 내말한마데가 계즙의눈자위에 썰어저 본적이 업다

期於코 市街에는 戰火가닐어낫다 나는 오래 계즙을니젓 섯다 내가 나를버렷든 까닭이엿다

주제²⁶⁶도 덜어웟다 째끼인 손톱은길엇다

---

261 戰火 : 전쟁의 불길.
262 뉴-톤 : Isaac Newton(1642~1727) 영국의 물리학자·천문학자·수학자. 만유인력을 발견했다.
263 店頭 : 가게앞, 상점앞.
264 苹果 山 : 전집(3)은 '苹 果山'으로 잘못 띄우고 있다. 사과가 산처럼 쌓인 것을 의미한다.
265 落體運動 : 중력으로 땅에 떨어지는 물체의 운동. 모든 물체는 재질이나 질량에 관계없이 일정한 가속도로 떨어진다. 뉴톤 물리학, 곧 만유인력의 원리.
266 주제 : 변변하지 못한 몰골이나 몸치장.

# 거울

李 箱

거울속에는소리가업소
저럿케까지조용한세상은참업슬것이오

◇

거울속에도 내게 귀가잇소
내말을못아라듯는딱한귀가두개나잇소

◇

거울속의나는왼손잡이오
내握手를바들줄몰으는—握手를몰으는왼손잡이오

◇

거울째문에나는거울속의나를만저보지를못하는구료만은
거울아니엿든들내가엇지거울속의나를맛나보기만이라도햇겟소

◇

나는至今거울을안가젓소만은거울속에는늘거울속의내가잇소
잘은모르지만외로된²⁶⁰事業에골몰할께요

◇

거울속의나는참나와는反對요만은
쏘쇄닮앗소
나는거울속의나를근심하고診察할수업스니퍽섭〃하오

— 발표지면:『가톨닉靑年』, 1933.10

---

260 외로 : 왼쪽으로, 왼쪽으로 향하여. 여기에서는 '바로'의 반대이며, 거울로 반사된 그러한 모습을 일컫는다.

# 一九三三, 六, 一

　天秤²⁵⁶우에서 三十年동안이나 살아온사람 (엇던科學者) 三十萬個나넘는 별을 다헤여놋코만 사람 (亦是) 人間七十 아니二十四年동안이나 쎈ゝ히사라온 사람(나)

　나는 그날 나의自叙傳에 自筆의訃告²⁵⁷를 揷入하엿다 以後나의肉身은 그런故鄕에는잇지안앗다 나는 自身나의詩가 差押²⁵⁸當하는쏠을 目睹²⁵⁹하기는 참아 어려웟기쌔문에.

— 발표지면 : 『가톨닉靑年』, 1933.7

---

256　天秤 : 천평칭(天平秤)의 준말. 저울의 한 가지로 가운데에 세운 줏대의 가로장 양끝에 저울판이 달려 있음.
257　訃告 : 사람의 죽음을 알림, 또는 그런 글.
258　差押 : 물건의 점유를 취득하는 강제 처분인 압수의 하나.
259　目睹 : 눈으로 직접 봄.

# 이런 時

역사²⁵³를하노라고 쌍을파다가 커다란돌을하나 쓰집어내여놋코보니 도모지 어데서인가 본듯한생각이들게 모양이생겻는데 목도²⁵⁴들이 그것을메고나가드니 어데다갓다버리고온모양이길내 쏘차나가보니 危險하기싹이업는 큰길가드라.

그날밤에 한소낙이하얏스니 必是그돌이깨끗이씻겻슬터인데 그잇흔날가보니까 變怪로다 간데온데업드라. 엇던돌이와서 그돌을업어갓슬가 나는참이런悽량한²⁵⁵ 생각에서아래와가튼作文을지엿도다.

「내가 그다지 사랑하든 그대여 내한平生에 참아 그대를 니즐수업소이다. 내 차례에 못올사랑인줄은 알면서도 나혼자는 꾸준히생각하리다. 자그러면 내 내어엿부소서」

엇던돌이 내얼골을 물쓰럼이 치여다보는것만갓해서 이런詩는 그만씨저버리고 십드라.

— 발표지면 : 『가톨닉靑年』, 1933.7

---

253 역사 : 役事. 토목이나 건축 따위의 공사. '역사학'일 가능성은 희박.
254 목도 : (여러 사람이) 무거운 물건이나 돌덩이를 밧줄로 얽어 어깨에 메고 옮김. 여기서는 목도꾼을 칭하는 듯.
255 悽량한 : 凄凉한. 마음이 구슬퍼질 정도로 외롭거나 쓸쓸한, 초라하고 가여운.

# 꼿나무

                                            李  箱

벌판한복판에 꼿나무하나가잇소 近處에는 꼿나무가하나도업소 꼿나무는제가생각하는꼿나무를 熱心으로생각하는것처럼 熱心으로꼿을피워가지고섯소. 꼿나무는제가생각하는꼿나무에게갈수업소 나는막달아낫소 한꼿나무를爲하야 그러는것처럼 나는참그런이상스러운숭내를내엿소.

— 발표지면 : 『가톨닉靑年』, 1933. 7

男子를 挪[251]하는 石頭.

男子는 石頭를 白丁을싫여하드키싫여한다.

　　　　　　○

얼룩고양이와같은꼴을하고서太陽群의틈사구니를쏘다니는詩人.

꼭끼요—.

　瞬間 磁器[252]와같은太陽이다시또한個솟아올랐다.

— 발표지면 : 『李箱全集』, 1956; 유정 역

---

251　挪 : 운반하는. 전집(2·3)은 挪으로 도치, 오식.
252　磁器 : 백토(白土) 따위를 원료로 하여 빚은 다음 1,300~1,500℃의 비교적 높은 온도로 구운 도자기의 한 가지. 겉면이 매끄럽고 단단하며, 두드리면 맑은 쇳소리가 남.

花植物²⁴²이꽃을피워가지고있었다. 눈물에젖은感光紙²⁴³가太陽에마주쳐서는히스므레하게光을내었다.


　　대낮　─　어느 ESQUISSE²⁴⁴

　　　　　　○

ELEVATER FOR AMERICA²⁴⁵

　　　　　　○

세마리의닭은蛇紋石²⁴⁶의層階이다. 룸펜²⁴⁷과毛布.²⁴⁸

　　　　　　○

삘딍이吐해내는新聞配達夫의무리. 都市計畫의暗示.

　　　　　　○

둘쨰번의正午싸이렌.²⁴⁹

　　　　　　○

비누거품에씻기워가지고있는닭. 개아미집에모여서콩크리─트²⁵⁰를먹고있다.

　　　　　　○

---

242　隱花植物 : 꽃이 피지 않고 포자로 번식하는 식물. 균류(菌類)·조류(藻類)·양치식물 등이 이에 포함.
243　感光紙 : 감광제를 바른 종이. 주로, 양화(陽畵)를 만드는 데 쓰임.
244　ESQUISSE : 불어로 초고, 초벌 그림, 스케치.
245　ELEVATER FOR AMERICA : 미국을 향한 엘리베이터. 전집(2)는 '미국을 닮아가려 끝없이 상승해 가는 도시의 빌딩에 대한 코멘트'로 설명.
246　蛇紋石 : 사문암(蛇紋岩) 중에서 마그네슘과 규산을 주성분으로 하는 광물. 덩이 모양, 비늘 모양 등의 것이 있으며, 빛깔은 담녹색·암녹색으로 반투명이며 윤이 나며 장식품이나 건축 재료 등으로 이용됨.
247　룸펜(Lumpen 독) : 실업자, 부랑자.
248　毛布 : 담요. 한 연구자(김성수)는 '모던 보이(modern boy)'의 줄임말로 봄.
249　싸이렌(siren) : 시간이나 경보 따위를 알리는 데 쓰이는 음향 장치.
250　콩크리─트(concrete) : 시멘트에 모래와 자갈, 골재 따위를 적당히 섞고 물에 반죽한 혼합물.

을當하는일은없고 심심하게²³⁴ 산葬하는것에依하여自殺한다.

滿月은飛行機보다新鮮하게空氣속을推進하는것의新鮮이란珊瑚나무의陰鬱한性質을더以上으로增大하는것의以前의것이다.

　輪不輾地²³⁵ 展開된地球儀를앞에두고서의設問一題.

棍棒은사람에게地面을떠나는아크로바티²³⁶를가르치는데²³⁷ 사람은解得하는것은不可能인가.

### 地球를掘鑿하라

　同時에

### 生理作用이가져오는常識을抛棄하라

熱心으로²³⁸ 疾走하고 또 熱心으로疾走하고 또 熱心으로疾走하고 또 熱心으로疾走하는 사람 은 熱心으로疾走하는 일들을停止한다.

沙漠²³⁹ 보다도靜한絶望은사람을불러세우는無表情한表情의無智한한대의珊瑚나무의사람의脖頸²⁴⁰의背方인前方에相對하는自發的인恐懼로부터이지만사람의絶望은靜한것을維持하는性格이다.

### 地球를掘鑿하라

　同時에

### 사람의宿命的發狂은棍棒을내어미는것이어라*

　* 事實且8氏²⁴¹는自發的으로發狂하였다. 그리하여어느듯且8氏의溫室에는隱

---

234　심심하게 : 원문은 '淋しく'으로, '쓸쓸하게'가 적합하다.
235　輪不輾地 : 『장자』의 〈천하〉 편에서 가져온 구절이다. 『장자』의 원문은 '輪不蹍地'(수레바퀴는 땅을 밟지 않는다)이며, 이상은 이 구절 가운데에서 '蹍'을 '輾'으로 바꿔 쓰고 있다.
236　아크로바티(acrobatics) : 재주넘기, 곡예, 줄타기.
237　원문은 '敎'이며, 기존 전집에는 '가리키는데'로 해석하고 있다. 오늘날의 표현으로 '가르치다'가 적합하다.
238　熱心으로 : 원문은 '一散に'으로 '쏜살같이'가 적합하다.
239　沙漠 : 전집(3)은 漠沙로 오식.
240　脖頸 : 脖은 배꼽을, 頸은 목을 각각 의미하는데 脖頸은 조어이다.
241　且8氏 : 且의 음가는 '저·조·차' 등 다양하다. 이규동은 '×팔씨'로 해석하기도 하였다. 최근 연구에서 '且8'을 '具'의 파자로 보아, 且8氏를 具(具本雄)氏로 설명하기도 했다(권영민).

日曆의反逆的으로나는方向을紛失하였다. 나의眼睛[221]은冷却된液體를散散으로切斷하고落葉의奔忙[222]을熱心으로幫助하고있지아니하면아니되었다.
(나의猿猴類에의進化)[223]


## 且8氏의出發

龜裂이生긴莊稼泥濘[224]의地에한대의棍棒[225]을꽂음.[226]
한대는한대대로커짐.[227]
樹木이盛함.[228]
　以上꽂는것과盛하는것과의圓滿한融合을가르침.[229]
沙漠[230]에盛한한대의珊瑚나무[231] 곁에서돝[232]과같은사람이산장[233]을當하는일

---

221　眼睛 : 전집(1·2·3)은 '眼精'으로 오식. 눈동자의 의미.
222　奔忙 : 매우 바쁨.
223　잘못 이해하기 쉬운 구절, '원후류에서 (사람으로의) 진화'를 의미하는 것이 아니라 '(사람에서) 원후류에로의 진화', 즉 역진화(퇴화)를 의미한다.
224　莊稼泥濘 : 莊稼는 '농작물', 泥濘은 '진창'을 의미. 그러므로 '농작물이 자라는 진창' 정도의 의미인 듯.
225　棍棒 : 체조에 쓰는 기구의 하나. 벚나무, 박달나무 따위의 단단한 나무를 깎아서 손잡이 부분은 가늘게 만들고 그 반대쪽은 굵게 만든 것으로, 몸을 풀 때나 리듬 체조에 사용.
226　꽂음 : 원문은 '挿す'로 '꽂는다'가 적합하다. 이 시에서 번역자가 시적 묘미를 더하기 위해 다른 동사들도 명사화하여 표현한 것으로 보인다.
227　커짐 : 원문은 '大きくなる'로 '커진다'가 적합하다.
228　盛함 : 원문은 '生える'로 '돋아난다', '자라난다'가 적합하다. 설령 '盛'의 의미를 붙이더라도 '盛한다'가 옳다.
229　가르침 : 원문은 '示す'로 '가리킨다'가 적합하다.
230　沙漠 : 전집(1·2·3)은 '砂漠'으로 수정.
231　珊瑚나무 : 인동과의 상록 소교목. 높이는 10미터 정도이며, 잎은 마주나고 긴 타원형이며 두껍고 윤기가 난다. 꽃은 6월에 흰색의 원추(圓錐) 꽃차례로 피며, 열매는 9월에 빨간색의 핵과가 익는다. 또는 자금우과의 상록 소관목. 높이는 5~8cm이며, 잎은 돌려나고 타원형이다. 6월에 흰색 꽃이 산형(繖形) 꽃차례로 피고 9월에 붉은 열매가 익는다.
232　돝 : 원문은 '豕', 즉 돼지(돝)인데, 전집(1·2·3)은 '돛'으로 오식.
233　산葬 : 생매장.

「勿論너는鑛夫이니라」<sup>207</sup>

參考男子<sup>208</sup>의筋肉의斷面은黑曜石<sup>209</sup>과같이光彩나고있었다한다.

Ⅲ 號 外

### 磁石收縮을開始<sup>210</sup>

原因極히不明하나<sup>211</sup>對內經濟破綻에因한脫獄事件에關聯되는바濃厚하다고보임.<sup>212</sup> 斯界의<sup>213</sup>要人鳩首를모아<sup>214</sup>秘密裡에硏究調査中.<sup>215</sup>

開放된試驗管의열쇠는나의손바닥에全等形의運河를掘鑿하고있다. 未久에<sup>216</sup>濾過된膏血과같은河水가汪洋<sup>217</sup>하게흘러들어왔다.

Ⅳ

落葉이窓戶를滲透하여나의禮服<sup>218</sup>의자개단추<sup>219</sup>를掩護<sup>220</sup>한다.

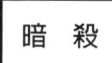

地形明細作業의至今도完了가되지아니한이窮僻의地에不可思議한郵遞交通은벌써施行되어있다. 나는不安을絶望하였다.

---

　　로 배열하는.
207　원문은 'お前は鑛夫に違ひない'로 '너는 광부임에 틀림없다'는 의미이다.
208　參考男子 : '참고로 남자의'의 의미.
209　黑曜石 : 규산이 많이 들어 있는 유리질의 화산암. 흑·회·적·갈색을 띠며, 유리 광택이 있어서 장식품이나 공업용 원료로 쓰임.
210　원문은 '磁石收縮し始む'으로 '자석 수축을 개시하다'이다. 이 시에서 번역자가 시적 묘미를 더하기 위해 다른 동사들도 명사화하여 표현한 것으로 보인다.
211　不明하나 : 전집(2)는 '不明하不'로, 전집(3)은 '不明不'로 오식.
212　원문은 '見ゆ'으로 '보임'이 아니라 '보인다'이다.
213　斯界의 : '이 방면의'라는 의미.
214　要人鳩首를모아 : '요인들이 머리를 맞대고'의 의미.
215　원문은 '硏究調査中なり'으로 '연구 조사중이다'가 적합하다.
216　未久에 : 오래지 않아.
217　汪洋 : 바다가 끝없이 넓음, 미루어 헤아리기 어려움.
218　禮服 : 의식을 치르거나 특별히 예절을 차릴 때에 입는 옷.
219　자개단추 : 금조개 껍데기로 만든 단추.
220　掩護 : 덮거나 가려 숨겨주거나 보호해 줌.

# 出版法

Ⅰ

虛僞告發이라는罪名이나에게死刑을言渡하였다. 자취를隱匿한蒸氣속에몸을記入하고서[197]나는아스팔트가마를睥睨[198]하였다.

— 直에關한典故一則 —

其父攘羊 其子直之[199]

나는아아는것을아알며있었던典故로하여[200]아알지못하고그만둔나에게의執行의中間에서더욱새로운것을아알지아니하면아니되었다.

나는雪白으로曝露된骨片을줏어모으기始作하였다.

「肌肉[201]은이따가라도附着할것이니라」

剝落된[202]膏血에對해서나는斷念하지아니하면아니되었다.[203]

Ⅱ 어느警察探偵의秘密訊問室에있어서

嫌疑者로서檢擧된사나이는地圖의印刷된[204]糞尿를排泄하고다시그것을嚥下[205]한것에對하여警察探偵은아아는바의하나를아니가진다. 發覺當하는일은없는級數性[206]消化作用. 사람들은이것이야말로卽妖術이라말할것이다.

---

197 몸을記入하고서 : 원문은 '身を構へて'으로 '자세를 잡고'라는 의미이다.
198 睥睨 : 곁눈으로 흘겨보거나, 또는 (겁을 주려고) 무섭게 노려봄.
199 『논어』〈자로편〉의 "其父攘羊 而子證之", 즉 아버지가 양을 도적질하거늘, 아들이 이를 증명하였다는 구절을 인유한 것으로, 아버지가 양을 훔친 것을 보고 아들이 그 잘못을 고치게 한다는 뜻.
200 典故로하여 : 원문의 '故'를 '典故'로 해석하여 의미가 모호해졌다. '나는 아는 것을 알고 있었던 까닭에' 정도가 무난하다. 그리고 이 시에 있는 '아알지', '아알고', '아알며' 등의 표현은 원문에는 없지만, 「오감도 시 제6호」처럼 시적 묘미를 더하기 위해 번역자가 의도적으로 그렇게 한 것으로 보인다.
201 肌肉 : 전집(1·2·3)은 '筋肉'으로 오식.
202 剝落된 : 오래 묵어 긁히고 깎이어서 떨어진.
203 전집(3)은 '아니하면 아니된다'라는 현재형으로 오식.
204 地圖의印刷된 : '지도가 인쇄된'이 적합하다.
205 嚥下 : 삼킴.
206 級數性 : 우열에 따라 매기는 등급이 매겨지는, 일정한 법칙에 따라 증감하는 수를 일정한 차례

1 2 3 4 5 6 7 8・9 0
1 2 3 4 5 6 7・8 9 0
1 2 3 4 5 6・7 8 9 0
1 2 3 4 5・6 7 8 9 0
1 2 3 4・5 6 7 8 9 0
1 2 3・4 5 6 7 8 9 0
1 2・3 4 5 6 7 8 9 0
1・2 3 4 5 6 7 8 9 0
・1 2 3 4 5 6 7 8 9 0

診斷 0 : 1

2 6・1 0・1 9 3 1

以上 責任醫師 李 箱


二十二年[193]


前後左右를除한唯一한痕跡이있어서

**翼殷不逝 目大不覩**[194]

胖矮小形[195]의神의眼前에내가落傷한故事가있어서

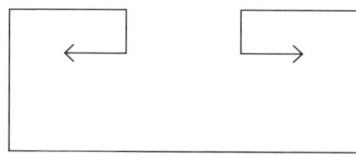

(臟腑[196] 그것은浸水한畜舍와다를것인가)

---

193 전집(1·2·3)은 「시 제5호」와 '동일한 작품'으로 소개하였다. 일본어와 한글의 차이일 뿐 그 내용은 일치한다. '22년'은 이 작품을 쓴 당시의 이상 나이를 의미하는 듯.

194 원문은 '翼段不逝 目大不覩'인데, 여기에서 '段'은 '殷'의 오식이다.『장자』산목편 에 나오는 구절로 '날개는 커도 날지 못하고 눈은 커도 보지 못한다'는 의미이다. 이상이 그 구절을 그대로 인용하여 쓰고 있다. 전집(2·3)은 뒷 구절을 '目不大覩'로 잘못 옮기고 있다.

195 胖矮小形 : 살이 찌고 왜소한 모양.

196 臟腑 : 오장육부의 줄임말로, 내장을 통틀어 이르는 말.

바같은雨中. 發光魚類[185]의群集移動.


熱河略圖 No.2 (未定稿)

1931年의風雲[186]을寂寂하게말하고있는탱크[187]가早晨[188]의大霧에赤葛色[189]으로녹쓸어있다.

客席의기둥[190]의內部. (實驗用알콜램프가燈불노릇을하고있다)

벨이울린다.

兒孩가二十年前에死亡한溫泉의再噴出을報導한다.[191]



診斷 0:1[192]


어떤患者의容態에關한問題
1 2 3 4 5 6 7 8 9 0 ·
1 2 3 4 5 6 7 8 9 · 0

---

185 發光魚類: 빛을 발하는 어류.
186 1931年의 風雲: '풍운;은 형세, 또는 변화기운이라는 의미로 1931년의 만주사변을 일컫는 듯. 만주사변은 1931년 류탸오거우(柳條溝) 사건을 계기로 시작한 일본군의 중국 동북 지방에 대한 침략 전쟁.
187 탱크(tank): 전차(戰車).
188 早晨: 전집(2·3)은 '早晨'으로 오식.
189 赤葛色: 붉은 빛을 많이 띤 갈색.
190 客席의기둥: 원문은 '客棧の炕'으로 '여인숙의 침상', '여인숙의 온돌'이라는 의미이다. 전집(1·2·3)은 '炕(온돌)'을 '杭(기둥)'으로 알고 잘못 해석하였다. 한편, 유치환은 그의 시 「절명지」에 '객잔(客棧) = 주막', 「나는 믿어도 좋으랴」에 '캉(炕) = 만주ㅅ房, 溫突 모양'이라는 풀이를 달고 있다. 그렇게 보면 '주막의 만주ㅅ방'이라는 의미이다(박현수).
191 報導한다: 원문은 '知らせる'로 '알린다'가 적합하다. 설령 위처럼 쓰더라도 오늘날 표현은 '報道한다'가 적합하다.
192 전집(1·2·3)은 「시 제4호」와 동일한 작품'으로 잘못 소개하고 있다. 「시 제4호」는 글자판이 뒤집어져(거울반사) 있을 뿐만 아니라 '진단 0:1'도 '진단 0·1'로 바뀌어 있다.

屋上庭園.[169] 猿猴[170]를흉내내이고있는마드무아젤.[171]

彎曲된[172] 直線을直線으로疾走하는落體公式[173]

時計文字盤에XII에내리워진二個[174]의浸水된黃昏

도아-의內部의도아-의內部의鳥籠의內部의카나리야[175]의內部의嵌殺門戶[176]의內部의인사.

食堂의門깐에方今到達한[177]雌雄과같은朋友가헤여진다.

검은잉크[178]가엎질러진角雪糖이三輪車에積荷[179]된다.

名啣[180]을짓밟는軍用長靴. 街衢를疾驅하는造花金蓮.[181]

위에서내려오고밑에서올라가고위에서내려오고밑에서올라간사람은밑에서올라가지아니한위에서내려오지아니한밑에서올라가지아니한위에서내려오지아니한사람.

저여자의下半은저남자의上半에恰似하다. (나는哀憐한邂逅에哀憐하느니)

四角이난케-스[182]가걷기始作이다.(소름끼치는일이다)

라지에-타[183]의近傍에서昇天하는굳빠이.[184]

---

169　屋上庭園 : 건물의 옥상에 만들어 놓은 정원.
170　猿猴 : 원숭이.
171　마드모아젤(mademoiselle 프) : 아가씨.
172　彎曲된 : 활 모양으로 굽은.
173　落體公式 : (중력의 작용으로) 떨어지는 물체의 법칙.
174　二個 : 전집(2·3)은 '一個'로 오식.
175　카나리아(canaria) : 되샛과의 새로 카나리아 섬 원산의 자그마한 애완용 새. 털빛은 노란 빛깔의 것이 흔하며, 다양한 품종이 있음. 수컷은 울음소리가 아름다움.
176　嵌殺門戶 : 채광만을 위한 것으로, 개폐가 불가능한 문.
177　원문은 '食堂の入口迄來た'으로 '식당 입구까지 온'이라는 의미이다.
178　검은잉크 : 전집(1·2·3)은 '파랑잉크'로 잘못 해석.
179　積荷 : 화물을 실음.
180　名啣 : 성명, 주소, 직업, 신분 따위를 적은 네모난 종이쪽.
181　造花金蓮 : 전집(2·3)은 '造花分蓮'으로 오식. '금련'은 한련(旱蓮), 또는 여자의 예쁜 발을 형용하는 말.
182　케-스(case) : 상자, 갑(匣).
183　라지에-타(radiator) : 방열기, 자동차의 기관 냉각기, 무전의 전파 발생기, 라디오의 안테나.
184　굳빠이 : 원문은 일본어로 'サヨホナラ'이며, 'Goodbye'라는 뜻.

# 建築無限六面角體[161]

李　箱

AU MAGASIN DE NOUVEAUTES[162]

四角形의內部의四角形의內部의四角形의內部의四角形 의內部의 四角形.

四角이난圓運動의四角이난圓運動 의 四角 이 난 圓.

비누가通過하는血管의비눗내를透視하는사람.

地球를模型으로만들어진地球儀를模型으로만들어진地球

去勢된洋襪. (그女人의이름은워어즈였다)

貧血緬,[163] 당신의얼굴빛깔도참새다리같습네다.

平行四邊形對角線方向을推進하는莫大한重量.

마루세이유[164]의봄을 解纜[165]한코티[166]의香水의마지한東洋의가을.

快晴의空中에鵬游[167]하는Z伯號.[168] 蛔虫良藥이라고쓰여져있다.

---

161 「AU MAGASIN DE NOUVEAUTES」 등 총 7수로 구성된 계열시이다. 이 작품들의 원문은 『조선과 건축(朝鮮と建築)』(1932.7)에 실렸고, 임종국의 번역으로 전집(1)에 실렸다.
162 AU MAGASIN DE NOUVEAUTES : 전집(2)는 '新奇性의 百貨店에서'라는 뜻을 지닌 백화점으로 번역하고 있으나, 사전적인 의미로는 '양품점에서'라는 뜻이다. '신상품 백화점에서'(김연수)로 설명이 가능하지만 1930년대 당시 의미로 보면 그냥 '백화점에서'가 적합할 듯.
163 緬 : 면은 '가는 실', 또는 '합사로 짠 피륙의 올'로 합성어이다. 작가의 의도적 조어인지, 아니면 細胞의 오식인지 분명치 않다.
164 마르세이유(Marseille) : 프랑스 프로방스코트다쥐르주(州) 부슈뒤론현(縣)의 주도(主都).
165 解纜 : 뱃줄을 푼다는 뜻으로, 출범(出帆)을 뜻하는 말.
166 코티(Coty Inc.) : 1900년에 프랑스 파리에서 향수제조업자인 F.M.J.S.코티(1874~1935)에 의해 창립되었다. 이 회사가 제조한 향수는 발매와 동시에 파리 사교계에서 유행이 되었고, 동시에 순식간에 전세계에 파급되었다.
167 鵬游 : 상상의 새 붕새처럼 노니는.
168 Z伯號 : 제트기. 제1차 세계대전 당시, 독일의 제플린 백작이 만든 비행선(Zeppelin)을 뜻하는 것으로도 풀이(김연수).

지) 하늘은視覺의이름을發表했다.

視覺의이름은사람과같이永遠히살아야하는數字的인어떤一點이다. 視覺의이름은運動하지아니하면서運動의코오스¹⁶⁰를가질뿐이다.

———

視覺의이름은光線을가지는光線을아니가진다. 사람은視覺의이름으로하여光線보다도빠르게달아날必要는없다.

視覺의이름들을健忘하라.

視覺의이름을節約하라.

사람은光線보다빠르게달아나는速度를調節하고때때로過去를未來에있어서淘汰하라.

1931. 9. 12

— 발표지면 : 『李箱全集』, 1956; 유정 역

---

160　코오스(course) : 진로, 방향, 방침.

光線이사람이라면사람은거울이다.

光線을가지라.

―――

視覺의이름을가지는것은計畫[158]의嚆矢이다. 視覺의이름을發表하라.

□ 나의이름.

△ 나의안해의이름 (이미오래된過去에있어서나의 AMOUREUSE는이와같이도聰明하니라)

視覺의이름의通路는設置하라, 그리고그것에다最大의速度를附與하라.

―――

하늘은視覺의이름에對하여서만存在를明白히한다. (代表인나는代表인一例를들것)

蒼空, 秋天, 蒼天, 靑天, 長天, 一天, 蒼穹 (大端히갑갑한地方色[159]이나아닐른

---

158 計畫 : 전집(3)에는 '計量'으로 오식되었다.
159 地方色 : 어떤 지방의 자연이나 풍속, 인정 따위가 갖는 고유한 특색. 같은 지방 출신의 사람들끼리 동아리를 지어 다른 지방 사람들을 배척하거나 비난하는 파벌적인 색채. 여기서는 '하늘만이 갖는 고유한 특색'을 의미.

를數字인것으로하는것에서數字를數字인것으로하는것에 (1 2 3 4 5 6 7 8 9 0 의疾患의究明과詩的인情緖의棄却處)


(數字의一切의性態[154] 數字의一切의性質 이런것들에依한數字의語尾의活用에依한數字의消滅)


數式은光線과光線보다도빠르게달아나는사람과에依하여運算될것.


사람은별 — 天體 — 별때문에犧牲을아끼는것은無意味하다, 별과별과의引力圈과引力圈과의相殺에依한加速度函數[155]의變化의調査를于先作成할 것.

1931. 9. 12


## 線에關한覺書 7

空氣構造의速度 — 音波에依한 — 速度[156]처럼三百三十메—터를模倣한다 (光線[157]에比할때참너무도劣等하구나)


光線을즐기거라, 光線을슬퍼하거라, 光線을웃거라, 光線을울거라.

---

154 性態 : 성질과 모양.
155 函數 : 두 개의 변수 x, y 사이에서, x가 일정한 범위 내에서 값이 변하는 데 따라서 y의 값이 종속적으로 정해질 때, x에 대하여 y 이르는 말. y가 x의 함수라는 것은 y=f(x)로 표시한다.
156 音波에 依한 速度 : 音速. 소리가 매질(媒質)을 통하여 전파되는 속도. 공기 중의 음속은 0℃, 1기압일 때 초당 331.5미터인데, 온도가 1℃ 오를 때마다 초당 약 0.6미터씩 증가하며 물 속에서는 초당 약 1,500미터씩 증가한다.
157 光線 : 여기에서는 '光速'을 의미. 진공 속에서 빛이 나아가는 속도. 1초에 약 30만 km이다.

4 + 4

e t c¹⁴⁹

　사람은靜力學의現象하지아니하는것과同一하는것의永遠한假說이다, 사람은 사람의客觀을버리라.

　主觀의體系의收斂과收斂¹⁵⁰에依한凹렌즈.

4　第四世

4　一千九百三十一年九月十二日生.

4　陽子核으로서의陽子와陽子¹⁵¹와의聯想과選擇.

　原子構造로서의一切의運算¹⁵²의硏究.

　方位와構造式과質量으로서의數字의性態性質에依한解答과解答의分類.

　數字를代數¹⁵³的인것으로하는것에서數字를數字的인것으로하는것에서數字

---

149　etc : et cet era. 기타, 등.
150　收斂과收斂 : 원문은 '收歛과 收歛'으로 오식.
151　陽子 : 중성자와 함께 원자핵의 구성 요소가 되는 소립자의 하나. 질량은 전자의 약 1,800배이고 양전하를 가지며 전기량은 전자와 같다. 원자핵 내의 양성자의 수는 그 원자의 원자 번호를 나타낸다.
152　運算 : 연산(演算). 정해진 방식에 따라 계산을 하여 필요한 답을 구하는 일.
153　代數 : 대수학의 준말로 '수나 문자를 써서 수의 성질이나 관계를 연구하는 수학의 한 분과'를 의미.

여, 童心이여, 充足될수야없는永遠의童心이여.

1931.9.12

## 線에關한覺書 6

數字의 方位學

4 ᔕ ᔕ ᖯ

數字의 力學[147]

時間性(通俗思考[148]에依한歷史性)

速度와 座標와 速度

ᖯ + ᔕ

ᔕ + ᔕ

4 + ᖯ

---

147 力學 : 물체 사이에 작용하는 힘의 균형을 다루는 靜力學과 물체의 운동과의 힘의 관계를 연구하는 動力學이 있다.
148 通俗思考 : 전집(2·3)에는 '通俗事考'로 오식되었다.

聯想은處女로하라,¹⁴⁰ 過去를現在로알라, 사람은옛것을새것으로아는도다, 健忘¹⁴¹이여, 永遠한忘却은忘却을모두救한다.

來到할나는그때문에無意識¹⁴²中에서사람에一致하고사람보다도빠르게나는달아난다, 새로운未來는새로웁게있다, 사람은빠르게달아난다, 사람은光線을드디어先行하고未來에있어서過去를待期한다, 于先사람은하나의나를맞이하라, 사람은全等形¹⁴³에있어서나를죽이라.

사람은全等形의體操의技術을習得하라, 不然이라면사람은過去의나의破片을如何히할것인가.

思考의破片을反芻¹⁴⁴하라, 不然이라면새로운것은不完全이다, 聯想을죽이라, 하나를아는者는셋을아는¹⁴⁵것을하나를아는것의다음으로하는것을그만두어라, 하나를아는것의다음은하나의것을아는것을하는것을있게하라.

사람은한꺼번에한번을달아나라, 最大限달아나라, 사람은두번分娩되기前에××되기前에祖上의祖上의祖上의¹⁴⁶星雲의星雲의星雲의太初를未來에있어서보는두려움으로하여사람은빠르게달아나는것을留保한다, 사람은달아난다, 빠르게달아나서永遠에살고過去를愛撫하고過去로부터다시그過去에산다, 童心이

---

140 '처녀에 대해 연상하라'는 의미가 아니라, '연상은 처녀에게 하게 하라'라는 의미이다.
141 健忘 : 잘 잊어버림.
142 無意識 : 자신의 언동이나 상태 따위를 스스로 깨닫지 못하는 일체의 작용. 또는 자각이 없는 의식의 상태. 정신 분석에서는 의식되면 불안을 일으키게 되는 억압된 원시적 충동이나 욕구, 기억, 원망 따위를 포함하는 정신 영역.
143 全等形 : 모두 같은 형태.
144 反芻 : 어떤 일을 되풀이하여 음미하거나 생각함.
145 셋을아는 : 전집(3)은 '셋을하는'으로 오식.
146 祖上의祖上의祖上의 : 전집(2·3)은 '조상의조상의'로 '조상의' 하나가 누락.

線에關한覺書 5

　사람은光線보다도빠르게달아나면사람은光線을보는가, 사람은光線을본다, 年齡의眞空[134]에있어서두번結婚한다, 세번結婚하는가, 사람은光線보다도빠르게달아나라.

　未來로달아나서過去를본다, 過去로달아나서未來를보는가, 未來로달아나는것은過去로달아나는것과同一한것도아니고未來로달아나는것이過去로달아나는것이다. 擴大하는宇宙를憂慮하는者여, 過去에살으라, 光線보다도빠르게未來로달아나라.

　사람은다시한번나를맞이한다, 사람은보다젊은나에게[135] 적어도相逢한다, 사람은세번나[136]를맞이한다, 사람은젊은나에게적어도相逢한다, 사람은適宜하게[137] 기다리라, 그리고파우스트[138]를즐기거라, 메퓌스트[139]는나에게있는것도아니고나이다.

　速度를調節하는날사람은나를모은다, 無數한나는말(譚)하지아니한다, 無數한過去를傾聽하는現在를過去로하는것은不遠間이다, 자꾸만反復되는過去, 無數한過去를傾聽하는無數한過去, 現在는오직過去만을印刷하고過去는現在와一致하는것은그것들의複數의境遇에있어서도區別될수없는것이다.

---

134　眞空 : 물질이 전혀 존재하지 아니하는 공간. 인위적으로 만들어 낼 수는 없고, 실제로는 극히 저압의 상태를 이름.
135　나에게 : 의미상 '나를'로 해석하는 것이 적합하다.
136　세번나 : 과거, 현재, 미래의 나.
137　適宜하게 : 알맞고 마땅하게.
138　파우스트 : 괴테의 『파우스트』에 나오는 인물 '파우스트'를 뜻함.
139　메퓌스트 : 괴테의 『파우스트』에 나오는 '메피스토펠레스'를 뜻함.

```
    3 2 1
3   ● ● ●
2   ● ● ●
1   ● ● ●
```

∴nPn=n(n−1)(n−2) ⋯⋯ (n−n+1)[129]

(腦髓는부채와같이圓에까지展開되었다,그리고完全히廻轉하였다)

                                        1931.9.11


## 線에關한覺書 4

    　　(未定稿)[130]


彈丸이一圓壔[131]를疾走했다(彈丸이一直線으로疾走했다에있어서의誤謬等의修正)


正六雪糖 (角雪糖을稱함)


瀑筒[132]의海綿質填充[133] (瀑布의文學的解說)

                                        1931.9.12

---

129　전집(2·3)은 '∴nPh=n(n−1)(n−2)⋯⋯(n−h+1)'로 오식.
130　未定稿 : 아직 완성되지 아니한 원고, 미정초(未定草).
131　圓壔 : 원기둥.
132　瀑筒 : 거품통, 폭포줄기.
133　海綿質塡充 : 海綿質은 해면과 같은 섬유 모양의 골격을 이루는 유기 물질을, 塡充은 빈곳이나 공간 따위를 채워서 메우는 것을 의미한다.

1+3   3+1

3+1   1+3

3+1   3+1

1+3   1+3

1+3

3+1


(太陽光線은, 凸렌즈때문에 收斂光線[125]이되어 一點에있어서 爀爀히빛나고爀爀히불탔다, 太初의僥倖은무엇보다도 大氣의層과層이이루는層으로하여금凸렌즈되게하지아니하였던것에있다는것을생각하니樂이된다, 幾何學은凸렌즈와같은불작란은아닐른지, 유우크리트[126]는死亡해버린오늘유우크리트의焦點은到處에있어서人文의腦髓를마른풀과같이燒却하는收斂作用[127]을羅列하는것에依하여最大의收斂作用[128]을재촉하는危險을재촉한다, 사람은絶望하라, 사람은誕生하라, 사람은誕生하라, 사람은絶望하라)

1931.9.11


線에關한覺書 3

```
    1  2  3
1   ●  ●  ●
2   ●  ●  ●
3   ●  ●  ●
```

---

125  收斂光線 : 원문은 '收斂光線'으로 오식. 한 점으로 향하여 집중하는 빛.
126  유우크리트 : Euclid. BC 300년경에 활약한 그리스의 수학자. 주요 저서로 『기하학원본』이 있다.
127  원문은 '收斂作用'으로 오식.
128  원문은 '收斂作用'으로 오식.

線에關한覺書 2

1+3

3+1

3+1　　1+3

1+3　　3+1

1+3　　1+3

3+1　　3+1

3+1

1+3


線上의一點 A

線上의一點 B

線上의一點 C


A+B+C=A

A+B+C=B

A+B+C=C


二線의交點 A

三線의交點 B

數線의交點 C


3+1

1+3

스펙톨[121]

軸X 軸Y 軸Z

速度etc의統制例컨대光線은每秒當三〇〇〇〇〇키로메-터달아나는것이確實하다면사람의發明은每秒當六〇〇〇〇〇키로메-터달아날수없다는法은勿論없다. 그것을幾十倍幾百倍幾千倍幾萬倍幾億倍幾兆倍하면사람은數十年數百年數千年數萬年數億年數兆年의太古의事實이보여질것이아닌가, 그것을또끊임없이崩壞하는것이라하는가, 原子는原子이고原子이고原子이다, 生理作用은變移하는것인가, 原子는原子가아니고原子가아니고原子가아니다, 放射[122]는崩壞인가, 사람은永劫[123]인永劫을살수있는것은生命은生도아니고命도아니고光線인것이라는것이다.

臭覺의味覺과味覺의臭覺

(立體에의絕望에依한誕生)
(運動에의絕望에依한誕生)
(地球는빈집[124]일境遇封建時代는눈물이나리만큼그리워진다)

1931.5.31, 9.11

---

121 스펙톨(spectre 불) : spectrum. 빛을 프리즘 등 분광기(分光器)로 분해했을 때 생기는 무지개와 같은 빛깔의 띠를 파장(波長)의 차례로 늘어놓은 것.
122 放射 : 물체가 빛이나 열 같은 에너지를 밖으로 내뿜음.
123 永劫 : 한없이 오랜 세월, 영원한 세월.
124 빈집 : 원문은 '空巢'임.

# 三次角設計圖[117]

金 海 卿

## 線에關한覺書 1

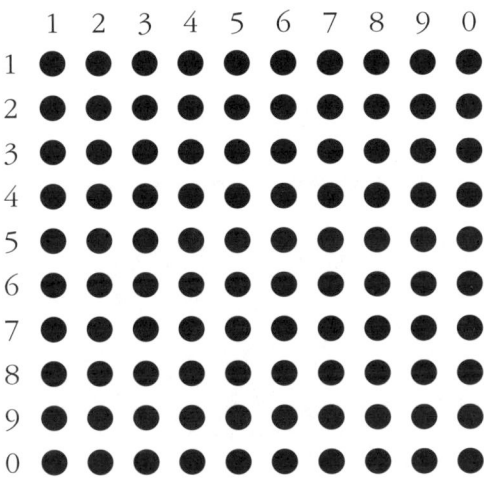

(宇宙는冪[118]에依하는冪에依한다)

(사람은數字를버리라)

(고요하게나를電子[119]의陽子[120]로하라)

---

[117] 「선에 관한 각서 1」에서 「선에 관한 각서 7」까지 총 7수로 구성된 계열시이다. 이 작품들의 원문은 『조선과 건축(朝鮮と建築)』(1931.10)에 실렸고, 임종국의 번역으로 전집(1)에 실렸다.

[118] 冪: 거듭 제곱. 같은 수나 식을 거듭 곱함, 또는 그 값.

[119] 電子: 원자를 이루는 기본적 소립자의 한 가지. 음전하(陰電荷)를 가지고 질량이 매우 작으면서 안정되어 있음.

[120] 陽子: 양전기를 띤 소립자로 중성자와 함께 원자핵을 구성하는 것. 원자핵의 둘레에 있는 전자의 음전기와 전기적(電氣的)으로 평형을 유지함. 양성자. 프로톤.

여자는코끼리의눈과頭蓋骨크기만큼한[114]水晶눈을縱橫으로굴리어秋波[115]를濫發하였다.

여자는滿月을잘게잘게썰어서[116]饗宴을베푼다. 사람들은그것을먹고돼지같이肥滿하는쵸콜레이트냄새를放散하는것이다.

1931. 8. 18

— 발표지면 : 『李箱全集』, 1956; 유정 역

---

114 '크기만한'의 의미이며, 전집(3)은 '크기만큰한'으로 오식.
115 秋波 : 원래의 의미는 가을철의 잔잔하고 맑은 물결이지만, 여기서는 '은근한 정을 나타내는 여자의 아름다운 눈짓이나 이성의 관심을 끌기 위하여 은근히 보내는 눈길'을 의미.
116 썰어서 : 전집(3)은 '씹어서'로 오식.

天使의배암과같은회초리로天使를때린다.
天使는웃는다, 天使는고무風船과같이부풀어진다.

天使의興行은사람들의눈을끈다.
사람들은天使의貞操의모습을지닌다고하는原色寫眞版그림엽서를산다.

天使는신발을떨어뜨리고逃亡한다.
天使는한꺼번에열個以上의덫을내어던진다.

日曆은쵸콜레이트를늘인(增)다.
여자는쵸콜레이트로化粧하는것이다.

여자는트렁크속에흙탕투성이가된즈로오스[109]와함께엎드러져운다. 여자는트렁크를運搬한다.

여자의트렁크는蓄音機다.
蓄音機는喇叭[110]과같이紅도깨비靑도깨비를불러들였다.

紅도깨비靑도깨비는펜긴[111]이다. 사루마다[112]밖에입지않은펜긴은水腫[113]이다.

---

109  즈로오스(drawers) : 속옷, 팬츠, 속바지.
110  喇叭 : 끝이 나팔꽃 모양으로 된 금관 악기를 통틀어 이르는 말.
111  펜긴 : 펭귄.
112  사루마다(さるまた) : 팬츠.
113  水腫 : 몸의 조직 사이나 체강(體腔) 안에 림프액·장액(漿液)이 많이 괴어 몸이 붓는 병.

## 興行物天使
── 어떤後日譚으로 ──

整形外科[101]는여차의눈을찢어버리고形便없이[102]늙어빠진曲藝象[103]의눈으로 만들고만것이다. 여차는싫것웃어도또한웃지아니하여도웃는것이다.

여차의눈은北極에서[104]邂逅하였다. 北極은초겨울이다. 여차의눈에는白夜가 나타났다. 여차의눈은바닷개(海狗)잔등과같이얼음판우에미끄러져떨어지고만 것이다.

世界의寒流를낳는바람이여차의눈에불었다.[105] 여차의눈은거칠어졌지만여 차의눈은무서운氷山에싸여있어서波濤를일으키는것은不可能하다.

여차는大膽하게NU[106]가되었다. 汗孔[107]은汗孔만큼의荊莿[108]이되었다. 여차 는노래부른다는것이찢어지는소리로울었다. 北極은鍾소리에戰慄하였던것이다.

거리의音樂師는따스한봄을마구뿌린乞人과같은天使. 天使는참새와같이瘦瘠 한天使를데리고다닌다.

---

101 整形外科 : 근육이나 골격 따위의 운동 기관의 기능 장애를 취급하는 외과. 선천성 기형이나 변형에 대하여 형태의 교정이나 기능 회복을 목적으로 수술하거나 치료.
102 形便없이 : 전집(3)은 '形使없이'로 오식.
103 曲藝象 : 곡예하는 코끼리. 곡마단의 코끼리.
104 北極에서 : 의미상 '북극과'가 적합하다.
105 원문은 '目に吹いた'로 '눈에 불었다'가 적합하다. 전집(1·2)는 '눈을 불었다'로, 전집(3)은 '눈물을 불었다' 잘못 쓰고 있다.
106 NU : 불어로 나체, 누드.
107 汗孔 : 땀구멍.
108 荊莿 : 가시들. 荊은 나무 가시, 莿는 풀 가시.

잔등$^{92}$을無事히달린다는것이여자로서果然可能할수있을까, 여차는發光하는波濤를본다. 發光하는波濤는여차에게白紙의花瓣$^{93}$을준다. 여자의皮膚는벗기이고 벗기인$^{94}$皮膚는仙女의옷자락과같이$^{95}$ 바람에나부끼고있는참서늘한風景이라는點을깨달고다들은고무와같은두손을들어입을拍手하게하는것이다.

이내몸은돌아온길손, 잘래야잘곳없어요

여차는마침내落胎한것이다. 트렁크$^{96}$속에는千갈래萬갈래로찢어진POUDRE VERTUEUSE$^{97}$가複製된것과함께가득채워져있다. 死胎도있다. 여차는古風스러운地圖위를毒毛를撒布$^{98}$하면서불나비와같이날은다. 여차는이제는이미五百羅漢의불쌍한홀아비들에게는없을래야없을수없는唯一한안해인것이다. 여차는콧노래와같은ADIEU$^{99}$를地圖의에레베에슌$^{100}$에다告하고 No. 1—500 의 어느寺刹인지向하여걸음을재촉하는것이다.

1931.8.17

---

90 오오로라(aurora) : 극광(極光).
91 勾欄 : 궁전, 교량 등을 장식하는 굽게 만든 난간.
92 바닷개(海狗)잔등 : 원문은 '膃肭臍の背'으로 '올눌제'는 '海狗腎'의 의미가 있다.
93 花瓣 : 꽃잎.
94 벗기이고벗기인 : '벗겨지고 벗겨진'의 의미.
95 仙女의옷자락과같이 : 원문은 '羽衣の樣に'로 '날개옷같이'의 의미.
96 트렁크(trunk) : 여행용 큰 가방.
97 POUDRE VERTUEUSE : 불어로 '고결한 분(粉)'이라는 뜻.
98 撒布 : 흩뿌림.
99 ADIEU : 불어로 안녕, 작별·고별 인사.
100 에레베에슌(elevation) : 높이, 고도, 해발(altitude), 고지(height), 등용, 승진, 앙각(仰角), 고도.

바늘의鐵橋와같이웃는다. 여자는羅漢[79]을밴(孕)것인줄다들알고여자도안다. 羅漢은肥大하고여차의子宮은雲母[80]와같이부풀고여자는돌과같이딱딱한쵸콜레이트가먹고싶었던것이다. 여자가올라가는層階는한층한층이더욱새로운焦熱氷結地獄[81]이었기때문에여차는즐거운쵸콜레이트가먹고싶다[82]고생각하지아니하는것은困難하기는하지만慈善家로서의여자는한몫보아준心算이지만[83]그러면서도여자는못견디리 만큼답답함을느꼈는데이다지도新鮮하지아니한慈善事業이또있을까요하고여자는밤새도록苦悶苦悶하였지만여자는全身이갖는苦干個의濕氣를띤穿孔[84](例컨대눈其他)近處의먼지는떨어버릴수없는것이었다.

여자는勿論모든것을抛棄하였다. 여자의姓名도, 여자의皮膚에있는오랜歲月중에간신히생겨진때(垢)의薄膜[85]도甚至於는여자의唾腺[86]까지도, 여자의머리는소금으로닦은것이나다름없는것이다. 그리하여溫度를갖지아니하는엷은바람이참康衢煙月[87]과같이불고있다. 여자는혼자望遠鏡으로SOS[88]를듣는다. 그리곤덱크[89]를달린다. 여자는푸른불꽃彈丸이벌거숭이인채달리고있는것을본다. 여자는오오로라[90]를본다. 덱크의勾欄[91]은北極星의甘味로움을본다. 巨大한바닷개(海狗)

---

79 羅漢: 아라한(arahan 범)의 준말. 소승불교에서, 모든 번뇌를 끊고 사제(四諦)의 이치를 깨달아 열반의 경지에 이른 성자를 이르는 말.
80 雲母: 돌비늘. 조암 광물의 한 가지로 널빤지나 비늘 모양의 규산(硅酸) 광물. 화강암·화성암 등에 많이 들어 있으며 엷은 판으로 갈라지는 성질이 있음. 백운모와 흑운모가 있고 전기 절연체 등에 쓰임.
81 焦熱氷結地獄: 초열지옥과 빙결지옥. 초열지옥은 불교에서 이르는, 팔열 지옥의 하나. 살생·투도(偸盜)·음행(淫行)·음주(飮酒)·망어(妄語)의 죄를 지은 자가 가게 된다는 지옥으로, 불에 달군 철판 위에 눕혀 놓고 벌겋게 단 쇠몽둥이나 쇠꼬챙이로 치거나 지지는 고통을 받는다고 함. 빙결지옥은 얼음이 얼어붙게 동결(凍結)하는 지옥.
82 쵸콜레이트가먹고싶다: 전집(1·2·3)에는 '쵸콜레이트가 먹고 싶지 않다'로 잘못 해석되어 있다.
83 한몫보아준심산이지만: '한 몫 거들어준 셈이지만'의 의미.
84 穿孔: 구멍을 뚫음. 위벽(胃壁)이나 복막 따위가 상하여 구멍이 생김, 또는 그 구멍.
85 薄膜: 얇은 막. 동식물의 몸 안의 기관을 싸고 있는 얇은 꺼풀.
86 唾腺: 구강(口腔)의 침을 분비하는 선. 전집(2·3)은 睡腺으로 오식.
87 康衢煙月: 태평한 시대의 평화로운 거리 풍경을 이르는 말.
88 SOS: Save Our Souls. 조난(위급) 신호, 위급 호출.
89 덱크(deck): 갑판.

狂女의告白

여자인S玉孃[73]한테는참으로未安하오. 그리고B君자네한테感謝하지아니하면아니될것이오. 우리들은S玉孃의앞길에다시光明이있기를빌어야하오.

蒼白한여차
얼굴은여자의履歷書이다. 여자의입(口)은작기때문에여차는溺死하지아니하면아니되지만여차는물과같이때때로미쳐서騷亂해지는수가있다. 온갖밝음의太陽들아래여자는참으로맑은물과같이떠돌고있었는데참으로고요하고매끄러운表面은조약돌을삼켰는지아니삼켰는지항상소용돌이를갖는褪色한純白色이다.

등쳐먹을려고하길래내가먼첨한대먹여놓았죠.

잔내비[74]와같이웃는여차의얼굴에는하룻밤사이에참아름답고빤드르르한赤褐色쵸콜레이트가無數히열매맺혀버렸기때문에여차는마구대고쵸콜레이트를放射하였다. 쵸콜레이트는黑檀[75]의사아벨[76]을질질끌면서照明사이사이에擊劍[77]을하기만하여도웃는다. 웃는다. 어느것이나모다웃는다. 웃음이마침내엿과같이걸쭉걸쭉하게찐더거려서쵸콜레이트를다삼켜버리고强力剛氣[78]에찬온갖標的은모다無用이되고웃음은散散히부서지고도웃는다. 웃는다. 파랗게웃는다.

---

73　S玉孃 : 원문은 'S子樣'임.
74　잔나비 : '원숭이'의 방언.
75　黑檀 : 감나뭇과의 상록 교목. '오목(烏木)'이라 하여 여러 가지 기구를 만드는 데 쓰임.
76　사아벨(sabel 네) : (본디 군인이나 경찰관이 차던) 서양식 긴 칼.
77　擊劍 : 전집(1)은 '劒'으로 하였지만, 劒과 劍은 같은 자이다. 검도, 또는 칼로 겨루는 행위.
78　强力剛氣 : 강한 힘과 굳세고 꿋꿋한 기상.

쨌든간에저사내어머니는배고팠을것임에틀림없으므로배고픈얼굴을하였을것임에틀림없는데귀여운외톨자식인지라저사내만은무슨일이있든간에배고프지않도록하여서길러낸것임에틀림없을것이지만아무튼兒孩라고하는것은어머니를가장依支하는것인즉어머니의얼굴만을보고저것이정말로마땅스런얼굴이구나하고믿어버리고선어머니의얼굴만을熱心으로숭내낸것임에틀림없는것이어서그것이只今은입에다金니[71]를박은身分과時節이되었으면서도이젠어쩔수도없으리만큼굳어버리고만것이나아닐까고생각되는것은無理도없는일인데그것은그렇다하드라도반드르르한머리카락밑에어째서저험상궂은배고픈얼굴은있느냐.

1931. 8. 15

## 運動

一層우에있는二層우에있는三層우에있는屋上庭園[72]에올라서南쪽을보아도아무것도없고北쪽을보아도아무것도없고해서屋上庭園밑에있는三層밑에있는二層밑에있는一層으로내려간즉東쪽에서솟아오른太陽이西쪽에떨어지고東쪽에서솟아올라西쪽에떨어지고東쪽에서솟아올라西쪽에떨어지고東쪽에서솟아올라하늘한복판에와있기때문에時計를꺼내본즉서기는했으나時間은맞는것이지만時計는나보담도젊지않으냐하는것보담은나는時計보다는늙지아니하였다고아무리해도믿어지는것은필시그럴것임에틀림없는고로나는時計를내동댕이쳐버리고말았다.

1931. 8. 11

---

71　金니 : 금으로 덮어씌운 이빨.
72　屋上庭園 : 서양 건축에서, 옥상에 만들어 놓은 정원.

얼굴

배고푼얼굴을본다.

반드르르한머리카락밑에어쨰서배고푼얼굴은있느냐.

저사내는어데서왔느냐.
저사내는어데서왔느냐.

저사내어머니의얼굴은薄色[69]임에틀림이없겠지만저사내아버지의얼굴은잘생겼을것임에틀림이없다고함은저사내아버지는워낙은富者였던것인데저사내어머니를聚한後로급작히가난든것임에틀림없다고생각되기때문이거니와참으로兒孩라고하는것은아버지보담도어머니를더닮는다는것은그무슨얼굴을말하는것이아니라性行을말하는것이지만저사내얼굴을보면저사내는나면서以後大體웃어본적이있었느냐고생각되리만큼험상궂은얼굴이라는점으로보아저사내는[70]나면서以後한번도웃어본적이없었을뿐만아니라울어본적도없었으리라믿어지므로더욱더험상궂은얼굴임은即저사내는저사내어머니의얼굴만을보고자라났기때문에그럴것이라고생각되지만저사내아버지는웃기도하고하였을것임에는틀림이없을것이지만大體로兒孩라고하는것은곧잘무엇이나숭내내는性質이있음에도불구하고저사내가조금도웃을줄을모르는것같은얼굴만을하고있는것으로본다면저사내아버지는海外를放浪하여저사내가제법사람구실을하는저사내로장성한後로도아직돌아오지아니하던것임에틀림이없다고생각되기때문에또그렇다면저사내어머니는大體어떻게그날그날을먹고살아왔느냐하는것이問題가될것은勿論이지만어

---

69  薄色 : 아주 못생긴 얼굴, 또는 그러한 여자.
70  전집(3)은 '저사내는'이 누락.

그平和로운食堂또어에는白色透明한MENSTRUATION[56]이라門牌가붙어서限定없는電話를疲勞하여LIT[57]우에놓고다시白色呂宋煙[58]을그냥물고있는데.

마리아여,[59] 마리아여, 皮膚는새까만마리아여, 어디로갔느냐, 浴室水道콕크[60]에선熱湯이徐徐히흘러나오고있는데가서얼른어젯밤을막으렴, 나는밥이먹고싶지아니하니슬립퍼어[61]를蓄音機[62]우에얹어놓아주려무나.

無數한비가無數한추녀끝을두드린다두드리는것이다. 분명上膊[63]과下膊[64]과의共同疲勞임에틀림없는식어빠진點心을먹어볼까 — 먹어본다. 만도린[65]은제스스로包裝하고지팽이잡은손에들고그작으마한삽짝門[66]을나설라치면언제어느때香線[67]과같은黃昏은벌써왔다는消息이냐, 숫닭아, 되도록이면巡査가오기前에고개숙으린채微微한대로울어다오, 太陽은理由도없이사보타아지[68]를恣行하고있는것은全然事件以外의일이아니면아니된다.

1931. 6. 18

---

56  MENSTRUATION : 월경, 월경 기간.
57  LIT : 불어로 침대.
58  呂宋煙 : 필리핀의 루손 섬에서 나는 향기가 좋은 엽궐련.
59  마리아 : 성모(聖母).
60  콕크(cock) : 마개, 꼭지(stopcock).
61  슬립퍼어(slipper) : 가벼운 실내화.
62  蓄音機 : 레코드에서 녹음한 음을 재생하는 장치로 1877년 에디슨이 발명. 판의 회전에 따라 바늘이 레코드에 새겨진 음구(音溝)를 지나감으로써 일어나는 진동을 기계적으로 증폭하여 금속의 진동판에 전하여 재생하는데, 후에 바늘의 진동을 전기신호로 변환하는 방식이 되었다.
63  上膊 : 팔꿈치로부터 어깨에 이르는 부분.
64  下膊 : 팔꿈치에서 손목에 이르는 부분.
65  만도린(mandolin) : 현악기의 한 가지로 비파와 비슷하며, 몸체의 뒷면이 바가지처럼 불룩함. 강철로 된 네 쌍의 현을 픽으로 뜯어 연주함.
66  삽짝문 : 사립문. 나뭇가지를 엮어서 만든 문.
67  香線 : 전집(2)는 '지금의 萬壽香처럼 線型으로 된 것을 태우는 香'으로 설명. 그러나 향의 선(연기로 피어오르는)이 아닐까 한다.
68  사보타아지(sabotage 프) : 태업(怠業).

神秘와또한不安까지를함께뱉어놓는바透明한空氣는北國과같이차기는하나陽光을보라. 까마귀는恰似孔雀과같이飛翔하여비늘을秩序없이번득이는半個의天體에金剛石[46]과秋毫도다름없이平民的[47]輪廓을日沒前[48]에빗보이며[49]驕慢함은없이所有하고있는것이다.

이러구려數字의COMBINATION[50]을忘却하였던若干小量의腦髓에는雪糖과같이淸廉한異國情調로하여假睡狀態[51]를입술우에꽃피워가지고있을즈음繁華로운꽃들은모다어데로사라지고이것을木彫의작은羊이두다리를잃고가만히무엇엔가귀기울이고있는가.

水分이없는蒸氣하여왼갖고리짝[52]은말르고말라도시원치않은午後의海水浴場近處에있는休業日의潮湯[53]은芭蕉扇[54]과같이悲哀에分裂하는圓形音樂과休止符, 오오춤추려무나, 日曜日의뷔너스[55]여, 목쉰소리나마노래부르려무나日曜日의뷔너스여.

---

46 金剛石 : 다이아몬드. 순수한 탄소로 이루어진 탄소 동소체의 하나. 등축 정계에 속하는 팔면체의 결정으로, 순수한 것은 무색투명하나 누런색, 붉은색, 푸른색, 녹색, 검은색 따위를 띠기도 한다. 천연의 광물 중에서는 제일 단단하고 광물 중에서는 제일 단단하고 광택이 아름다우며, 광선의 굴절률이 커서 반짝거린다.
47 平民的 : 平面的의 오식인 듯.
48 日沒前 : 원문은 '日歿前'으로 되어 있다.
49 빗보이며 : 기본형은 '빗보이다'로, 이는 빗보다(실제를 바로 보지 못하고 어긋나게 잘못 보다)의 피동사.
50 COMBINATION : 결합, 짝맞춤, 배합, 단결.
51 假睡狀態 : 의식이 반쯤 깨어 있는 옅은 잠에 빠진 상태.
52 고리짝 : 긴 쇠붙이나 줄, 끈 따위를 구부리고 양 끝을 맞붙여 둥글거나 모나게 만든 물건.
53 潮湯 : 바닷물을 데운 목욕물, 또는 그 물을 쓰는 목욕탕. 염분이 있는 온천.
54 芭蕉扇 : 조선 선조 27(1594)년에, 의정(議政)이 길을 갈 때 머리 위를 가리던 파초의 잎 모양으로 만든 큰 부채.
55 뷔너스 : 비너스. 로마 신화에서의, 미(美)와 사랑의 여신.

그런데나는캐라반[39]이라고.

그런데나는캐라반이라고.

1931. 6. 1


LE URINE[40]

불길과같은바람이불었건만불었건만얼음과같은水晶體는있다. 憂愁는DIC-TIONIARE[41]와같이純白하다. 綠色風景은網膜에다無表情을가져오고그리하여무엇이건모두灰色의明朗한色調로다.

들쥐(野鼠)와같은險峻한地球등성이를匍匐하는짓은大體누가始作하였는가를瘦瘠하고矮小한ORGANE[42]을愛撫하면서歷史冊비인페이지를넘기는마음은平和로운文弱이다. 그러는동안에도埋葬되어가는考古學은과연性慾을느끼게함은없는바가장無味하고神聖한微笑와더불어小規模하나마移動되어가는 실(糸)과같은童話가아니면아니되는것이아니면무엇이었는가.

진綠色납죽한[43]蛇類는無害롭게도水泳하는瑠璃의流動體[44]는無害롭게도半島도아닌어느無名의山岳을島嶼[45]와같이流動하게하는것이며그럼으로써驚異와

---

39 캐라반(caravan) : 통상(通商)이나 성지순례(聖地巡禮), 또는 이 두 가지 목적을 겸하여 무리를 이루어 여행하는 상인.
40 LE URINE : 오줌, 소변.
41 DICTIONIARE : 원문은 'DICTIONAIRE'로 오식. 불어로 '사전(辭典)'이라는 뜻.
42 ORGANE : 불어로 '기관(器官)', '기구'라는 뜻.
43 납죽한 : 납작한.
44 流動體 : 기체와 액체를 아울러 이르는 말.
45 島嶼 : 바다에 있는 크고 작은 여러 섬.

나지못하고 있다.

카아보네가프렛상[36]이래서보내어준프록·코오트[37]를基督은最後까지拒絕하고말았다는것은有名한이야기거니와宜當한일이아니겠는가.

1931. 8. 11

## 神經質的으로肥滿한三角形

▽은[38]나의AMOUREUSE이다

▽이여 씨름에서이겨본經驗은몇번이나되느냐.

▽이여 보아하니外套속에파묻힌등덜미밖엔없고나.

▽이여 나는그呼吸에부서진樂器로다.

나에게如何한孤獨은찾아올지라도나는××하지아니할것이다. 오직그러함으로써만.
나의 生涯는原色과같아여 豊富하도다.

---

36  프렛상(présent 프) : 선물.
37  프록·코오트(frock coat) : 서양식 신사용 예복의 한 가지. 무릎까지 오는 긴 윗옷과 줄무늬가 있는 바지가 한 벌임.
38  ▽은 : 전집(1·2·3)은 '△은'으로 오식.

# 鳥　瞰　圖[30]

金海卿

二人……1……

基督은襤褸한行色하고說敎를시작했다.

아아르·카아보네[31]는橄欖山[32]을山채로拉撮[33]해갔다.

　　　　　×

─一九三〇年以後의일─.

네온싸인으로裝飾된어느敎會의門깐에서는뚱뚱보카아보네가볼의傷痕[34]을伸縮시켜가면서入場券을팔고있었다.

1931. 8. 11


二人……2……

아아르·카아보네의貨幣는참으로光이나고메달[35]로하여도좋을만하나基督의貨幣는보기숭할지경으로貧弱하고해서아무튼돈이라는資格에서는一步도벗어

---

30 「二人……1……」등 총 8수로 이뤄진 계열시이며, 전집(1·2·3)은 「鳥瞰圖」로 잘못 쓰고 있다. 이 작품들의 원문은 『조선과 건축(朝鮮と建築)』(1931.8) 〈漫筆〉란에 실려 있다. 이들 시는 유정의 번역으로 전집(1)에 실렸다.
31 아아르·카아보네 : Alphonso Capone(1899~1947) 미국 시카고를 중심으로 조직범죄단을 이끌었던 유명한 갱단두목. 왼뺨에 흉터가 있어 스카페이스(Scarface)라는 별명으로 유명하다.
32 橄欖山 : 올리브산. 예루살렘의 동부 구릉에 있는 산.
33 拉撮 : 납치 촬영, 또는 강제로 촬영하였다는 뜻.
34 傷痕 : 볼에 난 상처자국을 뜻함.
35 메달(medal) : 기념이나 표창의 뜻을 담은, 쇠붙이 따위로 만든 표장.

×

누구는나를가리켜孤獨하다고하느냐

이群雄割據[27]를보라

이戰爭을보라

×

나는그들의軋轢[28]의發熱의한복판에서昏睡한다

심심한歲月이흐르고나는눈을떠본즉

屍體도蒸發한다음의고요한月夜를나는想像한다


天眞한村落의畜犬들아 짖지말게나

내體溫[29]은適當스럽거니와

내希望은甘美로웁다

1931.6.5

— 발표지면 : 『李箱全集』, 1956 ; 유정 역

---

27  群雄割據 : 많은 영웅들이 각지에 자리 잡고 세력을 떨치며 서로 맞서는 일.
28  軋轢 : 수레바퀴가 삐걱거린다는 뜻으로, 집안이나 한 집단의 내부에서, 의견이 맞지 않아 서로 충돌하는 일.
29  體溫 : 전집(3)은 '驗溫'으로 오식.

# 空腹―

바른손에菓子封紙가없다 고해서
왼손에쥐어져있는菓子封紙를찾으려只今막온길을五里나되돌아갔다
            ×
이손은化石하였다

이손은이제는이미아무것도所有하고싶지도않다所有된물건의所有된것을느끼기조차하지아니한다
            ×
只今떨어지고있는것이눈(雪)이라고한다면只今떨어진내눈물은눈(雪)이어야할것이다.

나의內面과外面과
이件의系統인모든中間들은지독히춥다

左     右
이兩側의손들이相對方의義理를저바리고두번다시握手하는일은없이
困難한勞働[26] 만이가로놓여있는이整頓하여가지아니하면아니될길에있어서獨立을固執하는것이기는하나

추우리로다
추우리로다

---

26　勞働 : 勞動. 이상은 여러 군데 '勞動'을 '勞働'으로 쓰고 있다.

大砲

匍匐

　　　　×

萬若자네가重傷을입었다할지라도피를흘리었다고한다면참멋적은일이다

오—
沈默을打撲²⁴하여주면좋겠다
沈默을如何히打撲하여나는洪水와같이騷亂할것인가
沈默은沈默이냐

메쓰²⁵를갖지아니하였다하여醫師일수없을것일까
天體를잡아찢는다면소리쯤은나겠지

나의步調는繼續된다
언제까지도나는屍體이고저하면서屍體이지아니할것인가

1931.6.5

— 발표지면 : 『李箱全集』, 1956 ; 유정 역

---

24　打撲 : (사람이나 동물 따위를) 패거나 때림.
25　메쓰(mes 네) : 수술이나 해부를 하는 데 쓰이는 칼.

# BOITEUX·BOITEUSE[21]

긴것

짧은것

열十字
　　　　×
　　그러나 CROSS[22] 에는기름이묻어있었다

墜落

不得已한平行

物理的으로아펐었다
　　　　　　　(以上平面幾何學)[23]
　　　　×
오렌지

---

21　BOITEUX·BOITEUSE : 불어로 절름발이라는 뜻. 'BOITEUX'은 남성형, 'BOITEUSE'은 여성형.
22　CROSS : 십자형, 십자가.
23　平面幾何學 : 평면, 즉 2차원 공간에 있어서 도형의 모양·크기·위치관계 등에 관한 성질을 연구하는 기하학의 한 분과. 유클리드의 『기하학원본』에서는 제6권까지 이것을 취급하고 그 주요 부분을 차지하고 있다. 또한 현재 초등기하학이라고 하는 것은 거의 이에 포함된다. 그리고 그 대상이 되는 도형을 평면도형이라 하며, 예를 들면 평면상의 어떤 직선도형·원·이차곡선 등이 이에 해당된다.

三心圓

           7

조(粟)를그득넣은밀가루布袋
簡單한須臾[20]의月夜이었다

           8

언제나도둑질할것만을計劃하고있었다
그렇지는아니하였다고한다면적어도求乞이기는하였다

           9

疎한것은密한것의相對이며또한
平凡한것은非凡한것의相對이었다
나의神經은娼女보다도더욱貞淑한處女를願하고있었다

          10

말(馬)—
땀(汗)—

           ×

余, 事務로써散步라하여도無妨하도다
余, 하늘의푸르름에지쳤노라이같이閉鎖主義로다

1931.6.5

— 발표지면 : 『李箱全集』, 1956; 유정 역

---

[20] 須臾 : 잠시, 잠시 동안.

# 수염
(鬚·鬚[15]·그밖에수염일수있는것들·모두를이름)

### 1

눈이存在하여있지아니하면아니될處所는森林인웃음이存在하여있었다

### 2

홍당무[16]

### 3

아메리카의幽靈은水族舘이지만大端히流麗하다[17]

그것은陰鬱하기도한것이다

### 4

溪流에서—

乾燥한植物性이다

가을[18]

### 5

一小隊의軍人이東西의方向으로前進하였다고하는것은

無意味한일이아니면아니된다

運動場이破裂하고龜裂할따름이니까[19]

### 6

---

15 鬚·鬚 : 전집(1·2·3)은 '鬚·髭'의 오식으로 봄.
16 홍당무 : 원문은 '人參'으로 '인삼'이라는 의미도 있다.
17 流麗하다 : 글이나 말, 곡선 따위가 거침없이 미끈하고 아름답다. 유창하고 화려하다.
18 원문은 '乾燥シタ植物性デアル / 秋'으로 '건조한 식물성인 / 가을'로 해석해야 옳을 듯하다.
19 龜裂할따름이니까 : 전집(3)은 '龜裂한따름이니까'로 오식.

屈曲한直線

그것은白金[13]과反射係數가相互同等하다

▽은테이블[14]밑에숨었느냐

          ×

1

2

3

3은公倍數의征伐로向하였다

電報는아직오지아니하였다

1931.6.5

— 발표지면 : 『李箱全集』, 1956; 유정 역

---

13  白金 : 금속 원소 중에서 가장 무거운, 은백색의 귀금속 원소. 전성(展性)과 연성(延性)이 좋고 고온에서도 산화하지 않아서 장식품이나 이화학용 기계·전극 등에 쓰임.

14  테에블(table) : 서양식의 탁자나 식탁을 두루 이르는 말. 전집(3)은 '테에불'로 오식.

# ▽의 遊戲

### △은나의 AMOUREUES이다

종이로만든배암을종이로만든배암이라고하면
▽은배암이다

▽은춤을추었다

▽의웃음을웃는것은破格이어서우스웠다

슬립퍼어가땅에서떨어지지아니하는것은너무나소름끼치는일이다
▽의눈은冬眠이다
▽은電燈을三等太陽인줄안다

              ×

▽은어디로갔느냐

여기는굴뚝꼭대기냐

나의呼吸은平常的이다
그러한데탕그스텐[12]은무엇이냐
(그무엇도아니다)

---

12 탕그스텐(tungsten) : 굳고 질기며 단단한 금속 원소의 한 가지로 철망간중석, 회중석(灰重石) 따위의 광석에 들어 있으며, 텅스텐강·고속도강 따위의 합금 제조, 백열 전구나 X선관의 진공관의 필라멘트 등 용도가 매우 많음.

정말로
「같이노래부르세요」
하면서나의무릎을때렸을터인일에對하여
▽은나의꿈이다

스틱!¹¹ 자네는쓸쓸하며有名하다

어찌할것인가
     ×
마침내▽을埋葬한雪景이었다

1931.6.5

— 발표지면 : 『李箱全集』, 1956; 유정 역

---

11 스틱(stick) : 지팡이.

# 破片의景致
### △은나의AMOUREUSE[6]이다

나는하는수없이울었다

電燈이담배를피웠다
▽은 I / W[7] 이다
     ×

▽이여! 나는괴롭다

나는遊戲한다
▽의슬립퍼어[8]는菓子와같지아니하다
어떠하게나는울어야할것인가
     ×

쓸쓸한들판을생각하고
쓸쓸한눈나리는날을생각하고
나의皮膚[9]를생각하지아니한다

記憶에對하여나는剛體[10]이다

---

6 AMOUREUSE(불) : 연인, 애인.
7 I / W : 전집(2)는 1와트, 또는 전구의 필라멘트 선의 모양으로 봄.
8 슬립퍼어(slipper) : 덧신, 실내화.
9 皮膚 : 전집(3)은 疲膚로 오식.
10 剛體 : 어떠한 힘을 가하여도 그 모양이나 부피가 변하지 아니하는 가상(假想)의 고체.

이것은 憤怒이다.

鐵柵밖의白大理石建築物이雄壯하게서있던
眞眞5″의角²바아³의羅列에서
肉體에對한處分法⁴을센티멘탈리즘⁵하였다.

目的이있지아니하였더니만큼 冷靜하였다

太陽이땀에젖은잔등을내려쪼였을때
그림자는잔등前方에있었다

사람은말하였다.
「저便秘症患者는富者ㅅ집으로食鹽을얻으러들어가고자希望하고있는것이다」
라고
⋯⋯⋯⋯⋯⋯⋯

1931.6.5

— 발표지면 : 『李箱全集』, 1956; 유정 역

---

2   眞眞5″의角 : 1시간은 시계의 1/12에 위치하고 5′ 은 1/12시간이다. 따라서 5초(″)는 1/12(′ )으로 시계의 최소단위이다. 1′ = (1/60)이므로 5 = (1/12)′ = (1/720)이다.
3   바아(bar) : 막대기 → 빗장 → 장애물 → 칸막이 → (법정술집의 칸막이에서) 법정, 술집.
4   處分法 : 전집(3)은 '處分'으로 '法'이 누락.
5   센티멘탈리즘(sentimentalism) : 슬픔, 동정, 연민 따위의 감상을 작품에 강하게 표현하고자 한 문예 경향. 감상주의.

# 異常한可逆反應[1]

金海卿

任意의半徑의圓 (過去分詞의時勢)

圓內의一點과圓外의一點을結付한直線

二種類의存在의時間的影響性
(우리들은이것에관하여무관심하다)

**直線은圓을殺害하였는가**

顯微鏡
그밑에있어서는人工도自然과다름없이現象되었다.

　　　　　×

같은날의午後
勿論太陽이存在하여있지아니하면아니될處所에存在하여있었을뿐만아니라그렇게하지아니하면아니될步調를美化하는일까지도하지아니하고있었다.

發達하지도아니하고發展하지도아니하고

---

[1] 전집(1·2·3)에는 이 작품 이하 5편을 「이상한 가역반응」 계열시로 소개하고 있으나 6편 모두 개별시이다. 이 작품들의 원문은 『조선과 건축(朝鮮と建築)』(1931.7) 〈漫筆〉란에 실려 있다. 이들 시(6편)는 유정의 번역으로 전집(1)에 실렸다. 번역은 전집(1)을 저본으로 삼았고, 일부 행 배열은 원문을 참조해서 실었다.

시

| 206 · | 無題 |
| 207 · | 咯血의 아침 |
| 210 · | 斷想 |

## 일문 원문 시 ────────

| 221 · | 異常ナ可逆反應 |
| 223 · | 破片ノ景色 |
| 225 · | ▽ノ遊 戯─ |
| 227 · | ひげ─ |
| 229 · | BOITEUX·BOITEUSE |
| 231 · | 空腹─ |
| 233 · | 鳥瞰圖 |
| 242 · | 三次角設計圖 |
| 252 · | 建築無限六面角體 |
| 258 · | 蜻蛉 |
| 259 · | 一つの夜 |
| 261 · | 隻脚 |
| 262 · | 距離(女去りし場合) |
| 263 · | 囚人の作つた箱庭 |
| 264 · | 肉親の章 |
| 265 · | ◈内科 |
| 266 · | ◈二關スル無題 |
| 267 · | ◈ノ寒サ |
| 268 · | 朝 |
| 269 · | 最後 |
| 270 · | 悔恨ノ章 |
| 271 · | 一九三一年(作品第1番) |
| 274 · | 無題 |

| 275 · | 연보로 보는 이상 |

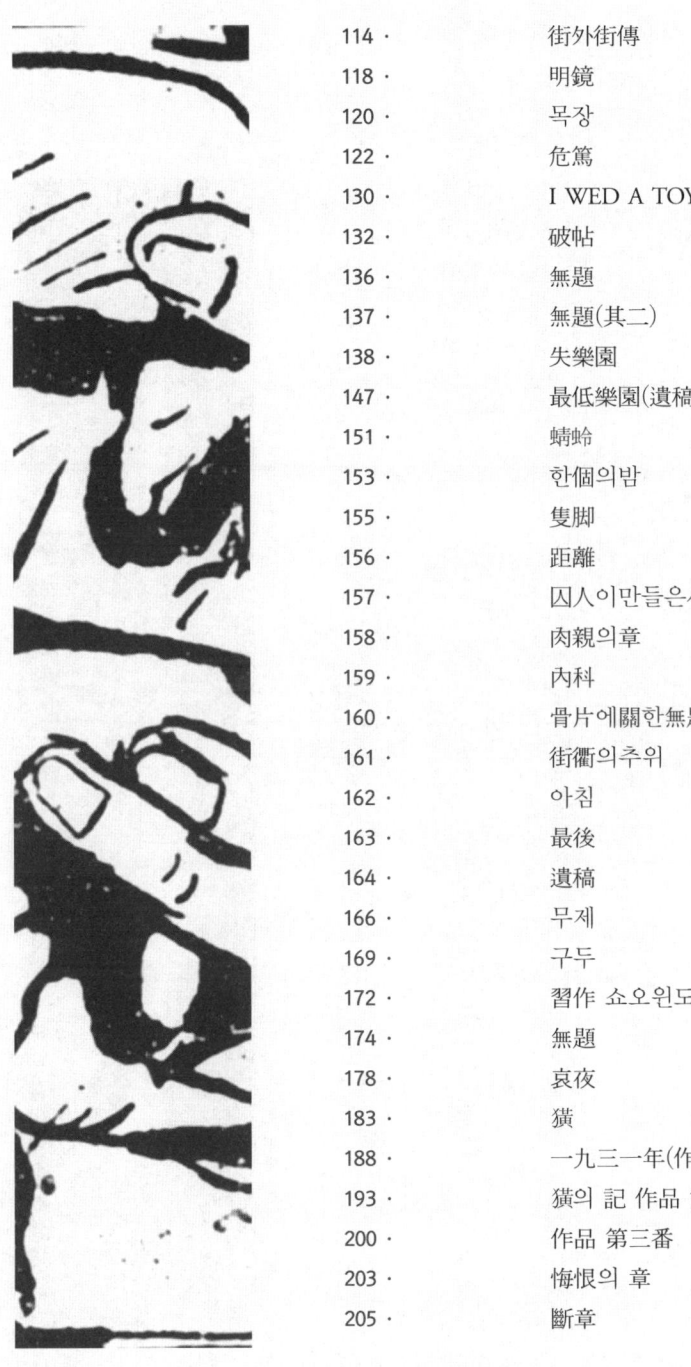

| | |
|---|---|
| 114· | 街外街傳 |
| 118· | 明鏡 |
| 120· | 목장 |
| 122· | 危篤 |
| 130· | I WED A TOY BRIDE |
| 132· | 破帖 |
| 136· | 無題 |
| 137· | 無題(其二) |
| 138· | 失樂園 |
| 147· | 最低樂園(遺稿) |
| 151· | 蜻蛉 |
| 153· | 한個의밤 |
| 155· | 隻脚 |
| 156· | 距離 |
| 157· | 囚人이만들은小庭園 |
| 158· | 肉親의章 |
| 159· | 內科 |
| 160· | 骨片에關한無題 |
| 161· | 街衢의추위 |
| 162· | 아침 |
| 163· | 最後 |
| 164· | 遺稿 |
| 166· | 무제 |
| 169· | 구두 |
| 172· | 習作 쇼오윈도우 數點 |
| 174· | 無題 |
| 178· | 哀夜 |
| 183· | 獚 |
| 188· | 一九三一年(作品 第一番) |
| 193· | 獚의 記 作品 第二番 |
| 200· | 作品 第三番 |
| 203· | 悔恨의 章 |
| 205· | 斷章 |

## 차 례

- 003 · 이미지로 보는 이상
- 021 · 정본 전집을 위하여
- 025 · 증보판 전집에 부쳐
- 027 · 2쇄에 부쳐
- 028 · 개정판에 부쳐

## 시 ———————————

- 035 · 異常한可逆反應
- 037 · 破片의景致
- 039 · ▽의遊戲
- 041 · 수염
- 043 · BOITEUX · BOITEUSE
- 045 · 空腹―
- 047 · 鳥瞰圖
- 060 · 三次角設計圖
- 072 · 建築無限六面角體
- 082 · 꽃나무
- 083 · 이런詩
- 084 · 一九三三, 六, 一
- 085 · 거울
- 086 · 普通紀念
- 088 · 烏瞰圖
- 102 · ·素·榮·爲·題·
- 104 · 正式
- 107 · 紙碑
- 108 · 紙碑
- 110 · 易斷

부분이 있기 때문이다. 그리고 그 사이 두 편의 시가 이상의 것이 아닌 것으로 밝혀졌고, 이상이 쓴 한 편의 동시가 새로 발굴되었기 때문이다. 이번 전집에서 글자 오류 등을 예닐곱 군데 바로잡았고, 이상 시가 아닌 것으로 밝혀진 「與田準一」, 「月原橙一郎」을 제외했으며, 새로 발굴된 「목장」을 실었다. 앞으로 이 전집이 이상 연구에 좋은 판본으로 작용하길 기대해본다.

2018년 11월<br>복현 언덕에서 김주현

개정판에 부쳐

이번에 소설집과 수필 기타 편의 개정판을 내면서 시전집도 검토를 할 여유를 가졌다. 사실 개정판에서 크게 바뀐 부분은 없다. 일부 오자를 수정일문시 제목 '烏瞰圖'를 '鳥瞰圖'로 수정, 「오감도 시 제3호」의 '싸훔'을 '싸홈'으로 수정하였고, 일문시 원문에 대해 정밀한 교정을 하였다. 일본 재야 이상 연구자인 모우리 후우카毛利風香가 세심하게 일문 교정을 봐주었다. 감사를 전하여, 그래도 전집을 더욱 정교하게 낼 수 있어서 기쁘다.

2025년 3월<br>만오원晚悟園에서 김주현

이번에도 이상의 누이 김옥희를 찾았다. 이미 90이 넘은 나이, 살아있다면 만나서 이상에 대해 듣고 싶었고, 그녀가 간직한 엽서를 통해 이상의 일본 하숙집 주소를 확인하고 싶었다. 그런데 아직 그녀를 찾지 못했다. 어쩌면 이러한 것들은 쓸데없는 변명이자 어림없는 회피일지도 모른다. 그러나 이 책이 나온 후에라도 김옥희가 아니라면 그녀의 가족이라도 찾을 것이다. 그리고 저자 미정의 작품들에 대해 언제까지라도 손 놓고 있지는 않을 것이다. 「논단시감」은 문체나 사상 등 여러 측면에서 이상 작품이 아닐 가능성이 크지만, 앞의 두 작품은 여전히 근본적인 저자 확정이 요구되는 상황이다. 천하의 형안이 나와 이 문제를 간단히 해결해주길 기대해 본다.

이번 주석 작업 역시 백과전서적 지식 전달에 초점을 맞추었다. 가능하면 주관적 의견은 피하고, 객관적 정보 전달에 애썼다. 작품을 지나치게 도해해놓았다는 비난을 받을지라도 해석과 판단은 온전히 연구자나 독자의 몫으로 남기고 싶다.

이제 이상으로부터 벗어나리라.

2009년 3월
복현 언덕에서 김주현

**2쇄에 부쳐**

새로 판을 찍게 되어 기쁘다. 무엇보다 지난번 증보판2009에서도 교정에 놓친 뒤에 오는 자는 행복하다. 이전 사람의 과오를 거울삼을 수 있기 때문이다. 정본 전집에서 이전 전집의 과오를 많이 극복했지만, 나의 실수 또한 적지 않았음을 고백하지 않을 수 없다. 이번 개정 및 증보판 작업을 통해 이전 전집 간행자들의 고뇌와 노고를 새삼 확인하였다. 그들의 고민을 함께 하고, 나의 부족함을 채워가면서 주석들을 보태나갔다. 그래서 정본을 포함한 모든 전집들의 오류를 상당 부분 걷어낼 수 있었음을 정말 다행스럽게 생각한다.

이상은 여전히 문제적이다. 「'종생기' 주석」김윤식에서부터 최근 「'실화'를 위한 몇 가지 주석」권영민에 이르기까지 이상 문학에 대한 주석 작업은 과히 주석학이라 할만치 그 넓이와 깊이를 더해왔다. 이상전집 발간에는 이 두 은사님의 영향이 자못 크다. 또한 정선태 선생의 도움에 감사하지 않을 수 없다. 정본이 나왔을 때 내가 미처 확인하지 못한 실수들을 그는 일일이 지적해주었다. 그들 덕분에 나는 책 전체를 다시 검토할 기회를 마련했으며, 이전의 단견과 미상한 것들을 많이 불식시킬 수 있게 되었다.

이상의 언어는 광대무쌍했으며, 과히 독보적이었다. 이번 작업에서 그의 어휘들에 대해 또 한번 감탄하지 않을 수 없었다. 그의 어휘를 새롭게 많이 밝혀내었지만, 여전히 미해결의 것들이 남아 있다. 뎃도마수, 데림프스 등 일부 어휘에 대해 주석을 달지 못했다. 그리고 「권두언」, 「현대미술의 요람」, 「논단시감」 등에 대해 저자확정을 제대로 내리지 못했다. 1998년 『조선과 건축』을 뒤져가며 「권두언」 저자확정에 열을 올렸지만 구체적 근거를 찾지 못했다. 그래서 이상의 학창 생활에 대해 누구보다 잘 알고 있던 고공 건축학과 동기 오오스미大隅彌次郎을 찾아 나섰지만, 그도 1995년에 이미 타계하고 말았다는 소식을 접했다. 그때의 망연함이란……조금 더 일찍 서둘렀다면……아쉬움과 낭패감으로 한동안 마음이 아렸다.

술을 부려놓았던 것이다. 마무리를 한다고 했지만 미흡하기 이를 데 없다. 아직 이 전집에서 제대로 해결하지 못한 것들이 많이 있다. 그리고 기존 전집의 오류를 극복하려 했지만, 나 또한 그러한 전철을 밟고 있는 것은 아닌지 두려움이 앞선다. 이제 그런 부분은 가혹한 비판과 따끔한 질책을 기다릴 수밖에 없다. 그것들이 보다 좋은 전집을 발간하는 데 도움이 될 것이라 믿어 의심치 않는다.

이 전집의 발간은 이상전집 편집자들, 이를테면 임종국·이어령·이승훈·김윤식 등 선학의 노력이 없었다면 불가능했다. 그들이 작은 과오가 있다 해서 그들의 큰 업적이 부정될 수 없다. 그리고 사에구사를 비롯하여, 이상 문학의 3세대 연구자, 이를테면 김성수·남금희·박현수·안미영·이경훈·조해옥 등의 텍스트 연구성과에 힘입은 바 크다. 일문시 해독에는 이금재 교수의 도움이 있었다. 그리고 여기에 일일이 기록할 수는 없지만, 후배·제자들의 도움에 힘입었다. 이들이 있었기에 전집이 빛을 볼 수 있게 되었다. 이들 모두에게 감사를 드린다.

2005년 3월, 伏賢 언덕에서
김주현

## 증보판 전집에 부쳐

작업을 합리적으로 못하는 나는 이번에도 적잖은 애로를 겪었다. 한 번 해도 될 일을 몇 번이나 해야 했다. 이상한 것은 꼭 확인을 해야 직성이 풀렸기에 주석 작업은 실로 외롭고 힘든 싸움이었다. 이 책은 지난 10여 년 내가 고군분투해 온 기록이다. 아, 이제 해방이 되는구나.

역시 주석에서 제공하였다. 번역된 작품의 내용 중 원의와 많이 다른 것은 주석으로 밝히었고, 또한 원전과의 비교를 위해, 확인 가능한 일문 원전은 부록으로 실어두었다. 그리고 최초 발표본이 전집 수용 과정에서 변개된 것은 밝혀두었으며, (참고로 임종국 편 전집은 전집(1)로, 이어령 편은 전집(2)로, 이승훈·김윤식 편은 전집(3)으로 약술했다) 보다 완전한 주석을 위해 전집(2)와 전집(3)의 주석에 도움받기도 했다.

넷째, 작품 전체를 3권으로 나뉘어 제1권은 시군으로, 제2권은 소설군으로, 제3권은 수필군 기타로 분류했다. 각 권의 작품 배열순서는 창작시기와 발표시기를 동시에 고려했으며, 부분적으로는 작품의 형식과 내용을 고려했다.

기존 전집이 나와 있지만 원전수집과 주석작업 모두 녹록치 않은 작업이었다. 어느 하나 만만하지 않았던 것이다. 원전은 도서관을 찾아다니며 확보하고, 더러는 수소문을 해서 개인 연구자로부터 얻기도 하였다. 몇 작품은 끝내 구할 수 없었고, 또한 구한 것도 원전의 상태가 좋지 않아 몇 번이나 발걸음을 다시 하기도 하고, 또 마이크로 필름이나 전자 파일 등을 보아가며 마무리를 했다. 주석 작업 역시 난관이었다. 이상은 괴짜 작가인 데다가 스스로도 5개 국어, 또는 7개 국어를 하겠다고 장담하지 않았던가. 그의 기호들을 이해하기 위해 책상에는 늘 국어·방언·한문 사전은 물론이고 일본어·중국어·영어·불어 사전을 펼쳐놓았다. 백과사전과 영화·의류·약품 등의 각종 사이트를 찾아 인터넷을 주유하고, 신문·잡지·연구서 등을 찾아 도서관을 드나들고, 지인들에게 심심찮게 폐를 끼치기도 했다. 그의 작품은 고유어·사투리·한자어 등과 수많은 외래어·외국어에다 시대어·기능어·전문어, 심지어 자신의 신조어 등이 등장하는, 그야말로 각종 기호의 실험장, 또는 그 성채였던 것이다.

지난 한 해 나는 연구실에서 죽은 이상과 고투를 벌였다. 이상은 자기의 성채에 함부로 침입하지 못하도록 무수한 방해물과 엄폐물을 설치하고, 온갖 위장

제제기로서의 성격을 띤다. 작품이 전집에 실리면서 와전된 것은 물론이거니와 이상의 작품이라고 하기에는 어려운 작품들마저 전집에 들어 있다. 또한 원의와는 거리가 먼 내용들이 들어 있는 번역작품도 원전인 양 자리하고 있다. 전집은 그런 점에서 원전비평의 대상이 되어야 한다. 원전확정 작업이 먼저 수행되고 난 이후에 전집이 묶여져야 바른 순서인데, 오히려 지금의 전집은 그 반대에 해당되는 셈이다. 그래서 전집의 오류가 연구의 오류로 이어지는 악순환이 계속되고 있다. 이제라도 그러한 오류를 바로 잡아 보자는 것이 이 전집의 의도이다. 이번 전집은 정확한 원전을 제시하고, 보다 풍부한 주해를 달아 정본으로서의 이상 문학전집을 추구하였다. 이를 위해 다음과 같은 원칙에 입각하였다.

첫째, 구득 가능한 모든 작품은 최초 발표본을 토대로 하여 편집 과정에서 빚어질 수 있는 오류를 최소화하였다. 그리고 표기체는 발표 당시의 표기로 하였다. 동일 작품 내에서의 서로 다른 표기도 그대로 썼고, 띄어쓰기·기호·문단·문장부호 등도 그대로 따랐다. 다만 작가의 또는 식자공의 오식으로 명확히 판단되는 것은 고치되 주해를 달았다.

둘째, 모든 작품들은 원문의 저자명, 발표시기를 부기하였다. 이상의 본명이나 필명이 아닌 이름으로 발표되었거나 유고로 소개된 작품들은 소개 과정과 실린 배경을 밝혀 텍스트 확정에 도움을 주고자 하였으며, 일단 전집에 실어두었다. 모든 일문 작품은 한글 번역 뒤에 번역자를 밝혔고, 번역 내용이 서로 다른 경우는 같이 실어두었다. 그리고 기존 전집에 실렸지만 이상의 창작이 아닌 것으로 확실히 판단되는 작품은 이 전집에서 제외시켰지만, 미확정된 작품들은 실어둠으로써 추후 텍스트 확정을 기다리기로 했다. 그리고 기존 전집에 빠진 몇 작품과 최근 발굴된 작품은 포함시켰다.

셋째, 내용 중 특이사항에 대해서는 주해를 달았다. 어렵거나 난해한 것, 애매한 것을 우선적으로 주석 대상으로 삼았으며, 또한 작품의 이해에 필요한 정보

이어령은 기존 전집을 보완하여 새로이 전집『이상소설전작집』1·2권, 『이상수필전작집』, 『이상시전작집』, 갑인출판사, 1977~1978을 간행했다. 그는 원전과 일일이 대조하여 어구 하나에도 손상이 가지 않도록 바로 잡고, 일획일점一劃一點이라도 조심하여 이상의 실험적인 문체나 색다른 양식을 살려내도록 노력했다. 그리고 문학사상자료조사 연구실에서 찾아낸 자료들, 이를테면 '낡은 신문철과 묵은 잡지, 심지어 유족의 다락까지 뒤져내어 찾아낸 육필원고, 가명이나 무기명으로 된 원고, 사진, 유품 앨범 등을 종합하여 편함으로써, '구슬이 서말이라도 꿰어야 보배'라는 진리를 실천해 보여주었다. 그는 주석작업에도 각고의 노력을 기울여 좋은 성과를 가져왔다. 그러나 전집은 새로 얻어진 자료의 풍성함 이면에 불철저하게 이뤄진 자료조사로 인해 새로운 문제점들이 발생하게 되었다.

세 번째로 나온 것이 문학사상사판 이상전집이다. 시집『이상문학전집』1, 문학사상사, 1989은 이승훈, 소설집·수필집『이상문학전집』2·3, 문학사상사, 1991·1993은 김윤식의 노력으로 이뤄졌다. 이들은 갑인출판사판에 소개된 작품들을 토대로 하였으며, 전집 발간 이후에 소개된 유고들을 수합하여 전집의 얼개를 갖추고, 여기에다 주해와 해설을 첨부하였다. 그것은 한편으로는 기존의 연구성과를 반영시키고, 또 한편으로는 편자들의 적절한 해설을 첨부함으로써 이상 문학의 이해 및 연구의 기초 자료들을 풍부하게 제시하였다는 장점을 갖고 있다. 전집이 판을 달리해 오면서 발굴과 연구성과를 적절하게 반영시킨 사실이야말로 다른 전집에서는 찾기 어려운 모범적인 사례로 평가된다. 그러한 노력들로 이상은 우리 근대문학에서 가장 중요한 작가 가운데 하나로 자리매김되었다. 그러나 다른 한편으로 각각의 전집이 선행 전집의 문제를 되풀이하는 오류를 낳고 말았다.

온전한 전집, 정본이라고 내세울 만한 전집을 만들고 싶었다. 편집자들의 '미스의 전무'를 위한 노력과 '일획일점에 대한 고려'에도 불구하고, 기존 전집들은 정전으로서의 가치를 상당 부분 상실하고 있다. 이번 전집은 그것에 대한 문

## 정본 전집을 위하여

정확한 원전이야말로 연구에 있어서 토대가 되며, 온전한 주석은 연구의 시금석이다. 연구자에게 무엇보다도 필요하고 소중한 것이 있다면, 온전한 전집을 구비하는 일일 것이다. 이상을 공부하면서 온전한 전집을 마련하는 일이 무엇보다 시급하다는 것을 깨달았다. 전집을 내겠다고 나선 지 6년, 그러나 모든 게 지지부진이었다. 처음 3차례의 교정쇄는 연구실 한켠에서 색을 바래가고 있었다. 전집이 지닌 문제점들과 마주할수록 용기와 자신감은 사라져만 갔다. 누군가가 이 일을 대신해준다면 하는 바람이 간절했고, 왜 굳이 하겠다고 나섰던가 후회도 막심했다. 그러나 누군가는 해야 한다는 당위성과 연구자로서의 소명의식 때문에 또 다시 지리하고도 어려운, 조심스러우면서도 벅찬 작업에 스스로를 내맡길 수밖에 없었다.

이제까지 이상전집은 세 차례에 걸쳐 나왔다. 임종국의 부단한 노력으로 전집 『이상전집』 전3권, 태성사, 1956이 처음 나왔다. 그는 작품들을 일일이 수합하고, 그리고 직접, 또는 동료들의 힘을 빌어 일문시들을 번역하여 우리 앞에 내놓았다. 그로 인해 이상은 먼지 쌓인 잡지 속에서 우리들 곁으로 걸어 나왔고, 연구의 세례를 받게 되었다. 그는 최초 발표지면을 원전으로 삼고, 원전에 있어서 인쇄상의 오식임이 명백한 것은 정정訂正하였다. 그리고 번역에 있어서는 '원작자라면 어떻게 썼을까?' 하는 데 주안점을 두고, 대담한 의역意譯도 하였으며, 가능한 한 이상의 언어와 문체로 하였다. 그리고 이상의 사진첩에서 나온 미발표 유고를 발굴하여 번역·소개하고, 일문시는 원전을 그대로 제시하는 등 자료 고증 및 제시의 정확성을 위해서도 노력하였다. 그러나 일부 작품은 전달과정에 있어서 적지 않은 오류를 드러내고 있으며, 일문시 번역도 오역 등의 여러 문제점을 내포하고 있다.

# 개정 정본 이상문학전집
## 01
## 시

*The Complete Works of Lee Sang : Poetry*

이상 지음
김주현 주해

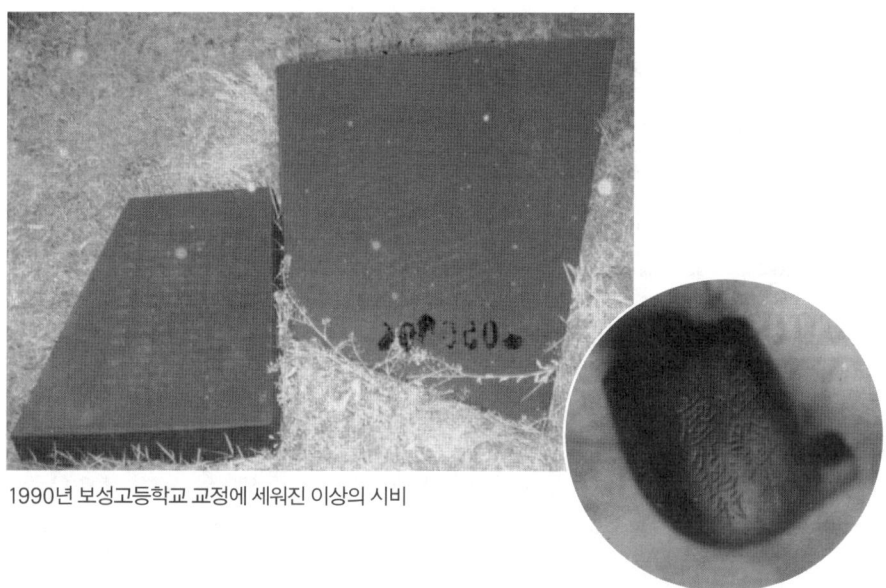

1990년 보성고등학교 교정에 세워진 이상의 시비

이상의 유품 파이프

1990년 보성고등학교 교정에 세워진 이상의 문학비

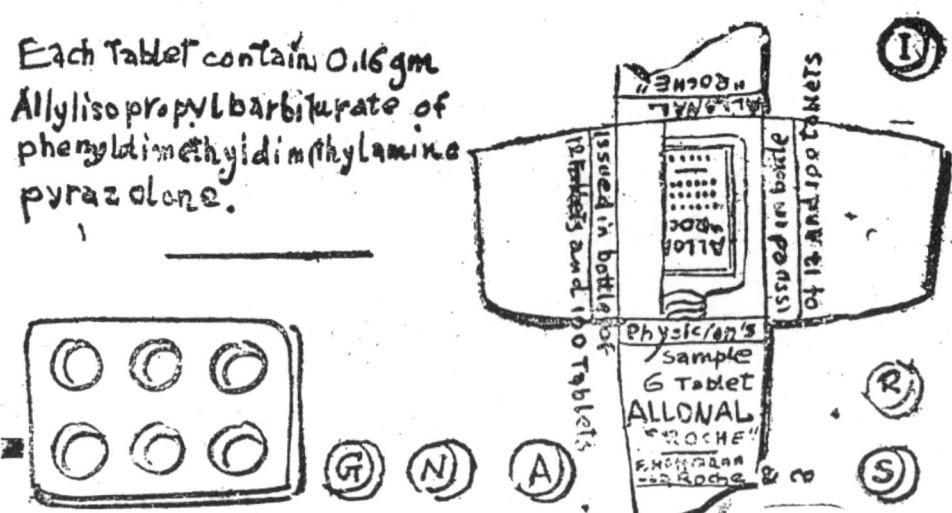

「날개」 속의 삽화 1(『조광』, 1936.9)

「날개」 속의 삽화 2(『조광』, 1936.9)

이상이
「소설가 구보씨의 일일」에 그린 삽화
(『조선중앙일보』, 1934.8.2)

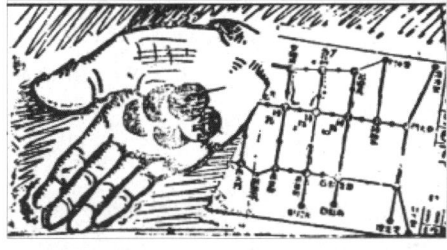

이상이
「소설가 구보씨의 일일」에 그린 삽화
(『조선중앙일보』, 1934.8.7)

이상이
「소설가 구보씨의 일일」에 그린 삽화
(『조선중앙일보』, 1934.8.11)

이상이
「소설가 구보씨의 일일」에 그린 삽화
(『조선중앙일보』, 1934.8.20)

이상이
「소설가 구보씨의 일일」에 그린 삽화
(『조선중앙일보』, 1934.9.15)

◀ 이상이 樂浪파라 카페에 한 낙서 1

▲ 이상이 樂浪파라 카페에 한 낙서 2

이미지로 보는 이상　015

# 이상의 아포리즘, 삽화, 기타

이상이 도안한 경성고등공업학교 졸업앨범 표지

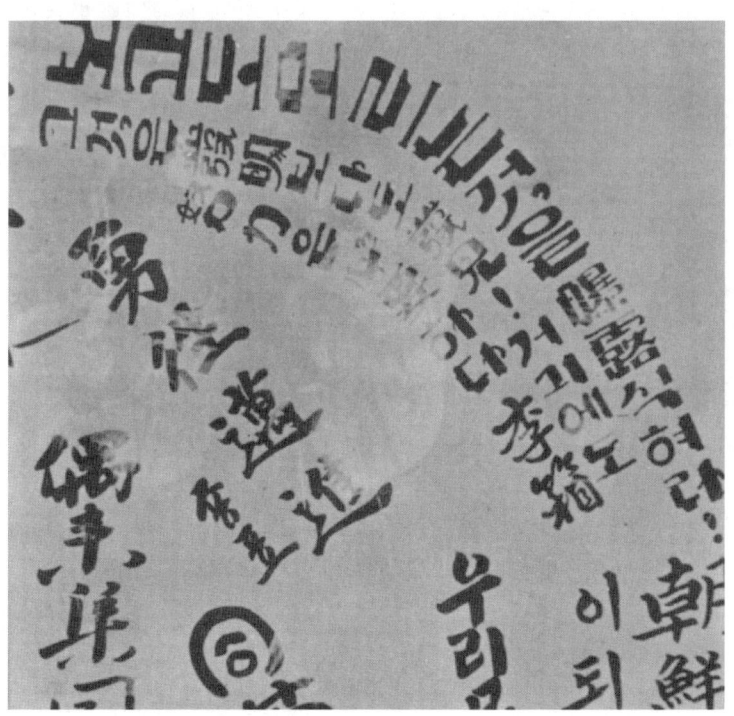

이상이 경성고등공업학교 졸업앨범에 남긴 아포리즘

이상의 자필 유고 「공포의 기록」

어제東琳이便紙로빨ㄴ소식과 龜龍, 되었다는 淸息 듣고 거제반가웠는지 모르겠다. 이곳에와서 나는참 몸이 편한나머지 어쩌다 이웃에와서 집안걱정을 하게 된다 치웠는데도 너에게 不快한편지를 그렇나 이제는 마음을 돌렸다. 人子의 道理로 못할일이다. 너는 家運을 이르킬 큰일을 해야한다. 한 일 이 있다 다음에이로 그러나 아프로 쪼음 더 있기로 어머님을 너의 정성으로 위로하여 드려라. 내 사내한 글, 너에게 맛길 부디 들여주고싶은자세한 말 다시 있겠다

『조선과건축』 표지 도안 (1등, 1930)

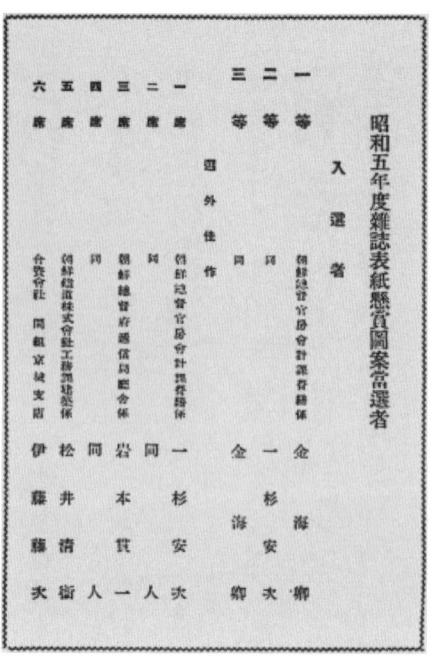

소화5년(1930) 『조선과건축』 표지 도안 당선자

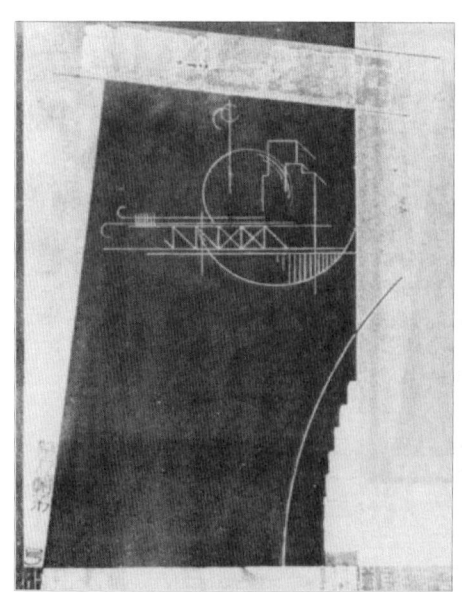

『조선과건축』 표지 도안 (3등, 1930)

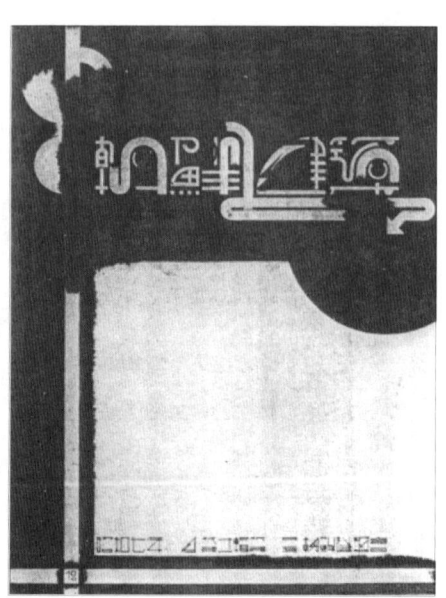

『조선과건축』 표지 도안 (4등, 1932)

이미지로 보는 이상　011

## 이상이 그린 자화상

1931년 조선미술전람회에 출품된 이상의 「자상」

『청색지』(1939.5)에 실린 이상의 자화상

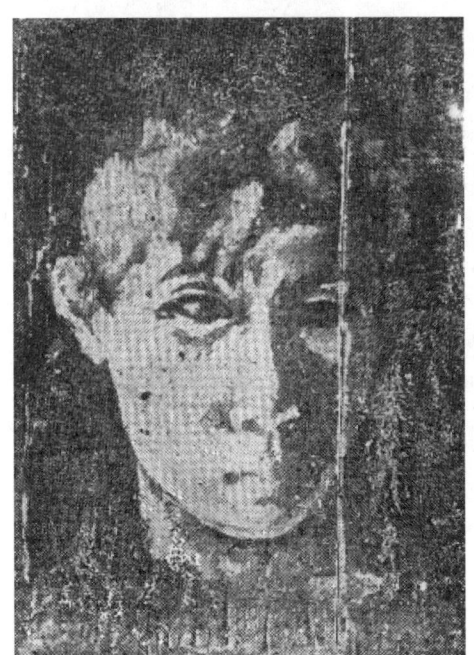

19세 때, 이상이 그린 자화상
(어머니 박세창 소장)

줄 르나르의 『전원수첩』(1934) 속표지에 실린 이상의 자화상. 시인 강민이 소장하고 있으며, 『독서생활』(1976.11)에 소개.

총독부 기수 시절 건축 실습에 열중하고 있는 이상

▶ 24세의 이상

이상이 '이것은 누구던가?'라는 제목을 붙인 사진
(앞줄 왼쪽에서 세 번째가 이상)

제비다방 시절의 이상

창문사 시절의 이상

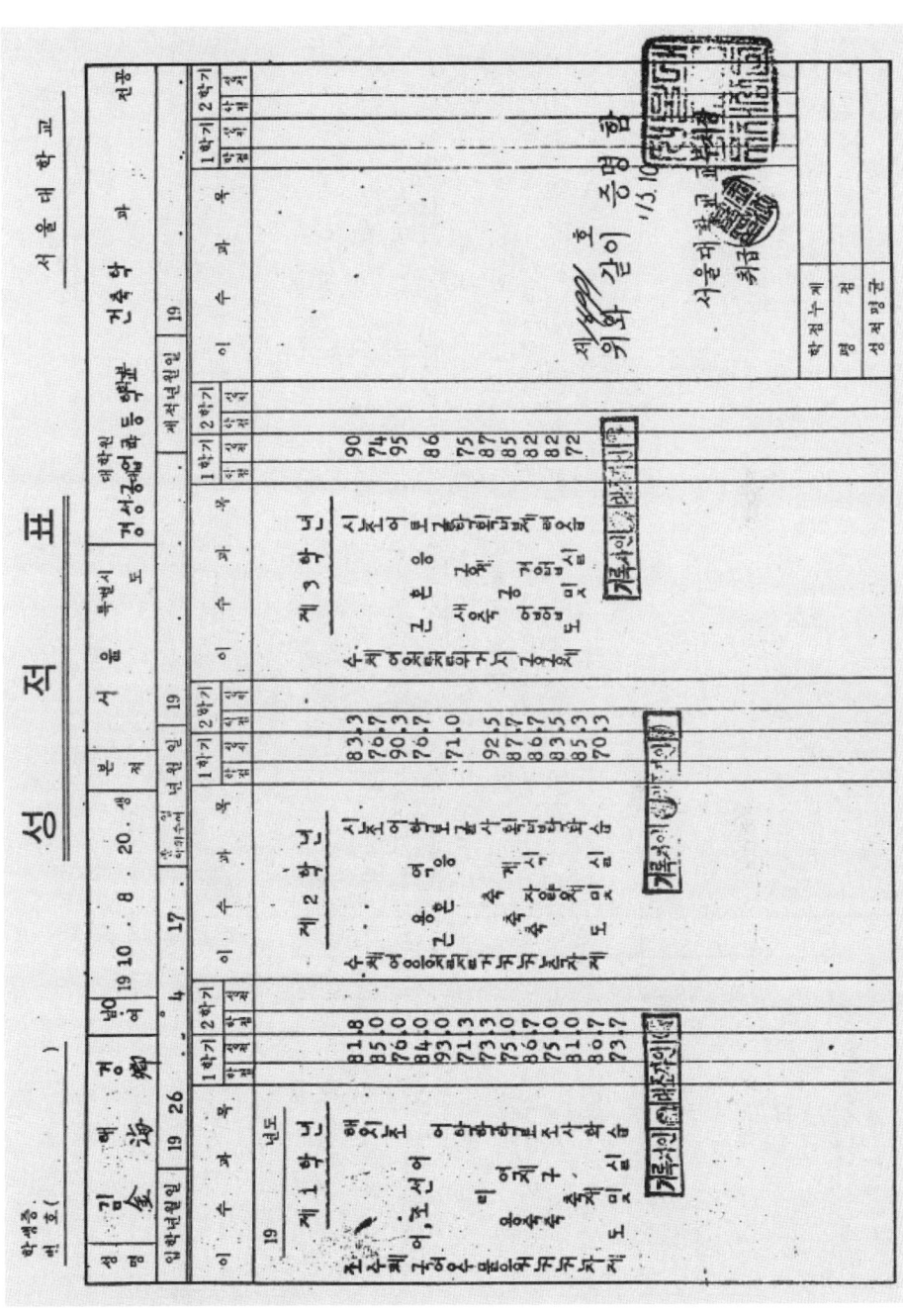

경성고등공업학교 시절의 이상 성적표

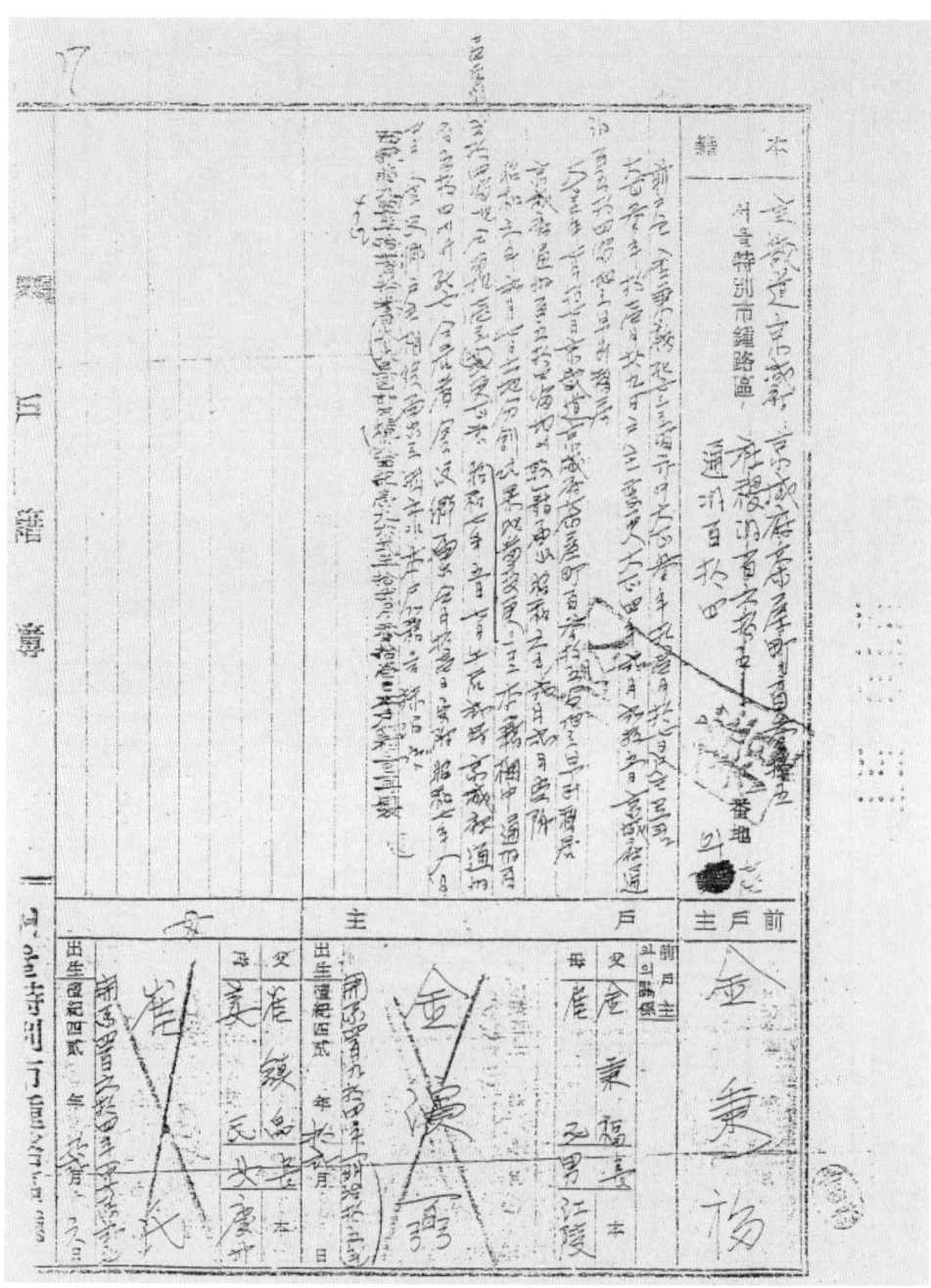

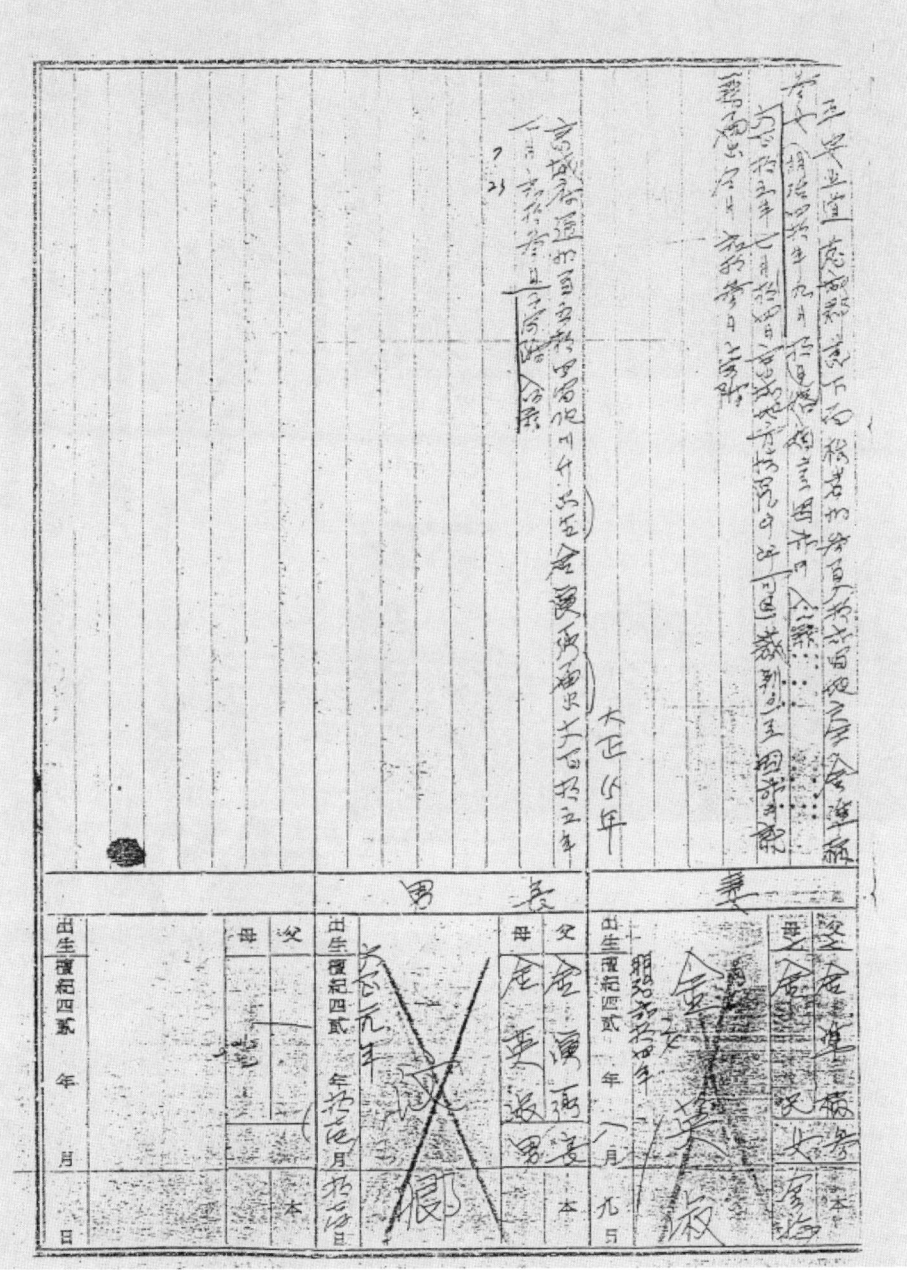

이상의 백부 김연필의 호적등본

이상이 3세부터 생활했던 백부의 집(통동 154번지)

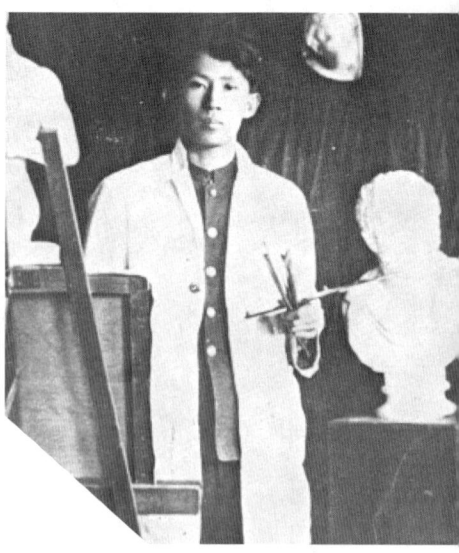
경성고등공업학교 실습실에서의 이상

경성고등공업학교 시절의 이상

교내 전시회에서 찍은 사진

총독부 기수 시절의 이상

이미지로 보는 이상　005

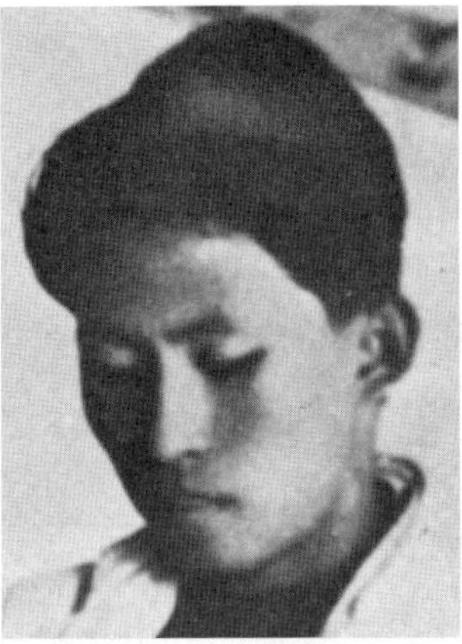

## 이상의 여러 사진들

보성고보 시절의 이상

이미지로 보는 이상

1929년 경성고등공업학교 졸업앨범 속의 이상

## 저자

**이상** 金海卿, Lee Sang

1910년 9월 23일 서울에서 태어났다. 신명학교와 동광학교·보성고보를 거쳐 경성고등공업학교를 졸업하였다. 1930년 소설 「12월 12일」의 발표를 시작으로 이후 일문시 「이상한 가역반응」·「조감도」 등을 발표하는 등 본격적인 창작에 나서게 된다. 1933년 각혈로 배천온천에 요양을 가서 금홍을 만났으며, 서울에 돌아와 동거를 하게 된다. 그녀와의 삶을 바탕으로 「지주회시」·「날개」·「봉별기」를 썼다. 1934년 『조선중앙일보』에 「오감도」를 발표하였으나 독자들의 거센 반발로 15편 연재로 그만두게 된다. 1935년에는 성천을 기행하였으며, 이를 바탕으로 「산촌여정」과 「권태」를 내놓게 된다. 1936년에 『시와 소설』을 편집하였고, 「날개」를 발표하여 일약 문단의 총아로 떠올랐으며, 「위독」·「동해」·「종생기」 등 뛰어난 작품들을 창작하였다. 10월에 동경으로 건너갔으며, 「실화」·「동경」 등을 창작하였다. 1937년 2월 불령선인으로 체포되었으며, 4월 17일 동경제대 부속병원에서 생을 마감하였다.

## 주해자

**김주현** 金宙鉉, Kim Ju-hyeon

밤하늘에 별이 하늘 가득 빛나는 소백산 자락 부석에서 태어났다. 자라면서 가통을 적실히 지켜나가라는 가친의 뜻을 따라 학문의 길로 접어들었다. 이상, 김동리, 최인훈 등에 깊은 관심을 갖고 연구하였으며, 최근 신채호를 비롯한 애국계몽기 문인들에 대해 집중 연구를 하고 있다. 저서로는 『이상 소설 연구』, 『신채호문학연구초』, 『김동리 소설 연구』, 『실험과 해체-이상 문학 연구』, 『계몽과 혁명-신채호의 삶과 문학』, 『화두를 찾아서-문학의 화두, 삶의 화두』, 『신채호 문학 주해』, 『선금술의 방법론-신채호의 문학을 넘어』, 『선금술의 방법론 2-춘원, 이상과 동리의 문학을 넘어』, 『계몽과 심미-한국 현대 작가·작품론』 등이 있고, 엮은 책으로는 『이상단편선-날개』, 『백세 노승의 미인담』, 『단재신채호전집』, 『그리운 그 이름, 이상』(공편) 등이 있다.

## 개정 정본 이상문학전집 1
시

**초판 발행** 2009년 12월 30일
**2판 1쇄 발행** 2025년 5월 30일

**지은이** 이상
**주해** 김주현

**펴낸이** 박성모
**펴낸곳** 소명출판
**출판등록** 제1998-000017호
**주소** 서울시 서초구 사임당로14길 15 서광빌딩 2층
**전화** 02-585-7840
**팩스** 02-585-7848
**이메일** somyungbooks@daum.net
**홈페이지** www.somyong.co.kr

**ISBN** 979-11-5905-488-4 04810
979-11-5905-252-1 (전3권)
**정가** 19,000원

ⓒ 김주현, 2005·2009·2025

잘못된 책은 구입처에서 바꾸어드립니다.
이 책은 저작권법의 보호를 받는 저작물이므로 무단전재와 복제를 금하며,
이 책의 전부 또는 일부를 이용하려면 반드시 사전에 소명출판의 동의를 받아야 합니다.

개정 정본 이상문학전집
# 01
# 시

*The Complete Works of Lee Sang : Poetry*